KB161503

하룻밤에 읽는
한국 근현대사

하룻밤에 읽는
한국 근현대사

최용범, 이우형 지음

페이퍼로드
paperroad

한국의 지난 백 년을 돌아다보면 기적이라 표현할 수밖에 없다. 1905년 조선 통감으로 부임한 이토 히로부미는 의무교육 제도가 도입된 지 10년이 지나서도 전국에 소학교가 30여 개에 불과한 조선의 현실을 보며 "한국이 지난 10년간 나라의 생존을 위해 한 일이 무엇인가"라고 힐난했다. 나라가 나라가 아니었다. 어디 백 년 전만 그러했던가. 치욕과 핍박의 36년 일제강점기는 물론이고, 한국전쟁으로 전 국토는 폐허가 되고 사람들은 꿀꿀이죽으로 연명했던 이승만 독재 치하의 1950년대 또한 한심하기는 마찬가지였다.

그런 한국이 이제 최소한의 의식주는 걱정할 일 없는 세계 10위권의 경제대국으로 성장했다. 한국의 위상은 보통 시민들이 체감할 정도로 향상된 것이 사실이다. 그 힘은 어디서 나온 것인가. 일각에서는 박정희 개발독재의 힘을 거론한다. 국가 주도하의 경제개발 계획을 총력전으로 밀어붙였던 것이 압축적인 고도성장을 일으킨 한 요인임을 부정할 수는 없다. 하지만 본국 정부의 아무런 지원 없이도 세계 도처에서 성공신화를 써가는 한국인의 기질적인 특성도 빼놓을 수 없는 요인일 것이다. 그리고 정부의 개발드라이브를 묵묵히 수행해간 '다이내믹

코리아' 민중의 저력이 오늘의 한국을 이뤄낸 것으로 봐야 할 것이다. 한편 압축 고도성장의 이면에는 박정희 정권과 전두환 정권의 숱한 인권유린과 민주주의 탄압이 있었다. 또한 외국 자본에 대한 지나친 의존과 수출드라이브 정책이 IMF사태라는 파국을 가져왔던 최근의 경험은 고도성장의 그림자를 보여주었다.

한국 근현대사를 공부하는 이유는 지금의 우리를 만든 역사의 빛과 그림자를 온전히 보면서 더 나은 길을 찾는 데 있을 것이다. 요즘 일각에서 우리 근현대사를 긍정적 시각으로 보자는 움직임이 활발히 일어나고 있다. 일제의 침략도 칭찬받아야 할 면이 충분히 있으며 우리 역사를 파국으로 이끈 장본인들 역시 국부요, 구국의 영웅으로 추앙 받아야 한다는 것이다. 다 좋다. 하지만 긍정적 측면 이면의 부정적 측면들, 빛과 동시에 우리 역사를 파행으로 이끈 어두운 그림자가 있다는 것을 인정해야 그런 주장이 설득력을 가질 것이다. 이 책이 중점적으로 다루고자 했던 부분도 바로 그것이었다. 아무리 선의를 가지고 빛을 강조해도 결코 지워지지 않는 역사의 어둠을 가능한 날것으로 드러내려 했다. 다시는 되풀이되어서는 안 될 과거를 극복하기 위해서는 무엇보다 그 어둠을 정면으로 응시하는 일이 필요할 테니 말이다. 우리 역사를 올바른 미래로 이끌 원동력이 바로 그것이다.

현재와 가까운 시기의 역사를 기술한다는 것은 참으로 어려웠다. 우선 너무나 많은 사료가 쌓여 있어 자료의 늪에서 헤매게 된다는 점. 자랑스럽지만은 않은, 재미도 없는 우리 역사의 암울할 시기를 정면으로 마주해야 하는 괴로움. 진보와 보수 사이의 갈등이 첨예한 상황에서 균형 잡힌 시각으로 객관적으로 서술해야 하는 것의 어려움. 이런 구조적인 난관 속에서 수년을 헤매야 했다. 부실한 결과물 하나를 겨우 세상에 내놓는다는 것에 홀가분함보다는 두려움과 부끄러움이 앞선다.

그래도 의견보다는 사실에, 일방의 주장 대신 다양한 시각을 소개하려 노력했다. 교과서식의 압축적이고 개념적인 서술 대신 사람의 행위에 초점을 맞추었다. 역사는 사람이 만들어가는 것이기에 그들의 행위와 감정, 동기에 천착했다. 아무래도 이야기 형식이 역사의 전개 과정을 보여주는 데는 효과적이다. 본문 중간에 삽입된 칼럼에서는 잘 알려지지 않은 역사적 사실의 한 귀퉁이를 보여주고자 했다. 역사의 진실은 사소한 디테일 속에서 자신을 드러낸다. 매 꼭지 말미에는 '역사 메모' 성격의 자투리 사실을 부기했다. 이 역시 독자들이 자칫 지나치기 쉬웠던 여러 사실들을 통해 역사에 흥미를 느끼고, 새로운 관점을 가질 수 있도록 하기 위한 것이다.

전편에 이어 『하룻밤에 읽는 한국 근현대사』도 대중역사서라는 책의 성격을 감안하여 집필에 참고가 됐던 많은 저서들에 대해 일일이 주석을 달지 못했다. 다만 책 뒤에 참고문헌으로 밝혔다. 역사 연구에 매진하며 훌륭한 저서를 남긴 저자들에게 감사의 마음을 다시 전한다.

최용범, 이우형 올림

차 례

1장 근대 사회의 선개

2장   일제 식민통치와 민족 독립운동

3장   분단과 좌절, 성취의 남북한 역사

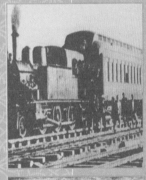

1장

근대 사회의 전개

18세기 중엽 유럽에서 산업혁명이 성공하기 전까지 세계 문명을 주도했던 동아시아권은 식민지를 확보하려는 영국과 프랑스 등 서양 세력의 공세에 직면했다. 1840년 근대화된 무기를 앞세워 아편전쟁을 도발한 영국에 중국은 유린당했다. 뒤이어 프랑스와 러시아가 중국에 세력을 확장하며 대륙을 짓밟기 시작했다. 중국대륙은 유럽 세력의 먹잇감이 되었다. 일본 역시 흑선이라 불린 군함을 앞세운 서양의 통상 요구에 굴복해 개항을 하지 않을 수 없었다.

19세기 초엽부터 외척의 세도정치로 삼정이 문란해지고, 지배체제가 급속히 이완된 조선은 프랑스와 미국에 개항을 강요당했지만 완강히 저항해 이를 물리쳤다. 그러나 그것은 조그만 승리였다. 중국과 일본이라는 큰 먹잇감을 우선 차지하고 조선에서의 이권은 차후에 차지하려던 서구 세력의 의도를 간파하지 못했던 것이다. 조선의 지배층은 변화하는 세계를 온전히 인식하지 못했다. 대원군은 전제왕권의 강화를 통해 체제를 정비하려 쇄국정책으로 일관했지만 성공할 수 없는 노선이었다. 대원군을 대신해 정치의 주도권을 잡은 고종과 민비 일족은 무능했고, 부패했다. 수구와 개화로 갈려진 정치엘리트 그룹 역시 변화하는 세계정세에 능동적으로 대처하기에는 능력도 떨어졌고, 체제 자체가 자강하기에는 너무도 쇠퇴했다. 결국 조선은 메이지 유신을 통해 제국주의 세력의 후발주자 편입에 성공한 일본제국주의에 국권을 유린당한 끝에 나라를 빼앗겼다.

지배층은 무능하고 부패했지만 민중은 위대했다. 19세기 초 이래 지배 세력의 수탈에 농민항쟁으로 저항했던 농민들은 개항 이후 서구 세력의 침탈로 억압이 가중되자 만민평등사상과 반외세사상을 표방한 동학에 불같이 호응했다. 수십만에 이르는 동학교도들은 반봉건반외세의 기치를 들고 동학농민혁명을 수행했다. 비록 패배한 혁명이었지만 이들 세력은 항일의병전쟁을 수행하며 국권회복운동을 멈추지 않았다. 개화사상을 받아들였던 개명 지식인과 관료들은 문화계몽운동과 경제자주권 수호운동에 나섰다. 학교를 세우고 근대 문물을 수용해 근대화하고자 하는 노력을 아끼지 않았다. 특히 근대적 민권운동이라 할 만민공동회 활동은 특기할 만한 것이었다.

임상옥, 홍경래,
그리고 흥선대원군

흥선대원군의 개혁은 부분적인 성과를 거두었지만
시대적 과제에 온전히 대응하기에는 불철저한 계획이었다.

위기의 시대

흥선대원군이 집권한 1863년 무렵, 조선은 격변의 시기에 놓여 있었다. 사회경제적으로는 임상옥으로 상징되는 신흥 상인층과 함께 거대한 토지를 소유한 대지주들이 새롭게 출현했다. 임상옥은 청과의 무역을 통해 막대한 부를 쌓아 올렸다. 회계를 맡아보는 직원만도 70명이 넘을 정도의 '기업'을 형성했던 것이다. 그의 집안 규모는 평안감사, 의주부사 등 고위 관리 일행 700명이 한순간에 몰려왔을 때도 일인당 한 상씩 차려줄 정도였다.

특권 양반층이 주로 소유했던 대토지도 18세기 말부터는 농민 출신뿐 아니라 노비층에서도 소유했다. 19세기 중엽 진주 지역의 경우 인구의 16퍼센트에 불과한 지주층이 전체 토지의 62퍼센트를 소유하고 인구의 63퍼센트에 이르는 농민들은 18퍼센트 정도의 토지만 소유할 정도로 경제적 불평등이 심화됐다. 한편 대토지 소유자는 이 시기에 와서 면화, 미곡 등을 상품으로 파는 상업적 농업경영자로 탈바꿈했다. 봉건적 경제체제가 밑바닥에서부터 해체되고 있었던 것이다.

이러한 경제적 변화와 함께 봉건적 정치체제의 부패는 극에 달했다. 순조 이후 실권을 장악한 안동 김씨 세도정권은 매관매직을 일삼고 세금을 대폭 올리는 등 민중의 이익에 철저히 반하는 부패정치를 일삼았다. 거액을 내고 버슬을 산 지방관들은 본전을 뽑기 위해서라도 농민들을 철저히 쥐어짰다. 마른 수건을 짜낼 정도라는 표현이 무리가 아니었다.

19세기 이후의 이런 상황은 민중의 격렬한 반발을 초래했다. 1811년 평안도 지방에서 대규모로 일어났던 평안도 농민전쟁(홍경래의 난)을 주도한 홍경래는 이 시기를 상징하는 인물이었다. 비록 항쟁은 패배로 끝났지만 이후에도 농민항쟁은 그치지 않았다. 1862년의 임술 농민봉기는 2월에 경상도 20개 군현에서 발발했고 5월에는 전국적으로 확산되었다. 전라·충청·함경·황해·경기도 전역에 걸쳐 총 71개 군현에서 항쟁이 계속됐다. 임술 농민봉기 역시 전국적 조직이나 지도세력의 부재로 인해 혁명적 변화를 끌어내지는 못했지만 지배층의 위기의식을 고조시켰다.

또한 이 시기 지배층에게 위기의식을 심어준 것은 1840년과 1856년에 청나라에서 일어났던 두 차례의 아편전쟁이었다. 1, 2차 아편전쟁으로 중국은 영국·프랑스 연합군에 상하이와 베이징을 함락당하고 함풍제는 러허(열하)로 피신까지 가야 했다. 천하의 전부로 알았던 중국이 영국과 프랑스라는 서양의 생소한 세력에게 패퇴당하는 현실은 새로운 외교적 대응이 필요하다는 것을 절실하게 깨닫게 했다.

오랜 기다림 끝에 권력을 잡은 흥선대원군

바로 이 시기에 대원군이 등장했다. 안동 김씨 세도가에 철저히 무시당하던 흥선대원군은 자신의 아들에게도 왕위 계승의 기회가 있다는 것을 알고 있었다. 사도세자의 증손자이자 철종과는 6촌 간인 흥선대원군으로서는 충분히 품어볼 만한 야심이었다. 흥선대원군은 야심을 숨긴 채 안동 김씨 세도가에 의해 정권에서 소외되고 있던 풍양 조씨 일문의 대왕대비 조씨(익종의 비)에게 접근했다. 조대비는 정치적 힘은 없었지만 왕실의 최고 어른으로서 왕위 계승자를 결정할 수 있는 지위에 있었다.

1863년 12월 8일 철종이 33세의 나이로 후사도 없이 죽음을 맞았다. 바로 이날 조대비는 흥선대원군의 차남인 이명복을 국왕으로 지명

아들 고종의 즉위로 실권을 잡은 흥선대원군은 민비 일파에게 축출되기 전까지 10년간 대내적으로 강력한 개혁정치를, 대외적으로는 완고한 '쇄국정책'의 정치를 펼쳤다.

했다. 조대비의 교서에 의해 고종이 즉위한 것이다. 10여 년을 절치부심하며 기다려온 대원군이 44세의 나이로 드디어 실권을 잡는 순간이었다. 대원군이란 국왕의 생부를 일컫는 말이다. 그렇다고 정치적 권력이 자동적으로 부여되는 자리는 아니었다. 그럼에도 흥선대원군은 명목상 수렴청정하는 조대비의 위임을 받아 실권을 장악했다. 이후 흥선대원군은 민비 일파에게 축출되기 전까지 10년간 대내적으로 강력한 개혁정치를, 대외적으로는 완고한 '쇄국정책'의 정치를 펼쳤다.

백성들의 환호를 받았지만

대원군은 집권하면서 가장 먼저 무명잡세(정당한 세목을 붙이지 않고 받는 잡다한 세금)의 혁파를 선언했다. 또한 군포제를 개선한 호포제를 실시했다. 군포제란 군대에 가지 않는 대신 면포를 내게 하는 제도였는데, 이전에는 죽은 사람과 어린아이에게까지 군포를 부과해 백성의 원성이 잦았다. 또한 양반은 군포가 면제됐다. 대원군은 호포제를 실시해 양반도 군포를 내게 하고 백성들에게 무리하게 부과하던 세목을 없앴다. 또한 춘궁기에 곡식을 꿔준 뒤 추수기에 받는 환곡제의 시행을 합리적으로 하기 위해 사창제를 실시했다. 부패관료들이 환곡의 이자를 몇 배씩 받아 폭리를 챙겼던 구악의 재발을 방지하는 것이었다. 이런 재정개혁으로 대원군은 백성들의 지지를 받으면서 국가 재정을 튼튼히 했다.

인사정책에서도 이전의 정권보다는 공정성을 꾀했다. 노론과 소론 일파가 주요 관직의 90퍼센트를 점하던 관행을 깨고 남인과 북인 세

흥선대원군의 주요 정책

왕권 강화정책	• 세도정치 타파: 안동 김씨 축출, 능력에 따른 인재 등용 • 비변사 철폐, 의정부(정치)·삼군부(군사) 기능 부활 • 법전 편찬을 통한 국가 체제 정비: 「대전회통」, 「육전조례」 편찬 • 서원 철폐(600여 개 → 47개의 사액서원): 국가 재정 확충 및 민생 안정
삼정의 개혁	• 전정: 양전 사업(양안 작성), 은결(은닉된 땅) 색출 • 군정: 양반에게도 군포 징수(호포제) • 환곡: 면 단위로 자치적 운영(사창제)
경복궁 중건	• 원납전(기부금) 징수, 당백전(상평통보보다 100배 가치) 발행 → 물가 상승 초래 • 양반 묘지림 벌목

의의와 한계
• 국가 기강 확립 및 민생 안정에 기여
• 경복궁 중건으로 당백전 남발, 백성의 강제 노역
• 전제왕권 강화를 위한 체제 내의 개혁

력을 폭넓게 기용했다. 또한 무관 홀대정책을 전환해 무관이 군부의 수장이 될 수 있게끔 했다. 비록 전면적이지는 못했지만 유능한 평민과 중인 출신들도 주요 실무직에 기용했다. 정치에서 완전 배제됐던 고려 왕족의 후예에게도 관직을 주었고, 정계에서 소외돼 있던 서북인들도 기용했다. 이러한 개혁정책에 백성들은 지지를 보냈다.

일반 서민들과는 반대로 그간 기득권을 누려오던 양반층은 대원군의 집권으로 기득권을 박탈당하자 반발하게 되었다. 우선 대원군은 전국에 600개가 넘게 있던 서원을 47개로 줄여놓았다. 서원은 본래 인망 높은 유학자나 충신의 위패를 모시고 유교 이념을 전파하던 곳이었다.

1543년 주세붕이 처음으로 소수서원을 세운 이래 서원은 갈수록 늘어갔다. 그런데 애초의 목적과 달리 서원은 지역 토호들의 기득권 유지기관으로 전락했다. 서원 소유의 토지는 세금이 면제되고 소속 노비는 군역이 면제됐다. 이에 따라 국가의 세수는 줄어들게 되었다. 그뿐 아니라 서원 수리나 각종 경비를 백성들에게 부담하게 하였다. 당연히 서원에 대한 원성은 높았다. 이런 서원이 대대적으로 철폐되니 백성들로서는 속 시원한 일이 아닐 수 없었다.

왕실의 권위를 높이기 위해 경복궁을 중건하고 각종 관아와 사대문을 중건하는 등 끊임없이 토목사업을 시행하자 백성들의 피로감이 커져갔다. 특히 경복궁 중건에 들어가는 경비를 충당하기 위해 백성들로부터 잡세와 원납전을 걷어 원성을 샀다. 농번기에도 공사에 차출되는 농민들의 고통은 컸다. 부실화폐인 당백전을 주조해 인플레이션을 유발한 것 역시 대원군의 실책이었다.

그러나 이런 문제는 부분적인 것이었다. 본질적인 문제는 대원군의 개혁이 근대를 준비하는 것이 아닌, 붕괴하는 봉건 조선을 보수적으로 유지하기 위한 개혁이었다는 점이다. 하지만 이런 개혁조치조차 기득권층인 양반과 기존 세도가문의 반발에 시달렸다. 더구나 이런 반발 말고도 대원군에게는 외세의 도전이라는 전례 없는 시련이 기다리고 있었다.

대원군은 집권하기 이전에는 '막걸리 대감'이란 놀림을 받으며 건달들과 어울려 지냈다. 그러나 대원군이 어울린 건달들은 그냥 건달이 아니라 전국적인 발을 가진 일종의 조직이었다. 이들은 정보망 역할을 하며 궁중의 동향까지 전달했다.

승리의 대가가 너무 컸던
두 번의 작은 선쟁

조선은 서양 세력의 도발을 두 차례 막아냈지만 이는 제국주의 시대라는
세계의 정세 변화에 적절한 대응을 놓치게 만든 아쉬운 승리였다.

야욕에 찬 제국주의 열강

1866년과 1871년에 각각 일어났던 병인양요와 신미양요는 결
론부터 얘기하자면 조선의 승리로 끝났다. 두 양요에 대한 승리로 대
원군의 정치적 기반도 강화됐다. 그러나 두 차례의 승리는 단기적으로
는 외세의 침입에 대한 굳건한 저항과 방어라는 점에서는 자랑스러운
대목이지만, 세계정세를 오판하는 계기를 마련했던 사건이기도 했다.

병인양요는 '병인년에 양놈에 의해 일어난 소요'라는 의미를 가진
명칭이다. 이 사건은 로마 가톨릭의 포교 정책과 프랑스 나폴레옹 3세
의 식민지 개척전략이 맞물려 일어난 사건이었다. 직접적 계기는 1866
년에 프랑스 선교사 12명 중 9명이 처형됐던 병인박해였다. 살아남은
3명의 신부 중 리델 신부는 청나라의 톈진으로 탈출했다. 그리고는 그
곳에 주둔하고 있던 프랑스 동양함대 사령관 로즈 제독에게 이 사실을
알린 뒤 보복 원정을 해줄 것을 촉구했다. 이미 1856년 게랭 제독으로
부터 조선의 무력 점령을 건의 받은 바 있던 프랑스 당국은 호기를 맞
았다고 판단했다.

로즈는 이해 9월, 일차적으로 강화해협을 중심으로 한강수로를 탐사하는 정찰원정을 단행했다. 정찰 결과는 병력 2,000명만 동원한다면 서울까지 점령할 수 있다는 것이었다. 즉 그들의 목표는 프랑스 신부 처형에 대한 보복에 그치는 것이 아니라 서울 점령에 이은 조선의 문호개방에 있었던 것이다. 정찰을 마친 프랑스군은 7,500여 명의 병력과 함재 대포 66문을 실은 군함을 동원해 조선 침공에 나서 9월 8일 강화도 갑곶을 무혈점령했다. 그곳에서 로즈는 "서울까지 정복전에 나설 것이다. 너희가 우리 프랑스인 9명을 살해했으니 우리는 너희 백성 9,000명을 죽이러 왔다"고 선언했다. 그리고는 강화도 일대를 무인지경으로 돌아다니며 약탈을 일삼았다.

이에 대원군은 결사항전을 지시하며 적극적인 군사적 대응에 나섰다. 순무영 천총(부대장) 양헌수는 불과 600명의 병력만을 동원, 절묘한 전술을 구사해 프랑스군을 격퇴했다. 양헌수는 10월 1일 야음을 틈타 강화도 통진 맞은편에 있는 정족산성을 점령했다. 그리고는 프랑스군의 침입에 대비해 4개의 문에 군사를 배치했다. 프랑스군은 조선군을 얕보고 경무장한 채 정족산성에 진격해 들어오다 조선군의 포격에 완전히 제압당했다. 프랑스군은 이 전투에서 전사 6명을 포함, 총 80명의 사상자를 냈지만 조선군은 전사자 1명, 부상자 4명만 있었을 뿐이다. 정족산성 전투의 패배로 전의를 상실한 프랑스군은 11월 11일 청국으로 철수했다. 하지만 이때 프랑스는 외규장각 고도서 340권, 은괴 19상자 등 주요 문화재를 약탈해갔을 뿐만 아니라 외규장각마저 불태워버렸다.

신미양요

신미양요는 제너럴셔먼호 사건이 발단이 되어 일어났다. 1866년 미국 상선인 제너럴셔먼호가 영국의 무역회사 메도우즈 상사와 용선 계약을 체결한 뒤 조선과의 교역을 목적으로 톈진항을 떠나 대동강에 입항했다. 제너럴셔먼호는 상선이면서도 평양에서 조선인 관리를 납치하며 통상을 강요했다. 이에 격분한 평양주민들은 배를 소각하고 미국인 2명, 영국인 3명을 포함 총 24명의 선원을 전원 살해했다.

미국 역시 이 사건을 트집 잡아 조선에 대한 무력시위를 계획했다. 그들은 서해안의 옹진만 일대를 정찰한 뒤 조선을 응징하기 위해선 무력도발이 최선이란 결론을 내렸다. 또한 미국 정찰선이 1868년 2차 정찰을 할 당시 조선 수비군이 이를 영토 침략으로 규정하고 포격하는

신미양요 당시 미군이 파괴한 초지진 포대지(위쪽)와 광성진 모습.

일도 발생했다. 미국은 이에 대해 보복 원정을 경고했다.

미국의 그랜트 대통령 정부는 이전 정부의 국무장관이자 상하이 총영사였던 조지 시워드가 입안했던 조선 원정을 1871년에 결행했다. 로저스 제독이 이끄는 미군 함대는 군함 5척, 수해병 1,230명, 함재 대포 85문을 장전하고 일본의 나가사키항을 출발, 강화도로 향했다. 이들 역시 서울 진공작전을 계획했다.

4월 23일 미국의 아시아함대가 강화도 상륙작전을 감행했을 때 강화도의 초지진과 덕진진, 광성보에는 조선 수비병 3,000명이 있었다. 수적으로 두 배의 병력이었지만 조선군은 미군에 비해 화력이나 장비 면에서는 하늘과 땅만큼이나 차이가 났다. 이틀에 걸친 전투 끝에 조선군은 완전히 초토화됐다. 지휘관인 어재연 역시 장렬히 전사했다. 광성보 전투에서 미군은 전사자 3명, 부상자 10명에 불과했지만 조선군은 전사자가 350명(미국 측 기록)에 이르렀다.

광성보 전투 뒤 로저스는 20일간 강화도에 머물면서 조선의 개항 협상을 기다렸다. 하지만 대원군은 쇄국양이정책을 고수하여 어떤 협상사절도 보내지 않았다. 로저스는 더 이상의 대규모 군사행동을 할 권한을 본국 정부에서 받지 못했으므로 함대를 철수시켰다.

척화비는 승전비?

조선은 5개의 요새에서 일방적으로 패퇴했지만 미군이 물러가자 이를 승리로 간주했다. 대원군은 두 차례의 양요가 있은 뒤 전국 곳곳에 척화비를 세웠다. 척화비에는 다음과 같은 문구가 새겨졌다.

"서양 오랑캐와 화친을 주장함은 나라를 팔아먹는 행위다."

사실 프랑스와 미국의 함대가 철수한 것은 조선을 침략할 힘이 없어서가 아니었다. 그들의 외교정책 순위에서 조선 침략은 후순위였기 때문이다. 그들에게 조선은 정복을 통해 식민지로 개척할 대상이 아니라 개항을 시켜 원료공급지와 상품시장으로 만들 대상이었다. 제국주의 열강은 거대 시장인 중국의 개방과 이권 확보에 전력을 기울이고 있었다. 게다가 국내 문제에 골몰하느라 멀리 극동에 있는 조선에 대한 정벌 전쟁이나 개항 강요는 그들의 외교정책 순위에서 그렇게 급한 것은 아니었다.

그러나 조선의 자신감은 그리 오래가지 못했다. 1854년 미국의 페리 제독이 이끄는 함대(일본인들은 쿠로후네, 즉 흑선이라 불렀다)에 눌려 개

대원군은 병인양요와 신미양요를 겪은 후 전국 곳곳에 척화비를 세웠다. 척화비에는 "서양 오랑캐와 화친을 주장함은 나라를 팔아먹는 행위다"라는 문구가 새겨져 있다.

항을 받아들였던 일본이 서양을 흉내 내 제국주의 후발주자로 조선 침략에 나섰던 것이다. 일본은 1641년 나가사키에 네덜란드 상관을 개설, 유럽 각국과 교역을 통해 서양 문물을 일찌감치 받아들였던 역사적 배경이 있었기에 전면적인 개항 이후 근대의 성취를 빠르게 이뤄낼 수 있었다.

이에 반해 근대의 전환을 눈앞에 둔 시점에서 급변하는 세계정세를 포착하지 못한 채 작은 승리에 만족했던 쇄국정책은 이후 우리 역사를 암흑으로 끌고 가는 주요한 계기가 됐다.

천주교 탄압정책을 폈던 대원군의 부인 부대부인(府大夫人) 민씨는 물론 고종의 유모 박씨 등도 독실한 천주교 신자였다.

최익현, 도끼를 짊어지고
대원군 축출에 앞장서다

민비 세력은 최익현을 중심으로 하는 유림 세력을 업고 대원군을
축출했을 뿐만 아니라 그가 이룬 부분적인 개혁 성과마저 후퇴시켰다.

기득권층의 반격이 시작되다

10년에 걸친 흥선대원군의 개혁정치도 어느덧 한계를 맞이하
고 있었다. 프랑스와 미국의 공격을 물리쳐 보수적 유림의 지지를 받
기도 했지만 그것도 한때였다. 외세의 침략으로부터 나라를 지켜내는
것도 중요했지만 그보다 급했던 것은 지배층이 자신들의 신분적 특권
을 지켜내는 것이었다. 그런 점에서 서원 철폐, 호포세 징수 등 오도된
특권을 제자리로 돌려낸 대원군의 개혁은 기득권층에게는 치명적인
것이었다. 게다가 무리한 경복궁 중건공사로 대원군 개혁의 지지세력
이었던 민중 또한 급속히 이반하고 있었다.

바로 이런 시기에 대원군의 목줄을 겨냥한 정치적 공세가 준비되고
있었다. 그저 얌전하게만 보였던 민비는 민씨 일족과 반대원군 세력을
결집해 조정의 요직에 포진시켜놓고 때를 기다리고 있었다. 민승호를
중심으로 30여 명의 민씨 일족이 이조, 호조, 병조의 요직에 자리 잡았
다. 또한 대원군의 친형인 이최응과 장남인 이재면 등 대원군 일족이
면서도 무능했기에 권력에서 소외된 인사들 역시 자신들 편에 끌어들

경복궁 재건 등 흥선대원군의 실정을 비판하며 거침없이 상소를 올렸던 최익현. 1873년 그가 올린 '계유상소'로 인해 대원군의 10년 집권이 무너지고 고종의 친정이 시작되었다.

였다. 여기에 대원군에 의해 실각된 구 세도가인 풍양 조씨 가문의 조영하, 안동 김씨 일문의 김병기도 민비 진영의 일원이 되었다. 그리고 당시 반대원군 상소를 펼쳐 유림의 지지를 받고 있던 최익현 등과도 제휴의 끈을 맺어놓고 있었다.

최익현, 대원군을 직접 겨냥하다

1873년 10월 최익현은 상소문을 올렸다.

"정치는 옛 제도를 변하게 하였고, 아름다운 윤리는 허물어졌다."

대원군이 집권하는 동안 군신의 윤리가 무너지고 세상이 어지러워졌다는 최익현의 상소는 대원군을 정면 겨냥한 것이었다. 대원군 측으로서는 참을 수 없었고, 이내 최익현은 의금부에 갇힌 몸이 되었다. 그러나 의금부에 갇혀 있을 때 민비의 밀서가 최익현에게 내려왔다. 대원군의 반격에 신경 쓰지 말고 계속 공격하라는 내용의 편지였다.

최익현은 거침없이 제2, 제3의 대원군 탄핵상소를 올렸다. 상소문의 핵심 요지는 '왕이 성년이 된 이상 대원군이 집정을 하는 것은 잘못이고 고종이 친정해야 된다'는 것이었다. 상소문의 구절이 과격하다는 이유로 최익현은 제주도로 귀양을 가게 되었지만 이미 승부는 갈렸다. 21세의 성년이 된 고종이 더 이상 친정을 하지 못할 이유가 없었던 것이다. 최익현이 상소를 올린 10일 뒤 대원군은 실각하고 고종은 친정을 개시했다(11월 5일). 대원군이 거주하던 운현궁에서 대궐로 통하는 전용 출입문마저 폐쇄되었다. 이제 세상은 민비 일파의 것이 되었다. 대원군이 10년간 펼쳤던 개혁의 성과는 물거품이 되었다. 서원은 다시 문을 열었고, 양반의 호포 의무 역시 면제되었다. 최익현도 유배지에서 돌아왔다. 세상은 다시 양반의 것이 되는 것 같았다. 기득권층은 한숨을 돌리게 되었다. 그러나 그것도 한때였다. 제국주의 열강은 체제의 한계에 이른 조선을 향해 앞 다퉈 몰려오고 있었다. 그때 민비 일파는 무엇을 준비하고 있었을까?

대원군 실각의 배후였던 민비를 고종의 비로 선택했던 것은 바로 대원군 자신이었다. 외척의 영향력을 배제하려고 천애고아로 진안 배경이 빈약했던 민비를 간택했던 것이다. 그러나 결과는 정반대였다.

후발 제국주의 국가에 당한 최악의 개항

조선은 후발 제국주의 국가 일본에 의해 불평등조약이
명백한 강화도조약을 맺고 개국하게 되었다.

민비 일파와 일본의 뒷거래

애초 일본은 대원군 집권 시기부터 조선의 개항을 원했다. 그
래서 번번이 조선에 외교사절과 공문을 보냈지만, 그들의 개항 시도는
메이지 유신 이후 급격한 서구화정책을 펼친 왜를 서양과 하나라고 보
는 '왜양일체론'에 부닥쳐 좌절됐다.

조선의 완강한 태도에 막혔던 일본에서는 메이지 유신의 주역이었
던 사이고 다카모리를 중심으로 조선을 정벌하자는 '정한론征韓論'이 대
두되기도 했다. 하지만 정한론은 일본 내부의 권력투쟁 과정에서 잦아
들었다. 그렇다고 그들이 조선을 침략하고자 하는 의도가 사라진 것은
아니었다. 다만 시기와 방법만이 문제였던 것이다.

이런 상황에서 1873년 대원군이 실각했다는 정보가 그 이듬해에 일
본 정부에 입수됐다. 일본은 이를 조선을 개항시킬 좋은 기회로 보았
다. 같은 해 민비가 자신 소생의 왕자 '척'을 세자에 책봉시키는 데 일
본의 도움을 얻고자 영의정 이유원을 부산에 있던 일본 변리공사 하나
부사 요시타다에게 극비리에 보냈다. 민비 소생의 왕자를 조선의 세자

로 책봉하는 데 도움을 준다면 조일 국교를 재개하겠다는 메시지도 은밀히 전했다. 당연히 일본은 손해 볼 것 없는 조건이라 중국 측에 세자 책봉 문제에 대한 언질을 빼놓지 않았다. 이듬해 왕자 '척'은 청에 의해 세자로 책봉됐다.

운요호 사건

이런 배경 속에서 대일 외교교섭이 진행됐다. 일본이 조선에 보낸 문서에는 여전히 황제국을 자임하는 고압적 문구가 삽입돼 있었다. 아무리 대원군을 축출한 정부라 하더라도 이런 무리한 외교문서를 접수할 수는 없었다. 그러자 일본 측에서는 통상적인 외교교섭이 아닌 무력시위를 준비했다.

1875년 8월 19일 '조선 서해안에서 청국 뉴촹(우장)에 이르는 항로에 대한 연구'라는 명목상의 임무를 띤 운요호가 나가사키를 출항해 강화도 앞바다에 이르렀다. 운요호가 8월 21일 강화도 해안에 정박한 뒤 작은 배로 예고 없이 한강 하구를 거슬러 항해하자 강화의 초지진 포대는 불을 뿜었다. 그러나 사정거리가 짧은 초지진 포는 배를 명중시키지 못했다. 대신 운요호 본함의 포격에 의해 초지진이 파괴됐다. 그리고 일본군은 영종도에 상륙해 민가와 관아에 불을 지르고 30여 명의 조선인 병사를 살상했다. 예고 없는 영해 침범에 대한 조선 측의 합법적 대응에 대해 일방적인 공격을 퍼부었던 것이었다. 이것이 바로 운요호 사건이다. 영국이나 미국 등 서구 열강은 이 사건을 문제 심을 수도 있었지만 오히려 일본이 나서서 조선 개항을 이뤄줄 것을 내심

1875년 8월, 일본 군함 운요호(왼쪽 사진)가 강화도 해안에 나타났다. 예고 없는 영해 침범에 조선 군대는 합법적으로 대응했지만 일본은 일방적으로 무력도발했다. 이른바 운요호 사건이다. 일본은 운요호 사건을 일으켜 1876년 2월 3일 조일수호조규, 일명 강화도조약을 조선 정부와 체결한다(가운데 사진). 맨 오른쪽 사진은 개항 직후의 부산 광복동 모습.

바라고 있었다. 애초에 트집을 잡은 뒤 일방적 공격에 이은 개항이란 공식도 미국이 일본에, 영국이 중국에 강요했던 방식을 그대로 벤치마킹한 것이었다. 이 사건에 대한 조일 양측의 협상의 결과로 개항이 이뤄졌다.

새끼 제국주의국에 당한 개항의 3중 고통

1876년 2월 강화부에서 조선과 일본의 운요호 사건의 해결을 위해 열린 회담은 일본 측이 무력시위를 벌이는 가운데 진행됐다. 일본 측 회담대표 구로다는 7척의 배에 800명의 병사를 태우고 강화도로 갔다. 그럼에도 일본 측 대표는 실제 병력보다 5배나 많은 4,000명의 병사가 호위하고 있다는 식으로 고압적 분위기를 연출했다. 또한 함선에서는 일본의 기원절을 핑계로 쉬지 않고 축포를 터뜨려 전쟁 분위기를 조성하기까지 했다.

보름여에 걸친 회담 끝에 1876년 2월 3일 조일수호조규, 곧 강화도조약이 성립됐다. 조선이 쇄국을 깬 최초의 조약이었다. 일본 측으로

1905년 대한제국 주재 각국 공사들이 미국 공사관에 모였다.

서는 일방적 우위에서 외국과 맺은 최초의 조약이기도 했다. 조약 내용은 미국의 페리 제독이 일본 측에 강요했던 것과 거의 흡사했다. 강화도조약은 총 12개 조로 구성되어 있는데, 우선 부산항 이외 2개항을 일본 상인에게 개방할 것을 명기했다. 이에 따라 부산과 함께 원산과 인천이 개항됐다. 이들 항구의 개항은 경제적 침탈뿐만 아니라 군사적 방어거점의 상실이라는 의미도 있었다. 그리고 일본은 조선에 거류하는 자국민에 대한 치외법권을 인정할 것을 강요했다. 이로써 일본인들은 조선에서 무법적인 행동을 할 수 있게 되었다. 민비 시해 사건의 주범이자 현행범인 일본인들도 이 규정 때문에 비호를 받을 수 있었다. 더욱이 수출입세와 선세가 면제되고 일본 통화의 개항지 통용이 허용되는 등 조선에게 일방적으로 불리한 조건이 강요되었다. 특히 미국에 의해 후발 제국주의국에 편입되었던 일본에 의한 개항은 자본주의 세계질서에 능동적으로 대처해가려는 조선에게는 심각한 장애가 되었다. 또한 식민지에서 1차 생산품을 대량 유입하고, 공산품 시장을 강세적으로 형성했던 제국주의 세계질서에 뒤늦게 뛰어든 일본이나 중국

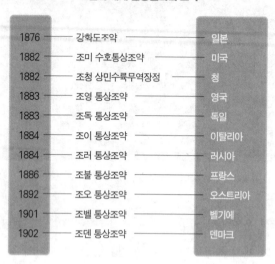

조선과 세계 열강들과의 조약

연도	조약	상대국
1876	강화도조약	일본
1882	조미 수호통상조약	미국
1882	조청 상민수륙무역장정	청
1883	조영 통상조약	영국
1883	조독 통상조약	독일
1884	조이 통상조약	이탈리아
1884	조러 통상조약	러시아
1886	조불 통상조약	프랑스
1892	조오 통상조약	오스트리아
1901	조벨 통상조약	벨기에
1902	조덴 통상조약	덴마크

으로부터 직접적으로 압박을 받았던 조선은 선진 자본주의국에 지배받았던 다른 식민지국보다 더한 이중의 고통에 시달려야 했다.

일본의 개항 요구를 수용하자는 의견을 적극적으로 개진한 것은 신미양요 때 평양감사단이었던 박규수다. 그는 1872년 사절로서 중국에 다녀온 뒤 앞선 서양 문명을 보고 개화파로 돌아섰다.

어느 쪽도 성공할 수 없었던 노선 사이의 갈등

개화파와 위정척사파 모두 주객관적인 정체 파악과 주체 역량의 미비로 성공한 역사를 만들기에는 역부족이었다.

개화파의 산실이 된 박규수의 사랑방

김옥균이 청년 우의정 박규수의 사랑방을 방문했다. 박규수는 벽 장 속에서 조부인 연암 박지원이 중국에서 가지고 왔다는 지구의를 꺼내 여러 번 돌리면서 말했다.

"오늘 중국이 어디 있는가? 저리 돌리면 미국이 중국이 되고, 이 리 돌리면 조선이 중국이 된다. 어느 나라든지 한가운데로 돌리면 중 국이 되니, 오늘 어느 곳에 정해진 중국이 있는가?"

박규수가 말한 중국이란 세계의 중심 국가란 뜻이었다. 이전까지 세계의 중심은 중국, 곧 청나라라고 생각했던 김옥균이 바야흐로 조 선 역시 세계의 중심 국가가 될 수 있다는 생각을 가지게 되었다. 이 런 생각 끝에 김옥균은 갑신정변을 일으켰다.

신채호는 『지동설의 효력』에서 김옥균이 개회사상을 깆게 되는 세 기를 이런 일화를 통해 소개한 바 있다. 이야기의 사실 여부를 떠나 19

개화파 형성에 결정적인 역할을 한 박규수(왼쪽), 김옥균(오른쪽), 박영효, 김홍집 등이 박규수의 사랑방을 출입하며 개화사상의 영향을 받았다.

1차 수신사에 임명된 김기수는 근대 대일 교섭의 첫 사절이 된다. 김기수와 그 일행은 1876년 4월 서울을 출발해 5월 도쿄에 도착한다.

세기 중반 이후 박규수는 개화파의 비조로서 젊은 개화파 정치인들을 양성했다. 박규수는 명문 출신이었지만 중인 집안의 역관 출신으로 중국을 오가며 신문물과 세계정세가 담긴 신서를 접했던 오경석이나 그의 친구 유홍기와 신분을 넘어선 교류를 하며 개화사상을 키운 인물이었다. 그는 김옥균, 홍영식, 박영효, 서광범 등을 자신의 사랑방으로 불러 개화사상을 전파했다. 그리고 이웃의 김홍집, 어윤중 등도 박규수의 사랑방을 출입하며 개화사상의 영향을 받았다.

개화파들은 강화도조약 이후 정부에 진출하여 개화 정책을 폈다. 1880년에는 개항 후의 정세 변화에 대응하기 위해 외교와 통상을 관장하는 통리기무아문이란 기구가 설치되었다. 이 기구에는 김윤식, 어윤중, 김홍집, 김옥균 등 개화파들이 대거 진출하여 활동하였다.

1881년 박정양, 어윤중, 홍영식 등 개화파를 중심으로 한 인물들이 일본의 개화 실태를 파악하기 위해 조사시찰단(신사유람단)으로 파견됐다. 당시 위정척사파의 반대를 고려하여 동래 암행어사로 발령받아 비밀리에 일본으로 건너간 조사시찰단 일행은 일본의 재무, 사법, 군사, 세무, 외무, 교육 등 각 영역에 대한 조사업무를 분담하여 개화 정책의 참고자료를 작성했다. 또한 김윤식, 어윤중 등은 청에 영선사로 파견됐다. 영선사는 서양의 선진 과학기술과 병기 제조기술을 도입하기 위해 이공학도 중심으로 구성됐다. 임오군란의 영향으로 조기 귀국해 소기의 성과를 얻지는 못했지만 선진 과학기술과 기계, 기술서적이 체계적으로 도입되는 계기를 만들었다는 점에서 커다란 의미를 갖는다.

또한 별기군이란 이름의 신식 육군이 설치됐다. 80명의 병력으로 이뤄진 별기군은 일본군 공병 소위 호리모토를 교관으로 하여 서양식 군

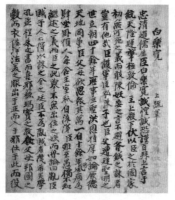

조선 후기 외세 및 서양 문물이 침투하자 이를 배척하고 유교 전통을 지킬 것을 주장하며 위정척사운동이 일어났다. 사진은 위정척사 상소첩(1881).

사훈련을 받았다. 임오군란 때 호리모토가 피살되면서 그해 6월 폐지되었지만 그 후 신식 군대 창설의 기초가 되었다. 정책 입안기구로서 기무처, 행정개혁위원회격인 감생청 등이 1882년 설치되어 6개월에서 2년 정도 존속됐다. 이들 기구들은 실제 활동이 그리 활발하지는 못했지만 일제강점기까지 계속된 일련의 정치개혁의 시발점이 되었다.

강화도조약을 전후한 척사파의 반발

그러나 이런 움직임의 반대편에선 위정척사파의 개화 반대운동이 격렬하게 벌어졌다. 1876년 2월 강화도조약이 체결되기 바로 한 달 전 전국의 위정척사파 유생들은 조약 반대운동을 강력히 펼쳤다. '바른 것을 지키고 옳지 못한 것을 물리친다'는 뜻의 위정척사衛正斥邪에서 바른 것이란 성리학적 이념이요, 옳지 못한 것은 서양 정치사상이나 종교였다. 기정진, 이항로, 최익현으로 대표되는 이들에게 병자수호조약의 체결은 금수가 되는 지름길이라고 여겨질 뿐이었다. 개항이 되면

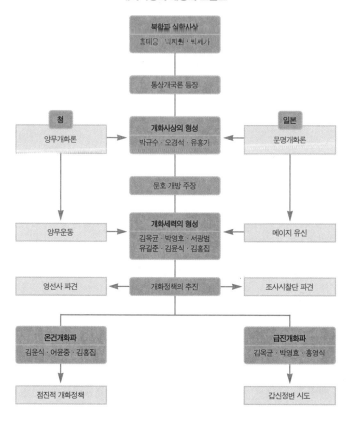

개화사상의 배경과 흐름도

북학파 실학사상
홍대용 · 박지원 · 박제가

통상개국론 등장

청
양무개화론

개화사상의 형성
박규수 · 오경석 · 유홍기

일본
문명개화론

문호 개방 주장

양무운동

개화세력의 형성
김옥균 · 박영효 · 서광범
유길준 · 김윤식 · 김홍집

메이지 유신

영선사 파견

개화정책의 추진

조사시찰단 파견

온건개화파
김윤식 · 어윤중 · 김홍집

급진개화파
김옥균 · 박영효 · 홍영식

점진적 개화정책

갑신정변 시도

천주교 신자가 전국에 가득 차고, 음란하고 사치스런 문물로 풍속이 심히 문란해진다는 것이 이들이 개항을 반대하면서 내세운 근거였다.

그렇다고 이들이 이데올로기적 맹목에 빠져 척사론을 제기한 것만은 아니었다. 이항로는 1866년 병인양요 당시 이런 주장을 한 바 있다.

"그들(서양)의 재화는 손으로 생산되는 것으로서 하루의 계획으로도 남는 것인데 반하여 우리의 재화는 토지에서 생산되는 것으로서

1년의 계획으로도 부족한 것이다. 부족한 것과 남아돌아가는 것의 교역이 어찌 우리에게 곤란을 야기하지 않겠는가?"

최익현 역시 1876년 1월 광화문에 엎드려 일본과의 수교를 반대하는 상소를 냈을 때도 일본의 사치스러운 공산품과 우리의 국민 생명에 필수적인 농산물을 교역하면 국토는 황량해지고 나라는 망할 것이라는 강화도조약 반대의 근거를 댔다. 그러나 이들의 주장은 묵살되었다. 최익현은 이 상소로 인해 4년간 흑산도에 유배되어야 했다.

병자수호조약 체결 이후에도 위정척사운동은 계속됐다. 일본과의 조약에 이어 미국과도 연대해야 한다는 황준헌의 『조선책략』의 주장이 조정의 주요 외교정책으로 채택될 기운이 퍼지자 1881년 영남의 유생들은 만인소를 올려 집단적으로 개화정책을 비난했다. 이들은 서양과의 수교가 매국이며 이를 감행하려는 조정 관료를 처단해야 한다고 주장했다. 그러나 만인소에 대표 서명한 홍시중은 유배형을 받았고, 홍재학은 사형을 당하기까지 했다. 이들의 주장과는 상관없이 구한말의 역사는 흘러갔다. 이들의 주장은 일견 타당한 바도 없지 않았으나 국제적 현실에 대한 구체적 인식이 없었다는 점에서 유교적 명분론에 그친 점이 컸다. 그러나 이들의 위정척사사상은 19세기말 이후 의병운동의 흐름으로 이어졌다.

개항으로 조선의 지주들은 소작미를 수출해 더 많은 부를 축적함으로써 대지주로 성장할 수 있었다.

민씨 척족의 부정과 부패가 불러온 임오군란

민씨 척족의 부정과 부패로 나라는 거덜 났고,
이에 반발해 구식 군인과 하층민은 임오군란을 일으켰다.

금강산 1만2천 봉에 쌀 한 섬씩 바친 민비

"상감(고종)이 갑자년(1864) 즉위한 뒤 임오군란이 일어난 1882년
까지 19년 동안 곤궁(민비)은 음악을 지나치게 좋아하시어 배우들을
궁중에 데려다가 노래 부르게 하고 기생들로 하여금 묘기를 부리게
하기를 하루도 거르지 않았다. 그러니 그 상으로 하사한 금품이 수를
기록할 수 없을 정도로 많았다. 이 때문에 백성은 극도로 곤궁해지고
국고는 탕진되어 바닥이 드러났다. 그러나 배우들은 배가 불러 죽을
지경이었고 군인들은 배가 고파 죽을 지경이었다. 궁중에서는 비록
태평세월이라 할 수 있었겠으나 민간은 만신창이가 된 빈사의 세상
이었다. 이때를 당하여 '하늘의 경고(천경)'가 여러 번 나타나고 인심
이 흩어졌으니 무슨 변란인들 일어나지 않았겠는가."

(강준만, 『한국근대사 산책 1』에서 재인용)

대한제국의 시종원부경侍從院副卿(대통령 비서실 차장 격)을 역임했던 정

환덕이 15년간 궁에서 보고 들었던 일들을 기록해놓은 『남가록南柯錄』
이란 책은 임오군란이 일어날 당시의 상황을 이렇게 기록하고 있다.

『남가록』이 비사라 기록의 신빙성을 다소 의심할 수도 있지만 민비
척족의 부정과 부패, 낭비는 『매천야록』을 비롯한 각종 기록에도 나와
있다. 임오군란이 일어난 1882년 6월 5일은 무위영과 장어영에 속해
있던 구식 군인들의 봉급날이었다. 13개월이나 밀린 급료로 나온 것이
반은 썩은 쌀이요, 돌과 모래가 심하게 섞인 것이라 군졸들의 분노는
하늘을 찔렀다. 당시 재정은 파탄 나 관료들의 봉급은 5년 이상 밀려
있었다. 또한 전해(1881)에 일본인 교관을 초빙해 만든 신식 군대 별기
군과 비교해 차별적인 대우를 받고 있어 구식 군인들의 불만은 평소에
도 높았다. 그런데 굶주린 군졸들에게 밀린 월급이라고 나온 것이 먹
을 수도 없는 쌀이었으니 이들의 불만은 폭발할 수밖에 없었다. 군창
앞에서 쌀을 수령하던 군졸들은 썩은 쌀 수령을 거부하며 창고 관리에
게 격렬히 항의했다. 그런데 항의로 그칠 줄 알았던 사건에 기름이 부
어졌다. 선혜청당상이자 병조판서인 민씨 척족의 일원인 민겸호가 항
의 주동자 4명을 체포해 목을 베라고 명령했다는 소문이 돌았던 것이
다. 군졸들에게 돌아갈 봉급을 민겸호와 그 수하들이 착복하고 있다는
것을 알고 있던 터에 이 소문을 들은 군졸들 수천 명은 격분해 거리로
뛰쳐나갔고 무위영 대장 이경하의 집으로 찾아가 민겸호를 규탄했지
만 이경하는 해산명령을 내렸다. 그러자 군졸들과 성난 민중들은 이경
하의 부하 여럿을 죽인 뒤 그를 내쫓았다.

시위 주동자들은 문제의 해결을 위해 대원군을 찾았다. 대원군은 시
위군을 달래는 한편 비밀리에 시위 확산을 지시했다. 자신감이 붙은

구식 군인은 1년 이상 쌀 배급을 받지 못하는 등 신식 군인(별기군)에 비해 차별을 받고 있었다. 그러던 중 구식 군인에게 겨와 모래가 섞인 쌀을 지급하려고 하자 분노한 구식 군인들이 1882년 난을 일으켰다. 사진은 순서대로 구식 군인들과 임오군란 격전지의 모습, 내정을 간섭한 청의 위안스카이.

시위군은 민씨 척족을 중심으로 한 중신들의 집을 차례차례 습격해 민겸호 등을 살해하고, 일본 공사관을 공격했다. 대원군의 둘째형이었지만 민비 편에 붙어 부정부패를 일삼았던 이최응의 집도 습격하여 그 역시 살해했다. 그리고 마침내는 창덕궁에 진입해 원한의 표적인 민비를 찾아 궁의 이곳저곳을 파괴했다. 시위대에는 군인들뿐만 아니라 인근의 하층민이 대거 합류했다.

당시 민비와 그 척족에 대한 민중의 불만은 엄청났다. 판서와 참판뿐만 아니라 전국 큰 고을의 수령은 민씨 척족이 태반이었으며 노른자 중의 노른자로 꼽히던 평안감사와 통제사는 민씨가 전부 장악했다. 주요 관직을 차지한 민씨 척족은 자신들의 사치와 권력 유지를 위해 민중의 고혈을 짜내고 관직을 뇌물과 바꿨다. 재정이 거덜 나 봉급이 몇 년째 밀리는 상황에서도 민비는 두 살배기 아들을 세자에 책봉하기 위해 청나리의 실권자 시대후와 리훙장에게 뇌물로 수백만 금을 바쳤다. 또 미신 숭배에 빠져 왕자의 건강을 빈답시고 금강산 1만 2천 봉우리마다 쌀 한 섬, 베 한 필, 돈 백 냥을 바치는 어처구니없는 행태를 보이기도 했다. 전국의 유명한 절과 서울의 치성터는 민비가 독점하다시피 했다. 임오군란 당시 봉기한 민중들은 이들 절과 무당 집도 습격했다. 궁중에 물건을 납품하는 대가로 시장을 독점하여 물가를 앙등시킴으로써 민중들의 원성을 샀던 어용상인과 시전상인 100여 명도 이때 살해됐다.

용산에 주둔하기 시작한 외국군

민비는 이런 난의 와중에 수위부장 홍계훈의 도움을 받아 장호원으로 피할 수 있었다. 민비가 피신한 뒤 대원군이 다시금 전권을 거머쥐었다. 고종이 사태 수습을 위해 대원군을 다시금 입궐시키고 모든 정사를 대원군의 결재를 받아 시행하도록 했다. 대원군은 집권 뒤 시신도 발견되지 않은 민비를 죽은 것으로 간주하여 국장까지 치렀다. 그리고 임오군란의 한 원인이었던 별기군을 폐지하고 구식 군대인 5군영을 부활시켰다. 또한 유배 갔던 척사파도 석방시켰다. 대원군은 피폐해진 국정을 바로잡고자 했으나 상황은 그가 나서더라도 회복하기에는 역부족이었다. 청일 양국의 영향력을 벗어나기 힘들었고, 그의 개혁을 지지해줄 인적 기반 역시 태부족이었다.

임오군란의 발발과 함께 청일 양국은 민감하게 반응했다. 숨어 있던 민비는 고종에게 비밀리에 자신이 살아 있음을 알리고 청국의 출병과 대원군의 제거를 요청했다. 이에 고종은 톈진에 머물고 있던 김윤식과 어윤중으로 하여금 청국에 출병을 요청하도록 했다. 청국은 임오

임오군란 전개과정

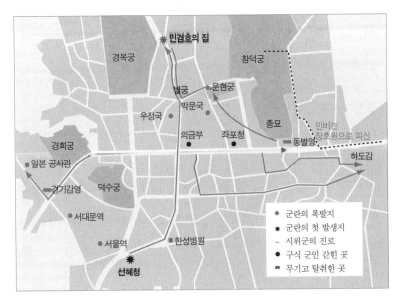

군란을 기화로 일본에 빼앗긴 조선에 대한 우월한 지위를 회복하고자 3척의 군함과 3,000명의 병력을 조선에 급파했다. 오장경과 위안스카이가 이끄는 청군은 서울에 주둔한 뒤 대원군을 납치하여 톈진으로 보냈다. 대원군은 집권 33일 만에 또다시 축출된 것이다. 청국은 임오군란의 수습 과정에서 조청상민수륙무역장정朝淸商民水陸貿易章程을 체결했다. 이는 독립국가들 간에 맺어지는 조약 대신 청국 황제의 특별 허가만으로 효과를 갖는다는 장정章程으로, 이미 문서명에 조선이 청의 속국임을 명기하는 등 불평등한 조항으로 가득 찼다. 이에 따라 청은 독일인 묄렌도르프를 외교고문으로 세우고 조선 내정에 깊숙이 간여하게 되었다. 또한 청국 군대를 지휘하는 위안스카이는 조선에 10년간 머물면서 조선 정부에 막강한 영향력을 행사하게 되었다.

임오군란 때 귀국했던 일본공사 하나부사 요시모토 역시 일본 군대의 호위를 받으며 조선으로 돌아왔다. 군란 때 피살된 일본인에 대한 위문금과 일본국 시설에 대한 피해보상금 50만 원을 지불하고, 일본군을 공사관에 주둔시킨다는 내용의 제물포조약이 하나부사의 주도로 체결됐다. 청일 양국 모두 조선에 영향력을 행사하기 위해 자국의 군대를 동시에 주둔시켰던 것이다. 이후 10년간 청국과 일본은 조선을 먹잇감으로 한 암투를 벌여나갔다. 결국 민비는 자신의 정치적 생명을 연장하기 위해 외세를 끌어들임으로써 조선에 막대한 피해를 입혔다. 그럼에도 민비의 사치는 끊이지 않아 을미사변이 있던 1895년까지도 궁궐은 날이면 날마다 잔치로 밤을 지샜고, 조정의 아침회의는 저녁에나 열리는 석회夕會로 변해버렸다.

임오군란으로 대원군이 다시 집권했을 때 서울의 하층민은 그를 지지했다. 민비를 지지하던 보부상 집단이 서울로 침입한다는 소문이 돌자 하층민들은 군병과 함께 무기를 들고 도성을 수비했다.

개화당과 갑신정변

개화파의 몰락을 가져왔던 3일 천하

개화파는 주체적 역량을 준비하지 못한 상태에서
조급하게 정반을 일으키다 사흘 만에 실패했다.

김옥균이란 인물

"일본이 아시아의 영국이 된다면 우리들은 조선을 아시아의 프랑
스로 만들지 않으면 안 된다."(쓰노다 후사코, 『최후의 새벽』에서 재인용)

1883년, 갑신정변의 주역인 김옥균이 고종을 설득하여 서재필 등
50여 명의 청년들을 게이오 의숙(지금의 게이오대학)과 육군 도야마학교
에 보내면서 유학생들에게 했다는 말이다. 김옥균은 개국에 성공하여
제국주의 열강의 막차를 탔던 일본식 모델을 수용하여 우리 나름의 근
대화를 추진하고자 했던 인물이었다. 갑신정변 실패 뒤 일본으로 망명
한 뒤에도 일본인들 사이에서 추종자들이 생길 정도로 카리스마 또한
대단했다.

1851년생인 김옥균은 22세에 과거에 장원급제하여 교리, 정언 등
출셋길을 일찌감치 걸었다. 그러나 박규수, 오경석 등의 영향으로 개
화사상을 수용하면서 그는 체제 내에서의 안정된 출세가 아니라 체제

김옥균(왼쪽 사진)은 청나라 세력을 배경으로 하는 민씨 척족들의 세도정치가 지나치게 수구적인 데 불만을 품고 정변을 일으킨다. 오른쪽 사진은 갑신정변의 주역 박영효, 서광범, 서재필, 김옥균.

의 변혁을 꿈꾸게 되었다. 박규수 문하에서 개화사상에 눈을 뜬 박영효, 서광범, 홍영식 등 소장 개혁파 중에서도 정치적 감각이 가장 탁월하고 리더십이 출중했던 김옥균은 곧 그들의 리더로 떠올랐다.

1881년 일본을 시찰한 뒤 그 이듬해 임오군란의 수습을 위한 사절단의 고문으로 일본을 방문하면서 김옥균은 조선의 변혁 모델로 일본을 꼽게 됐다. 당시 일본은 메이지 유신 이후 급격한 근대화로 압축적 성장을 거듭하고 있던 신흥 강국이었다.

그러나 임오군란 후의 정세는 개화파에게 불리하게 전개되었다. 조선에 진주하게 된 3,000명의 청나라 군대를 이끄는 위안스카이는 조선의 실세였다. 임오군란 당시 청군을 끌어들인 집권세력은 청국과의 유대를 강화하는 것이 기득권을 지키는 가장 유력한 방편이었다. 이에 따라 민씨 척족을 중심으로 한 수구파들이 정부의 핵심요직에 배치됐다. 게다가 믿었던 개화파 중진 김윤식과 어윤중 등은 청병을 요청하는 실무 역할을 떠맡는 등 온건개화를 표방하면서 수구파와 타협했다.

이에 김옥균 등의 개화파는 고종의 지지를 얻어 개화를 추진하고자 했다.『한성순보』를 발행하고(1883), 근대적 우편제도를 실행할 우정국도 설치했다(1884). 개화파의 박영효는 1883년 1월 한성부 판윤(서울시장)으로 취임한 뒤 근대적 도시 건설과 치안제도의 확립을 도모했다. 하지만 민비의 입김에 의해 석 달 만에 광주 유수 겸 어영사로 좌천됐다. 어영사로서 근대적 군대를 양성했지만 곧 신군은 구식 군대에 편입됐다. 힘들게 키운 근대식 군대 역시 수구파의 손아귀에 들어간 것이었다.

정변의 직접적 원인은 차관 도입의 실패

그러나 가장 큰 어려움은 바로 '돈'에 있었다. 당시 조선의 재정 상태는 악화일로였다. 독일인 고문인 묄렌도르프의 조언에 따라 당오전을 발행했다. 하지만 화폐로서 기능할 수 없는 악화인 당오전의 발행으로 인플레는 극심해져 민중의 생활은 악화됐다. 그 와중에 민씨 척족은 돈 장사로 개인적 치부를 일삼았다. 김옥균은 악화의 발행이 아닌 일본으로부터의 차관 도입으로 자금을 형성하려 했다. 이는 1960년대 경제개발계획 당시 차관 도입을 시작으로 근대적 산업을 일으켰던 것과 마찬가지 경우였다.

동남제도 개척사 겸 포경사로 발령이 났던 김옥균은 포경권을 담보

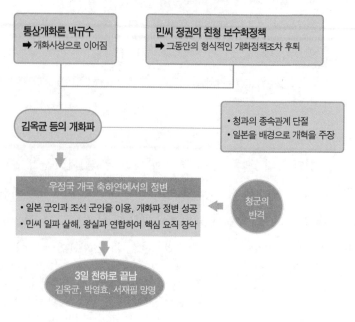

갑신정변 배경 및 진행도

통상개화론 박규수	민씨 정권의 친청 보수화정책
➡ 개화사상으로 이어짐	➡ 그동안의 형식적인 개화정책조차 후퇴

김옥균 등의 개화파

• 청과의 종속관계 단절
• 일본을 배경으로 개혁을 주장

우정국 개국 축하연에서의 정변

• 일본 군인과 조선 군인을 이용, 개화파 정변 성공
• 민씨 일파 살해, 왕실과 연합하여 핵심 요직 장악

청군의 반격

3일 천하로 끝남
김옥균, 박영효, 서재필 망명

로 일본 정부로부터 300만 엔의 차관을 얻으려 했다. 초기에는 잘 되는 듯싶었다. 1년 전 일본에 사절단 고문으로 가 있을 때 이미 김옥균은 이노우에 가오루 일본 외무대신에게 '조선 국왕의 위임장이 있다면 차관을 제공하겠다'는 내락을 얻어낸 바 있었다. 이에 고종은 차관 도입을 위한 위임장을 써주었다. 만사가 잘 풀리는 듯싶었다. 그러나 민씨 척족을 중심으로 한 수구파는 차관 도입 방해공작을 폈다. 게다가 일본 또한 조선의 경제 상황이 300만 엔의 차관을 상환할 능력이 없다고 판단하여 차관 제공을 거절했다. 재조선 일본 공사인 다케조에 신이치로도 차관 제공에 반대했다. 차관 도입에 실패한 김옥균은 조선 정계에서 힘을 발휘할 여지가 없었다. 또한 자신들에 대해 적대적이란 사실을 명백히 알고 있는 수구파들은 김옥균을 비롯한 개화파를 제거할 시기만을 노리고 있었다. 김옥균 등의 개화파는 다급해지지 않을 수 없었다.

청불전쟁으로 오판

암울해 보이기만 했던 상황에서 개화파에게 희망의 불씨가 보이기 시작했다. 베트남에서 청불전쟁이 일어났는데 청국이 연패하면서 조선에 주둔하고 있던 청국군의 절반이 철수를 단행했던 것이다. 청국의 권위가 쇠퇴하자 수구파는 당황했다. 개화파에게는 찬스였다. 평소 개화파에 냉담했던 일본 공사 다케조에도 개화파에 접근했다. 김옥균은 다케조에로부터 일본군의 병력 지원을 약속받았다.

1884년 10월 17일은 개화파 홍영식을 총판(총재)으로 하는 우정국의 낙성축하연이 있는 날이었다. 김옥균은 이날을 거사일로 잡았다. 안국동 별궁에 심어놓은 궁녀에게 불을 지르게 해두었다. 불에 놀란 수구파 중신들이 뛰쳐나갈 때 단숨에 처단할 계획이었다.

그러나 안국동 별궁의 방화는 실패했다. 이에 김옥균은 우정국에 인접한 초가지붕에 불을 지르라고 했다. "불이야! 불이야!"란 절박한 외침이 들렸고 가장 먼저 민씨 척족의 우두머리인 민영익이 달려 나갔다. 그는 우정국 밖에서 기다리고 있던 병사에게 칼을 맞고는 다시 우정국으로 도망쳐 들어왔다. 그러자 나머지 중신들은 건물 밖을 나가려고 하지 않았다. 실패였다.

김옥균은 고종과 민비를 설득해 경우궁으로 가는 데까지는 성공했다. 변란의 소식을 듣고 궁으로 모였던 수구파 거두 민태호, 민영목, 조영하, 한규직 등은 개화파의 칼에 처단됐다. 일단 쿠데타에 성공한 개화파는 18일 아침 새 정부를 조직했다. 좌의정에 홍영식, 재정부서에 김옥균, 군사경찰부서에 박영효 등 핵심 요직에는 개화파 인사를 앉혔다. 그리고 기타 고위직에 김홍집, 김윤식 등의 온건개화파와 수구파 몇몇까지 포함시킨 연합정부였다.

새정부의 정강정책도 발표했다. 김옥균의 『갑신일록』에 기록된 주요 내용은 다음과 같은 것이었다.

- 청국에 대한 종속관계 청산
- 문벌 폐지 및 인민평등권 제정과 능력에 따른 인재 등용
- 백성들이 빚진 환상미의 영원한 면제
- 경찰제도 실시

온전한 의미의 국민국가 수립을 위한 정강정책은 아니었지만 동학혁명에서 제기된 인민평등권 제정 등과 같은 개혁 내용으로 갑오개혁 당시에도 발표된 것이었다. 그만큼 당대의 시대적 과제를 해결하기 위한 방안이 제시된 것이었다.

3일 천하

그러나 이런 정책을 펴보기도 전에 개화파 정권은 3일 만에 끝나고 말았다. 서울에 주둔해 있던 1,500명의 청국군은 고종이 개화파 인사

갑신정변 14개조 정강

① 대원군을 조속히 귀국시키고 청에 대한 조공 허례를 폐지할 것.

② 문벌을 폐지하고 백성의 평등권을 제정하여 재능에 따라 인재를 등용할 것.

③ 전국의 지조법地租法을 개혁하고 간사한 관리奸吏를 근절하며 빈민을 구제하고 국가 재정을 충실히 할 것.

④ 내시부를 폐지하고 그 가운데 재능 있는 자는 등용할 것.

⑤ 나라에 해독을 끼친 간리와 탐관오리를 처벌할 것.

⑥ 각도의 환상미還上米는 영구히 면제할 것.

⑦ 규장각을 폐지할 것.

⑧ 시급히 순사를 설치하여 도적을 방지할 것.

⑨ 혜상공국惠商公局(보부상 조직)을 폐지할 것.

⑩ 전후의 시기에 유배 또는 금고된 죄인을 다시 조사하여 석방시킬 것.

⑪ 4영을 합하여 1영으로 하고 영 가운데서 장정을 뽑아 근위대를 급히 설치할 것, 육군 대장은 왕세자로 할 것.

⑫ 일체의 국가 재정은 호조에서 관할하고 그 밖의 재정 관청은 금지할 것.

⑬ 대신과 참찬은 날을 정하여 의정부에서 회의하고 정령을 의정·집행할 것.

⑭ 정부는 6조 외에 불필요한 관청을 폐지하고 대신과 참찬으로 하여금 이것을 심의 처리하도록 할 것.

들과 함께 있던 창덕궁을 공격했고, 지원을 약속했던 일본군이 일거에 철수했던 것이다. 김옥균은 고종에게 인천으로 함께 철수하자고 했지만 고종은 거절했다. 결국 홍영식, 박영교, 개화파 사관생도 7명이 고종 옆에 남아 죽음을 맞았다. 김옥균과 박영효 등은 일본으로 망명해야 했다.

김옥균은 당시 150명에 불과한 일본군을 지나치게 믿었다. 또한 청불전쟁의 패배로 청군이 개입하지 못할 것이란 오판을 했다. 그리고 더 결정적인 오판은 민중의 힘에 기반하지 않고 외세의 힘을 빌어 혁명을 하고자 했던 것이었다. 인민평등권을 내걸었던 개화파 정권은 민중의 지지는커녕 일본에 붙어먹은 자들이란 오명 속에 돌팔매질을 당해야 했다.

갑신정변에는 10년 전부터 궁궐의 비밀을 알려주던 고대수란 궁녀와 인정전 밑에 폭약을 묻어 방화를 도운 이석이 등의 궁녀는 물론 환관들도 가담했다.

민중 속으로 동학이
들같이 전파되다

동학의 평등사상과 개혁사상은
민중의 열화와 같은 호응을 받아 급속히 퍼졌다.

아기 접주, 백범 김구

백범 김구는 18세에 이미 황해도 해주에서 동학의 지역 포교
책임자인 접주로 임명된 바 있는 동학교도였다. 어린 나이에 수백의
교도를 거느렸기에 '아기 접주'라고 불렸다고 한다. 그가 쓴 『백범일
지』에는 당시 동학이 어떻게 민중의 마음을 사로잡으며 전국으로 퍼
져갔는지를 느낄 수 있는 대목이 있다. 백범은 1893년 나이 열여덟이
되던 해, 동학 2대 교주 최시형에게 입도한 최도명이란 동학 선생을
마을 인근에서 만났을 당시를 이렇게 회상했다. 젊은 양반인 최도명의
집으로 찾아가자 글을 읽고 있던 그가 백범을 반갑게 맞으며 물었다.

"도령은 어디서 오셨소."
나는 황공하여 본색을 말하였다.
"(상놈이기에−필자 주) 어른이 되어도 당신께 공대를 듣지 못하련만
하물며 저는 아직 아이인데 어찌 공대를 하나이까."
그이는 감동하는 빛을 보이면서,

"천만의 말씀이오. 나는 다른 사람과 달리 동학 도인이기 때문에 선생의 교훈을 받들어 빈부귀천에 차별대우가 없습니다. 조금도 미안해 마시고 찾아오신 뜻이나 말씀하시오."

나는 이 말만 들어도 별세계에 온 것 같았다.

"선생이 동학을 하신다는 말을 듣고 도리를 알고 싶어 왔습니다. 이런 아이에게도 말씀하여 주실 수 있습니까?"

"그처럼 알고 싶어 오셨다는데 내가 아는 데까지 말씀드리겠습니다."

"동학이란 어떤 취지며 어느 선생이 천명하였습니까?"

"동학은 용담 최수운(최제우) 선생이 천명하였으나 이미 순교하셨고, 지금은 그 조카 최해월(최시형) 선생이 대도주大道主가 되어 포교 중입니다. 동학의 종지로 말하면 말세의 사악한 인간들로 하여금 개과선천하여 새 백성이 되어 장래 참주인을 모시고 계룡산에 신국가를 건설하는 것입니다."

설명을 듣고 나는 매우 마음이 흡족하였다. 과거에 낙방하고 난 뒤 관상 공부에서 마음 좋은 사람이 되기로 결심한 나에게 하늘님을 모시고 도를 행한다는 말이 가장 마음에 와 닿았다. 또한 상놈이 된 원한이 골수에 사무친 나에게 동학에 입도만 하면 차별대우를 철폐한다는 말이나 이조李朝의 운수가 다하여 새 국가를 건설한다는 말에서는 작년 과거장에서 품은 비관이 연상되었다. 나는 동학에 입도할 마음이 불같이 일어났다".

_김구 저, 도진순 주해, 『백범일지』

백범은 이러한 마음에서 동학에 입도해 열심히 공부했고, 드디어는 2대 교주인 최시형을 직접 만나 접주에 임명되었다. 또한 해주 지역의 동학 대장으로 700명의 동학군을 지휘하며 동학농민전쟁에 참여하기도 했다.

상놈 백범의 마음을 사로잡은 서자 최제우의 평등사상

몰락한 양반가의 서자 출신으로 현세에 좌절했던 수운 최제우가 1860년 4월 민간신앙을 바탕으로 유교·불교·도교 3대 동양 종교의 핵심사상을 종합해 만든 동학은 근본 바탕이 민중종교일 수밖에 없었다. 손병희에 의해 인내천人乃天(사람이 곧 하늘이다)사상으로 발전한 수운의 천심즉인심天心卽人心(하늘 마음이 곧 사람 마음이다)사상은 불평등 신분사회에서 지배층의 착취에 신음하던 민중에게 복음과도 같았다. 서양 세

동학 창시자 수운 최제우. 창도 당시 동학은 모든 사람이 내 몸에 천주(한울님)를 모시는 입신(入信)에 의하여 군자가 되고, 나아가 보국안민의 주체가 될 수 있다는 시천주사상과 경천사상에 바탕한 구제의 신앙이었다.

력의 정치적·경제적 침탈에 대해 불안해하던 민중을 위무하기에 충분했다. 대항이념으로서의 동학과 나라를 지키겠다는 동학의 보국정신은, 평민 신분으로 세상에 뜻을 펼치는 데 근본적 장애가 있었고 지배세력의 무능과 부패에 절망했던 백범 김구 역시 다른 민중들과 마찬가지로 동학을 열광적으로 받아들이게 했다. 교세는 무섭게 확장했다. 최제우는 1861년부터 본격적으로 포교하기 시작했는데, 소문이 퍼지자 6개월 만에 선비로부터 농민에 이르기까지 3,000여 명의 사람들이 제자가 되었다. 그 이듬해에는 경주, 대구, 단양 등 전국 각지에 교회라할 수 있는 접소接所를 설치하고, 책임자인 접주接主를 두어 교세를 확장했다. 그러자 정부에서는 동학 세력의 확장에 위협을 느끼고 1863년 1월 최제우를 체포해 이듬해인 1864년 3월 참형에 처했다. 그러나 최제우의 참형과 지속적인 탄압에도 불구하고 동학의 2대 교주 최시형에 의해 포교는 지속되었고, 교세는 더욱 확장되었다.

최시형은 삼남지방과 도시 지역에까지 확장된 교세에 힘입어, 참형당한 교조 최제우의 억울함을 풀어달라는 교조신원운동敎祖伸寃運動을 대대적으로 펼쳤다. 1893년 2월에는 동학 간부 손병희를 중심으로 광화문에서 사흘 밤낮을 지새우며 교조신원을 국왕에게 상소하였지만 뜻을 이루지 못했다. 동학의 합법화에 강조점을 둔 동학 중앙지도부와는달리 기층 동학교도들의 움직임은 척양척왜斥洋斥倭라는 반외세 자주화구호를 내세운 정치적 운동으로 발전할 조짐을 보였다. 2만여 명이 모였던 충청도 보은 집회와 전봉준 등의 주도하에 1만여 명이 참여한 전라도 금구 집회가 그랬다.

농민전쟁의 불꽃, 고부항쟁

1893년 말부터 전라도 일대에는 농민항쟁이 잇달아 일어났다. 익산, 전주, 고부에서 일어난 항쟁이 대표적인 것이었다. 당시 민씨 정권은 매관매직을 일삼았다. 관직을 돈 주고 산 군수나 현감 등 지방관들은 본전 이상을 뽑기 위해 온갖 수탈을 자행했다. 농민에게 관개용 저수지를 만들게 해놓고는 수리세를 걷거나, 조세를 횡령한 뒤 다시 세

동학 교세의 확장

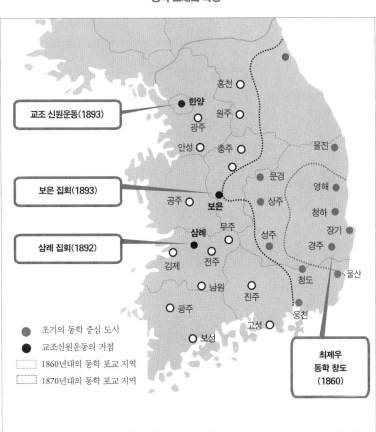

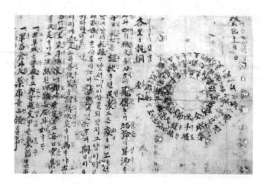

1893년 전봉준과 농민군 간부들이 봉기를 촉구한 사발통문.

금을 강요하는 등 온갖 수탈의 방법이 고안되었다. 이에 살 수 없게 된 민중들이 봉기한 것은 어찌 보면 당연했다.

특히 고부군수 조병갑의 수탈은 주변 다른 지방관보다 훨씬 더 극악한 것이었다. 더구나 임기가 다 되어 교체될 시점에 있던 조병갑이 물산이 풍부한 고부군에서 더 수탈하기 위해 재임운동을 벌여서 다시 군수로 임명되었다. 농민들은 더 이상 참을 수 없었다. 우선은 전창혁, 김도삼, 정일서 등 3인이 대표로 조병갑의 탐학을 호소하는 소장訴狀을 올렸다. 그러나 감영에서는 가문이 좋은 조병갑의 편을 들어주었다. 소장을 대표로 올린 전창혁 등 3인은 모두 혹독한 매를 맞은 뒤 내팽개쳐져 죽음을 맞았다. 농민들의 분노는 하늘을 찔렀다. 다른 곳의 사정역시 마찬가지였다.

전창혁의 아들 전봉준은 송두호 등 자신과 뜻을 같이 하는 20명의 동지와 사발통문을 만들고는 1894년 1월 10일 드디어 봉기를 일으켰다. 고부성을 점령한 뒤 조병갑을 내쫓았다. 쫓겨난 조병갑은 정부에서 체포하여 의금부로 압송했다. 그리고 안핵사라 하여 사태를 수습할 관리로 이용태를 파견했다. 그러나 이용태는 사태의 진정한 원인을 깨

동학사상의 변천

1대 교주	• 최제우 • 동학 • 시천주(侍天主) 사상 • 하늘과 사람은 둘이 아니라 하나이며 내 마음속에 한울님이 있다
2대 교주	• 최시형 • 동학 • 사인여천(事人如天) 사상 • 사람이 하늘이니 사람 섬기기를 하늘과 같이 하라
3대 교주	• 손병희 • 천도교 • 인내천(人乃天) 사상 • 사람이 곧 하늘이다

닫지 못했다. 오히려 항쟁의 주모자를 찾는 데 주력했다. 이때 전봉준 등 지도부는 몸을 피해 다음 항쟁을 준비했다. 전봉준 세력은 무장으로 가서 그곳의 접주였던 손화중, 태인 접주 김개남 등과 함께 연합군을 형성했다. 그리고 마침내 그해 3월 21일 봉기의 뜻을 알리는 창의문倡義文을 발표하고 군사를 일으켜 고부성을 다시 함락시킨 뒤 본진을 백산으로 옮겨 갔다. 이른바 1차 봉기가 벌어진 것이다.

백산에서 보국안민輔國安民의 기치를 내건 농민군은 4대 강령을 선포했다. 4대 강령의 내용은 다음과 같은 것이었다.

- 사람을 죽이지 말고 재물을 손상하지 말라.
- 충효를 온전히 하여 세상을 구제하고 백성을 평안히 하라.
- 일본 오랑캐를 축멸하고 성군의 도를 밝히라.
- 병兵을 거느리고 서울로 진격하여 권귀를 멸하라.

4대 강령은 이미 반외세를 지향하고 있었으며, 부패하고 무능하기 이를 데 없는 민씨 정권을 일컫는 권귀의 타도를 내세우고 있었다. 백산의 농민군은 일단 전주로 진격했으며 전주감영에서는 이에 맞서기 위해 관군과 보부상으로 구성된 연합부대를 출격시켰다. 이제 조선에는 사상 유례를 찾을 수 없는 전국적인 농민혁명의 불길이 치솟고 있었다.

동학에는 '양반은 들어오지 마라, 부자는 들어오지 마라, 선비는 들어오지마라'란 삼불입(三不入)이란 것이 있었다. 이들 삼인이 들어와도 큰 행세는 못했다고 한다.

동학농민전쟁 2

위대한 패배,
동학농민전쟁

동학농민전쟁은 참혹한 패배로 끝났지만, 그 혁명정신은
식민지 시대까지 반외세 민중혁명의 바탕을 이루는 힘이 되었다.

거침없는 농민군의 진격

  황토현에서 맞붙은 농민군과 관군의 전투는 농민군의 일방적
인 승리로 끝났다. 민심도 농민군에 가 있었고, 전략도 사기도 농민군
의 압도적인 우위였다. 황토현 전투에서 압승한 농민군은 관군의 총포
등 무기를 전리품으로 획득한 뒤 북상했다. 정읍을 함락시킨 다음 고
창·흥덕·무장·영광·함평을 거쳐 장성까지 진격했다. 그러자 조정에
서는 홍계훈을 초토사로 임명하고 조선 최고의 부대라는 장위영군을
파견하여 맞섰다. 농민군과 홍계훈군이 맞선 곳은 장성이었다. 장성
의 황룡천에서 벌어진 격전에서도 농민군은 압승을 거두었고, 내처 4
월 27일 전주성을 점령했다. 조선 역사상 한 도의 감영이 있는 성을 점
령한 민중항쟁은 이때가 처음이었다.
  홍계훈군의 처참한 패배 소식을 들은 민씨 정권은 엄청나게 당황했
다. 기껏해야 규모가 조금 큰 민란 수준으로 바라봤던 것과는 확연히
다른 농민군이었던 것이다. 중앙 최고의 부대가 패배할 정도면 왕조가
무너질 것이라는 위기의식까지 들었다. 민영준 등 민씨 정권의 핵심

세력이 내린 결론은 청나라에 원병을 청하는 것이었다. 걸핏하면 청에 원군을 청하는, 자주성이라곤 찾아볼 수 없는 민씨 정권이었다. 결국 4월 28일 청에 출병을 요청했다. 5월 5일 청군이 아산만에 도착하고, 다음 날에는 뒤질세라 일본군이 톈진조약을 내세워 인천에 상륙했다. 톈진조약에는 청일 양국 중 어느 한 나라가 조선에 진주하면 다른 나라의 병력도 진주한다는 조항이 있었다.

최초의 농민 자치권력, 집강소

전주성 점령과 외세의 개입으로 동학농민전쟁은 새로운 국면으로 접어들었다. 정부군 입장에서는 농민군과의 전투도 힘겨웠고, 청군과 일본군의 개입 때문에라도 사태를 빨리 수습해야 했다. 농민군 입장에서도 전주성 함락 뒤 여타 지역의 전투가 지지부진했다. 농번기가 가까워져 농민들의 마음도 바빠졌다. 또한 동학의 2대 교주인 최시형의 영향력이 강한 북접에서는 동학교단의 보호를 강조하며 봉기에 소극적이었다. 게다가 외세의 개입으로 인해 조선 강토가 외국군에 의해 짓밟힐 것은 자명한 사실이었다.

양자의 이런 공통된 필요성에 의해 강화조약이 맺어졌다. 전주화약이라 불리는 농민군과 정부군의 협약은 5월 8일 맺어졌다. 농민군은 협약의 조건으로 폐정개혁안의 시행을 내세웠다. 농민군이 내세운 폐정개혁안은 오지영의 『동학사』에 다음과 같은 12개 조항만 남아 있다.

- 동학교도와 정부 사이의 수년간의 원한을 씻고 모든 서민 행정

동학의 제2대 교주 최시형. 동학농민전쟁에서 10여만의 병력을 일으켰으나 잇따른 패배로 1898년 원주에서 체포됐다.

에 힘을 합친다.

- 탐관오리는 그 죄상을 명백히 밝혀 엄벌에 처한다.

- 횡포한 부호들을 엄징한다.

- 행실이 좋지 않은 유림과 양반 모두 징계한다.

- 노비 문서는 모두 불태운다.

- 일곱 천인(백정, 장인, 기생, 노비, 승려, 무당, 광대)의 대우를 개선하고, 백정 머리에 쓰는 평양립(패랭이)을 벗게 한다.

- 청춘 과부의 재혼을 허용한다.

- 이유 없는 잡세는 모두 거두지 않는다.

- 관리의 채용 시 지역에 차별을 두지 않는다.

- 왜적과 내통하는 자는 엄징한다.

- 과거의 공사公私 채무는 모두 소멸시킨다.

- 토지는 평균적으로 나누어 경작하게 한다.

관군에 압송되는 전봉준과 투옥된 동학농민군. 동학농민군의 패배는 우리 스스로의 개혁에 의한 자주적 근대화 달성의 마지막 기회가 상실됐다는 것을 의미하는 것이기도 했다. 그러나 살아남은 농민군의 많은 수는 구한말 의병으로, 식민지 시대에는 독립군으로 재편성됐다.

폐정개혁안은 '일단' 정부에 의해 받아들여졌다. 이에 따라 집강소가 설치됐다. 관아에서 행정사무를 집행하면, 이를 감시하는 기구가 집강소였다. 그런데 농민전쟁 당시 관청을 버리고 떠난 수령이 많은 지역은 집강소에서 직접 행정까지 담당하는 경우도 적지 않았다. 집강소에서는 농민들 스스로 주체가 되어 자신들이 내걸었던 폐정개혁안을 시행했다. 통치의 대상으로만 여겨졌던 농민이 훌륭히 자치를 할 수 있다는 걸 깨닫게 된 소중한 경험이었다.

역사의 분수령, 우금치 전투의 패배

집강소 활동에 치중했던 농민군 지도부는 변화해가는 사태의 추이를 면밀히 주시했다. 정부에서도 일본군의 철군을 요구하고 교정청을 설치해 스스로 개혁을 추진하며 일본의 내정개혁 요구를 거절했다.

그러자 조선에 대한 지배 야욕을 가진 일본은 6월 21일 경복궁을 점령하여 민씨 정권을 무너뜨리고 대원군을 앞세운 정권을 수립했다. 이른바 갑오왜란을 일으켰던 것이다. 새 정권은 군국기무처를 만든 뒤 갑오개혁을 추진해갔다. 그리고 6월 23일 일본군은 아산만에 있던 청국 함대를 공격하면서 청일전쟁을 일으켰다. 전쟁은 8월의 평양전투에서 일본군이 청군에 대승을 거두면서 일본의 승리로 굳어졌다. 천하의 중심으로 여겼던 청나라가 '왜'라고 깔보던 일본에 대패한, 조선의 시각에서는 경천동지할 사건이었다.

청일전쟁에서 승기를 거머쥔 일본은 8월부터 노골적으로 조선의 내정에 간섭해왔다. 이에 농민군은 2차 봉기를 준비하기 시작했다. 1차 봉기가 반봉건의 성격이 짙은 것이었다면 2차 봉기는 반외세를 내세운 것이었다.

전봉준은 농민군을 다시 조직해 9월 삼례에서 2차 봉기를 했다. 그러나 초기에 북접에서는 봉기에 적극적이지 않았다. 오히려 김연국, 손병희 등 북접의 지도자들은 남접이 자신들을 모욕한다 하여 군사를 모아 남접을 공격하려고까지 했다. 이런 분열을 통합시킨 이가 북접의 간부인 오지영이었다. 그는 적극적으로 나서 남접의 지도자들과 쌓인 감정을 풀고, 그들을 설득하여 남북접 연합을 이뤄내는 데 성공했다. 논산에 결집한 남북접의 연합군은 무려 20여만 명에 달했다. 농민군은 서울로 가는 관문인 공주를 향해 진격했다. 이에 대해 관군과 이를 지휘하는 일본군은 먼저 공주로 가서 농민군을 기다렸다. 관군 3,200명, 일본군 2,000명 규모의 부대였다. 20만 명 대 5,000명의 싸움은 조선 정부와 일본 연합군의 일방적인 승리였다. 현대식 무기를 갖춘 일본군과 관군 연합군에게 죽창으로 무장한 농민군은 상대가 되지 않았다. 주공격로인 우금치를 점령하기 위해 숱한 농민군들이 죽음을 두려

동학농민운동 일지(1894)

1월 10일	고부 봉기
3월 21일	백산 봉기 : 4대 강령 발표
4월 2일	홍계훈이 양호초토사에 임명. 북접 동학교도들도 최시형의 통문으로 청산에 집결
4월 7일	황토현 전투
4월 11일	동학 포고문 발표
4월 27일	동학군의 전주성 점령
4월 28일	충청도 동학군 봉기. 민씨 정권, 동학군 진압을 위해 청국에 원병 요청
5월 5일	청군 제독 예즈차오가 1,500명을 이끌고 아산만 상륙
5월 6일	일본 해군중장 이토 스케유키가 군함 2척을 인솔하고 인천 상륙
5월 8일	전주화약 성립 → 동학군, 전라도 관찰사에게 13조의 시정책 건의
6월	전국에 집강소 조직
6월 23일	청일전쟁 발발(일본군 승리)
9월 3일	동학군 재차 봉기
10월 22일~11월 12일	우금치 전투에서 일본군에 대패
12월 2일	전봉준 체포되어 서울로 압송
12월 24일	북접 주력부대는 충주에서 해산
12월 27일	동학군 진압 완료

위하지 않고 진격했지만 현대식 대포에는 속수무책이었다. 게다가 날씨까지 추워 얼어 죽고 굶어 죽는 상황에서 농민군의 전투력은 급격히 저하됐다.

결국 병력의 절반 이상이 죽고 난 뒤 농민군은 후퇴했다. 전봉준 부대 역시 원평, 태인에서의 전투에서 패배하고 11월 28일 금구에서 부대를 해산했다. 동지인 김개남과 후일을 도모하려 했지만 두 사람 다 내부 배반자의 밀고로 체포돼 사형에 처해졌다. 그리고 농민군 잔여세력 역시 전라도 장흥과 강진에서 마지막 전투를 벌였지만 패배했다.

동학농민군의 처절한 패배는 자발적 개혁에 의한 자주적 근대화 달성의 마지막 기회가 상실됐다는 것을 의미하는 것이기도 했다. 그러나 살아남은 농민군 중 많은 수는 구한말 의병으로, 식민지 시대에는 독립군으로 재편성됐다. 그리고 무엇보다 20만이 넘는 민중이 거병해 치열한 전투를 벌인 역사적 경험은 식민지 시대 내내 독립운동을 위한 역사적 자양분이 되었다.

박정희 군사정권은 자신이 일으킨 정변의 정통성을 강조하기 위해 우리나라의 혁명은 동학혁명과 5·16군사혁명 둘뿐이라고 강조했다고 한다. 박정희의 이미지가 동학 접주였다는 것이 그 배경이라는 것이다.

떠밀린
절반의 개혁

갑오개혁으로 문벌과 양반 계급제, 그리고 노비제도가 타파되는 등
신분제의 철폐가 선언되었다.

일본의 경복궁 점령

1894년 6월 21일 새벽 5시경 일본군 혼성여단 2개 대대는 고
종이 있는 경복궁을 불의에 습격하여 점령했다. 궁성수비대 600여 명
은 영추문과 광화문으로 돌입하는 일본군과 격전을 벌였지만 70여 명
의 사상자를 내고 퇴각했다. 일본군의 호위 아래 대원군이 들어오고

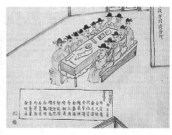

일본은 갑오변란을 일으켜 민씨 일파를 축출
하고 친일적인 김홍집 내각을 조직했다. 김홍
집(사진)은 총리대신이 되어 갑오개혁을 단행
한다. 오른쪽 그림은 갑오개혁의 중추적 역할
을 한 군국기무처. 친일정권이 수립한 군국기
무처는 정치·군사에 관한 일체의 사무를 관
장했다.

있었다. 친청파인 민씨 정권을 퇴각시키고 친일적 경향의 개화파 내각을 세우기 위해서였다. 고종은 이제 일본군의 위협 속에 놓이게 되었다. 그로부터 1년 뒤 민비를 살해하기 위해 경복궁을 침입한 을미사변과 궤를 같이 하는 사건이었다. 우리는 보통 을미사변 때 일본인이 궁궐에 난입하고, 대원군이 입궐한 것만 기억하지만, 똑같은 일이 불과 1년 전에도 벌어졌던 것이다.

그러고는 대원군의 섭정 아래 새로운 친일 정권이 들어섰다. 6, 7월 두 달간은 일본 공사관에서 발급하는 문표門票 없이는 궁정 출입이 불가능했다. 이런 상황에서 친일 정권이 설치한 군국기무처를 중심으로 갑오개혁의 막이 올랐다.

과부 재가도 허락되고, 양반 상놈의 구별도 철폐되고

갑오개혁은 세 차례에 걸쳐 이뤄졌다. 1차 개혁은 대원군 섭정 아래 김홍집, 김윤식, 유길준 등을 중심으로 한 새 정권이 군국기무처를 두고 행한 것이었다. 이때의 개혁은 일본이 청국과의 전쟁으로 조선 내정에 간섭할 여유가 없는 상황에서 이뤄졌다. 그에 따라 상당히 자주적인 개혁이 이뤄졌다고 볼 수 있다.

군국기무처는 입법권을 가지고 있었던 초정부적인 기관이었다. 그런 만큼 전제군주의 권한을 상당히 약화시킨 개혁이었다. 내각이 설치돼 실권의 상당 부분을 쥐게 되었다. 홍범 14조가 제정돼 왕실 사무와 국정 사무를 분리시켰다. 국가 재무 역시 탁지아문으로 일원화하여 왕실이나 여타 다른 기관이 세금을 걷지 못하도록 했다. 정부 재정이 일

동학농민운동 일지(1894)

	제1차 갑오개혁(1894)	제2차 갑오개혁(1894)	을미개혁(1895)
정치 행정	• 개국 기원 연호 사용(중국 연호 폐지) • 6조제 → 8아문제 • 정부를 궁내부와 의정부로 구분 • 문무 관리의 차별 폐지 • 과거제 폐지 • 관료제 18품급 → 11품급으로 축소 개편	• 내각제 시행 • 8아문 → 7부 • 8도 → 23부 • 재판소 설치 • 사법권 독립 • 치안과 행정 분리	• '건양' 연호 사용
경제	• 탁지아문으로 정부 재정 일원화 • 화폐제도 은본위제로 통일 • 조세 금납화 실시 • 도량형 통일		
사회	• 문벌과 양반 · 상민의 계급 타파 • 연좌제 폐지 • 조혼 금지 • 과부 재가 허용 • 공사 노비법 폐지	• 한성사범학교 설립 • 외국어학교 관제 공포 • 신교육 실시	• 태양력 사용 • 종두법 시행 • 우체사 설치(우편사무 시작) • 단발령 실시 • 소학교 설치
군사		• 군무아문 체제로 개편 단행: 신설대, 시위대, 훈련대 신설 • 3도 통제군과 각 도의 병영, 수영, 각 진영과 진보 폐지	• 훈련대와 시위대를 합병하여 서울에 친위대, 지방에는 진위대를 설치

원화되지 못해 이곳저곳의 기관에서 매기는 잡세로 민중의 고통이 심했기 때문이다. 이는 일찍이 실학자들이 개혁하고자 했던 것이기도 했고, 갑신정변 세력과 동학농민군의 요구사항이기도 했다. 그러나 이러한 개혁은 왕실이 내장원을 설치하여 금과 인삼 등 주요 자원을 관리하면서 실패로 돌아갔다. 왕권을 강화하려는 고종과 민비의 수구성이 엿보이는 대목이다.

경제적으로는 화폐제도를 은본위제로 전환하여 새 화폐를 유통시켰다. 또한 토지에 대한 세금도 화폐로 내게 했다. 도량형도 통일했다. 도지세를 돈으로 내게 한 것은 현물 납부과정에서 오는 폐단을 없애는 효과가 있었지만 동학농민군이 요구한 토지의 농민 소유를 수렴하지는 못한 것이었다. 화폐제도를 은본위제로 한 것은 당백전이나 당오전 등 이전에 발행된 악화가 인플레를 유발하는 등 유통질서를 교란시킨 것을 개혁한 것이었다. 은본위제에 바탕에 두었기 때문에 이전의 문제는 시정됐다. 하지만 외국 화폐의 혼용을 허가해줌으로써 일본 화폐의 유통이 점차 확대돼 일본의 경제적 침략을 더욱 쉽게 해준 측면이 있었다.

갑오개혁이 가져온 가장 큰 변화는 사회 면에서의 개혁이었다. 문벌과 양반 계급제의 타파, 과거제 폐지와 능력에 따른 인재 등용, 문반과 무반의 차별 철폐, 연좌제 폐지, 과부의 재가 허용, 공사 노비법의 폐지, 조혼 금지 등 사회적 개혁은 500년 조선 사회의 근간을 뒤바꿔놓은 개혁이었다. 이러한 개혁은 대부분 동학농민혁명군이 요구했던 것이었고 그것이 받아들여진 것이었다.

외세의 개입에 의해 제한된 개혁

이런 성과가 있기는 했지만 그것이 자체적인 의지와 역량으로 이뤄낸 개혁이 아니었다는 점에서 갑오개혁의 한계는 분명했다.

우선 10년 전 갑신정변 주도세력이 이루고자 했던 입헌군수제를 추진하지 못하고 군주권의 견제 정도에 머문 점이 미흡한 대목이다. 반봉건의 핵심이 빠진 셈이었다. 또한 동학농민군이 요구한 농민의 토지 소유가 이뤄지지 못했다. 18세기 이래 실학자와 농민들이 간절히 염원하던 내용이 빠짐에 따라 개혁에 대한 민중적 지지를 크게 기대할 수 없게 되었다.

이로부터 두 달 뒤 청일전쟁에서 승기를 잡은 일본이 조선의 내정에 적극적으로 간섭하게 되면서 김홍집, 김윤식 등 개혁의 주도세력은 퇴진하게 되었다. 완강하게 일본의 요구를 거절하던 대원군을 배제하려는 일본의 의도도 있었다. 대신 박영효, 서광범 등 갑신정변의 주도세력이었던 급진개화파가 일본의 지지를 받아 정권을 잡게 되었다. 이들에 의해 을미개혁으로 불리는 새로운 개혁이 진행되었다.

그러나 세 차례에 걸친 개화파의 의욕적인 제도개혁은 일본의 영향 아래 이뤄져 자주적 근대화의 발판이 아니라 일본이 조선을 침략하는 발판으로 쓰이는 비극적 운명에 놓이게 되었다.

갑오개혁으로 노비제가 폐지되자 해방된 노비들 중 자신의 옛 상전에게 가마를 끌게 하는 이도 생겼다.

민비 시해사건의 진실

민비가 러시아를 이용해 일본을 견제하려 하자
일본 제국주의는 민비를 경복궁 한복판에서 살해했다.

3국 간섭

청일전쟁에서 이길 때만 하더라도 일본은 득의양양했다. 2,000
년 이상 넘어설 수 없는 장벽으로 여겼던 중화제국을 무력으로 제압한
것은 일본뿐만이 아니라 서구 열강도 경악한 일대 사건이었다. 승리감
에 도취된 일본은 조선에 대한 배타적인 지배권을 확립한 뒤, 청으로
부터 거액의 배상금을 받았을 뿐만 아니라 요동반도와 대만 등의 영토
를 할양받아 대륙 진출의 근거지를 확보했다.

그러나 이런 일본의 독주에 러시아를 비롯한 제국주의 열강은 경계
심을 갖게 되었다. 특히 만주로 진출한 뒤 한반도 해안에 부동항을 건
설해 남으로 진출하려는 러시아에게 일본의 독주는 용납할 수 없는 것
이었다. 러시아는 1895년 4월 독일과 프랑스를 끌어들여 요동반도를
청에게 돌려줄 것을 일본에 요구했다. 이러한 러·독·프의 3국간섭에
일본은 굴복하지 않을 수 없었다. 일본으로서도 세 나라 모두와 대결
할 수는 없는 노릇이었다.

이런 러시아의 '파워'에 민비는 주목했다. 민비는 러시아와의 관계

1895년 8월 20일 잠옷 차림의 민비는 옥호루에서 일본 낭인패의 칼날에 살해되어 사체는 불태워졌다. 일국의 왕비를 무참히 살해한 이 사건은 유례를 찾아볼 수도, 용납할 수도 없는 역사의 만행이었다. 을미사변을 일으킨 일본 낭인들(왼쪽 사진)과 민비의 대한문 앞 국장의례식(오른쪽 사진)

를 긴밀히 하고자 하였으며, 러시아 공사 베베르 역시 조선 왕실과 긴밀한 관계를 맺어 영향력을 극대화하고자 하였다. 이러한 정세 변화에 일본 조야는 극심한 분노와 함께 위기의식을 느꼈다.

독경 공사 미우라가 자행한 시해사건

민비 시해는 3국 간섭 이후 새롭게 서울에 부임해온 미우라 고로 일본 공사가 주도했다. 그는 육군 중장 출신이지만 일본에서는 정계에서도 군부에서도 영향력이 없는 인물이었다. 서울에 부임해 와서도 별다른 움직임 없이 공사관 2층에서 불경 외우는 데만 심취하여 '독경 공사'라는 별명을 얻은 인물이었다. 그러나 단순하고 우직해 보였던 미우라는 비밀리에 민비 시해계획을 추진하고 있었다.

미우라의 계획은 대원군을 부추겨 민비 시해에 가담하게 하고, 일본군에 의해 육성됐지만 지금은 세상이 바뀌어 해산된 훈련대의 불만을 이용해 배후병력으로 활용하는 것이었다. 1895년 8월 20일 새벽 3시 대원군을 가마에 태운 뒤 공덕동을 출발한 일본 낭인과 훈련대 병사 등은 아침이 밝아올 무렵 경복궁에 도착했다. 일본 낭인패 50여 명이 민비를 찾아 경복궁으로 난입했다. 비록 배후에 500여 명의 훈련대와 일본군 수비대가 있었다고 하지만 경복궁에 난입한 낭인패는 50여 명에 불과했다. 그러나 한 나라의 왕궁을 호위하는 500여 명의 시위대는 몇 십 분도 버티지 못했다. 장비도 부실했고 사기도 엉망이었다. 10분도 지나지 않아 잠옷 차림의 민비는 일본 낭인패의 칼날에 무참히 살해되었고, 범죄를 은폐하기 위해 사체는 불태워졌다.

일국의 왕비를 무참히 살해한 사건은 유례를 찾을 수도, 용납할 수도 없는 역사의 만행이었다. 그렇기 때문인지 민비 시해의 진상이 외신으로 퍼져가는 것을 막기 위해 일본 정부는 필사적이었다.

일본의 만행에 비참한 최후를 맞은 민비는 비운의 여걸로 묘사되기도 한다. 그렇다고 비참한 최후가 민비의 삶을 정당화하지는 못한다. 백성과 국가의 안위에는 아랑곳하지 않고 열강의 힘에 기대어 민씨 일족과 자신의 영화만을 추구했던 민비의 행보는 엄정히 평가받아야 할 것이다. 그리고 시해의 현장에 대원군과 훈련대 병사가 있었다는 사실은 부인하지 못할 우리 역사의 치부다. 비록 대원군이 30년간 며느리와 숙적관계에 있었다 하더라도 말이다.

민비 시해범 중 상당수는 당시 서울에서 발행된 일본어 신문 「한성신보」의 기자이거나 신문사에서 숙박하고 있었다. 시해범 진결을 책임진 「한성신보」 사장 아디치 겐조는 후일 일본 내각의 체신상과 내상을 지냈다.

고종, 궁녀용 가마를 타고 러시아 공사관으로 피신

일국의 국왕이 타국의 공사관으로 피신해 있는 동안
조선의 국토는 열강의 밥그릇으로 전락했다.

1896년 2월 11일 고종은 왕세자와 함께 궁녀가 타는 교자(가마)에 몸을 싣고 궁궐을 빠져나오고 있었다. 새벽의 어둠을 틈타 왕과 세자 일행이 향한 곳은 러시아 공사관이었다. 일국의 왕이 일개 궁녀가 타는 가마를 타고 움직인다는 것은 상상하기 힘든 일이었다. 더욱 놀라운 것은 자신의 궁궐을 버리고 외국 공사관을 피신처로 삼아 도피했다는 것이다.

고종이 이토록 처연한 도피행을 했던 것은 한 해 전에 있었던 을미사변 때문이었다. 궁궐 한복판에서 국모가 처참하게 살해될 정도로 조선의 국권은 심각하게 침탈당하고 있었던 것이다. 일본에 대한 적개심과 두려움에 쌓여 있던 고종에게 접근한 것은 러시아였다. 일본이 조선을 독식할까 우려하고 있던 러시아 공사 베베르는 민비와 고종의 환심을 산 바 있었고, 그 환심을 이용하여 영향력 확대를 꾀하고 있었다.

이런 상황에서 김홍집 친일 내각을 붕괴시킬 절호의 기회가 왔다. 일본의 후원을 받던 김홍집 내각은 태양력 사용, 소학교 설치, 종두 실시, 단발령 시행 등의 개혁안을 적극적으로 추진한 바 있었다. 이 중 단

아관파천 당시의 러시아 공사관(현재 정동 세안빌딩 뒷편). 고종이 러시아 공사관에 머무르게 되면서 정권은 친일 내각에서 친러파로 이동하게 된다. 고종이 피신해 있는 동안 조선의 국토는 열강의 밥그릇으로 전락하게 된다.

발령은 민중의 거센 반발을 불러일으키게 되었다. 그렇지 않아도 국모 시해로 민심이 흉흉한 가운데 '신체발부수지부모身體髮膚受之父母'라 하여 몸의 털끝 하나라도 훼손시키지 않는 것을 효의 시초로 보는 성리학의 나라 조선에서 단발령은 도저히 받아들일 수 없는 것이었다. 단발령에 반발해 을미의병이라 불리는 전국적인 의병항쟁이 발생했다.

이에 놀란 김홍집 내각은 의병 진압을 위해 수도 한양의 관군 친위대까지 전국에 파견했다. 러시아 측과 이범진, 이완용 등이 주축이 된 친러파는 수도 한양의 병력이 허술해진 틈을 놓치지 않았다. 러시아 공사 베베르는 궁녀 김씨와 고종이 총애하는 엄상궁(훗날의 엄귀비)을 통해 일본과 친일파, 대원군 등이 국왕 폐위 음모를 추진 중이므로 러시아 공사관으로 피신해야 한다는 출처불명의 정보를 흘려 넣었다. 베베르의 이런 계획에 고종 역시 찬동했다. 고종이 궁녀의 가마를 단 것은 궁궐을 지키는 수문군이 궁녀의 교자에 대해서는 검문을 하지 않는다는 점을 이용한 것이었다. 궐 밖으로 나간 고종은 이완용과 이범진 등의 영접을 받으며 러시아 공사관으로 거처를 옮겼다. 이른바 '아관파천'이 이뤄진 것이다.

국권의 상징인 국왕이 공사관으로 가자 사태는 일변했다. 고종이 도착하자마자 내린 첫 어명은 친일 내각의 요인인 김홍집, 유길준, 정병하, 조희연, 장박 등의 5대신을 역적으로 낙인찍어 체포하라는 것이었다. 이 가운데 김홍집과 정병하는 고종에게 환궁을 촉구하기 위해 거리로 나서다 경리들에게 체포된 뒤 경무관으로 이송되는 도중 흥분한 군중을 만나 맞아 죽었다. 어윤중 역시 용인으로 도망가다 잡혀 살해되었다. 나머지 유길준, 우범선 등의 친일 정객은 일본인의 도움을 받아 일본으로 망명했다.

정권은 친러파로 일시에 이동하게 되었다. 내각을 이완용, 박정양, 이재순 등의 친러파가 장악하게 된 것이다. 고종은 다음해 1897년 2월 20일까지 러시아 공사관에 머무르게 된다. 이 기간 동안 러시아는 경원광산 채굴권과 압록강 유역의 벌채권 등을 확보했고, 미국은 경인철도와 한성전차의 부설권과 운산금광 채굴권을 얻어냈다. 이밖에도 독일과 영국, 일본 등에도 철도와 금광의 부설권과 채굴권이 넘어갔다. 일국의 국왕이 타국의 공사관으로 피신해 있는 동안 조선의 국토는 열강의 밥그릇으로 전락했던 것이다.

> 고종이 아관파천 후 가장 먼저 내린 명령은 내각 대신들을 체포하라는 것과 자신의 머리를 깎았던 농상공부 대신 정병하를 참형에 처하라는 것이었다. 또한 단발령에 저항한 을미의병은 민비시해 뒤의 의병보다 규모가 훨씬 방대한 것이었다. 그만큼 단발령에 대한 고종과 민중의 반발은 거셌다.

절반의 성공, 절반의 실패

독립협회는 한국 최초로 대중적인 민권운동과
반외세 독립운동을 전개했다.

독립협회 창립

박은식이 동학당에 이은 유력한 민중단체로 꼽았던 독립협회
가 1896년 7월 2일 창립됐다. 창립의 목적은 단순했다. 독립문 건설을
추진하는 것이었다. 청일전쟁 직후 두 나라 사이에 맺어진 시모노세키
조약에 '조선에 대한 청의 종주권 포기'조항이 들어간 것을 기념하는
사업이었다. 독립협회의 주도세력은 그해 4월 『독립신문』을 창간했던
중추원 고문 서재필을 비롯 남궁억, 이상재, 이완용, 박정양, 안경수 등
이었다. 즉 재야 개화파 인사와 친미 · 친러파(당시 이완용은 친미파였다) 관
료가 연합해 만든 조직이었던 것이다.

그렇다고 독립협회가 단지 독립문을 건립하기 위해서만 창립된 것
은 아니었다. 1897년 5월 독립협회는 청국과의 굴욕적인 종속관계를
상징했던 영은문이 있던 자리에 독립문을 세우고, 청국 사신을 접대하
는 영빈관이던 모화관을 개조해 독립회관으로 썼다. 그리고 부근의 공
터를 독립공원으로 조성했다. 아관파천 이후 열강의 밥그릇으로 전락
한 조선의 주권을 지키려는 것이 독립협회가 조직된 근본적인 목적이

1896년 설립된 독립협회는 대변지인 『독립신문』 및 토론회와 강연회 등을 통해 새로이 성장하고 있는 광범위한 사회세력을 계몽, 포용하며 민중단체로 발전해나갔다. 사진은 독립협회 강연회와 1898년의 대중집회 '만민공동회'.

었다. 또한 친미·친러 개화파 관료가 독립협회의 주요 멤버가 된 데는 아관파천 이후 보수적인 수구파 관료들이 권력을 잡고 있었기 때문에 이들을 견제하고자 하는 의도도 있었다.

독립협회는 1897년 8월부터 열린 토론회를 시작으로 이듬해 말 고종에 의해 강제 해산될 때까지 활발한 활동을 전개했다. 독립협회의 활동은 국내의 정치뿐만 아니라 국제관계에까지 영향을 미칠 정도로 활발하고 강력한 것이었다.

대중적인 토론활동의 조직

독립협회가 독립문과 독립회관을 건립한 뒤 가장 먼저 했던 정치활동은 토론회였다. 1897년 8월 제1차 토론회를 시작으로 이듬해 12월까지 총 34회나 열렸다. 갑신정변이 위로부터의 개혁을 지향하는 것이었다면 독립협회의 활동은 토론을 통해 대중의 의식을 개혁하는 데 초점을 맞췄다. 서재필이 주도한 『독립신문』 역시 대중의 정치의식을 제고하기 위한 것이었다.

토론회의 주제는 교육, 자주독립, 이권침탈 반대, 의회 설립, 자유 민권 등 서구 계몽사상의 보급에서부터 정부의 잘못된 정책에 대한 비판에 이르기까지 다양했다. 토론을 통해 대중의 정치의식을 제고시키는 활동은 대중적 기반 없이 위로부터의 개혁을 도모하다 실패했던 갑신정변의 전철을 따르지 않기 위해서였다.

독립협회는 1898년 3월부터는 대중집회를 통해 정치적 의사를 표현하는 대중운동으로 발전해가기 시작했다. 당시 러시아가 부산 앞바다에 있는 절영도(지금의 영도)를 점령하여 조차를 요구하고, 러시아인 재정고문 알렉시에프가 재정을 관할하기 위해 한러은행을 설치하는 등 조선의 이권을 침탈하려 하자 이에 반대하기 위해 만민공동회가 열렸던 것이다. 만민공동회는 이전에 양반들만 참가했던 집단 상소나 동학교도만의 집회였던 교조신원운동과는 달리, 관리층에서 상민층에 이르기까지 전 계층이 참여했다는 점에서 뜻깊은 사건이었다. 3월에 만민공동회에서 제기된 요구가 관철돼 러시아의 절영도 조차 요구가 좌절될 정도였다. 만민공동회를 계기로 독립협회의 활동은 이완용, 안경수, 박정양 등 상층 관료 중심의 운동에서 민중들이 주도적으로 참여하는 운동으로 확대, 발전되었다.

독립협회의 정치적 힘

헌편 독립협회의 절영도 조차 반대운동이 있은 지 며칠 되지 않아 러시아 세력은 조선에서 갑자기 물러갔다. 반대운동 때문만은 아니었다. 애초 러시아가 조선에 세력을 뻗치려 했던 것은 동방에서의 부동항을 확보하기 위해서였다. 그런데 1898년 3월 러시아는 중국의 뤼순(여순)과 다롄(대련)에 함대를 입항시킴으로써 요동반도에 부동항을 확보할 수 있었다. 근본적 목적이 달성되자 더는 조선에서 일본과 경쟁할 이유가 없다고 판단해 철수한 것이었다.

그러면서 조선의 정국도 요동쳤다. 아관파천 이후 세력을 과시하던 김홍륙 등 친러파는 몰락했다. 그러자 독립협회는 이 기회에 개화파 관료가 중심이 된 내각이 구성되면 근대화정책이 효과적으로 추진될 것으로 생각하고 정치운동을 더욱 활발히 펼쳐나갔다. 우선 왕실 주도의 경제정책을 폈던 이용익을 탄핵하여 퇴진시켰다. 그리고 정부가 고종과 황태자 독살 미수사건을 계기로 갑오개혁 때 폐지됐던 참형제도와 연좌법을 부활시키려 하자 이에 반대하는 운동을 전개하여 결국 이를 저지시켰다. 또한 개화에 소극적이던 벌열가문(閥閱家門, 나라에 공이 많고 벼슬 경력이 많은 집안) 출신의 7대신 퇴진운동도 벌여 관철시켰다. 그 결과 개혁파에 속했던 박정양이 서리의정사무에 임명돼 정권을 장악했다. 그리고는 기능정지 상태에 있던 중추원의 개편을 요구해 독립협회가 정치에 참여할 통로를 확보했다.

이를 위해 1898년 10월 박정양과 여러 대신들도 참석한 가운데 관민공동회를 개최했다. 관민공동회는 이들 대신과 일반 지식인뿐만 아니라 학생, 부인, 상인, 승려, 백정까지도 참여하는 전 국민적인 집회였다.

여기에서 정부에 요구하는 헌의 6조를 채택하여 고종에게 제출했다.

6조 중 제2항 '정부가 외국과 맺는 모든 조약은 각부 대신과 중추원 의장이 합동으로 서명 날인할 것'은 중추원에 의회적 기능을 부여할 것을 요구하는 것이었다. 정부에서도 이를 긍정적으로 수용했다. 중추원을 의회적 기능을 가지는 기구로 개편했고, 중추원 의관의 반수인 민선의관 전원을 독립협회에서 선출하게 했다.

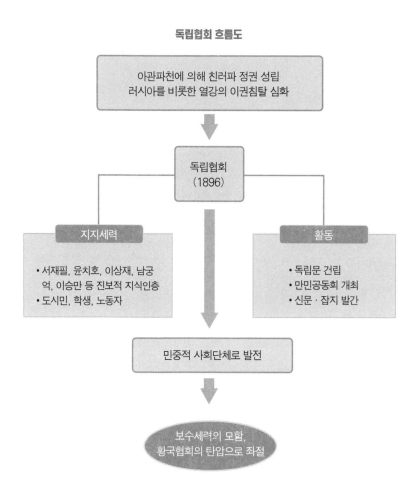

독립협회 흐름도

아관파천에 의해 친러파 정권 성립
러시아를 비롯한 열강의 이권침탈 심화

↓

독립협회
(1896)

지지세력
- 서재필, 윤치호, 이상재, 남궁억, 이승만 등 진보적 지식인층
- 도시민, 학생, 노동자

활동
- 독립문 건립
- 만민공동회 개최
- 신문 · 잡지 발간

민중적 사회단체로 발전

↓

보수세력의 모함,
황국협회의 탄압으로 좌절

독립협회의 전격적인 해체

독립협회의 활동은 전성기를 맞자마자 위기에 봉착했다. 중추원의 의회 기능이 강화되고 왕권이 위협받자 고종의 측근세력이 독립협회의 해체를 추진했던 것이다. 조병식, 유기환 등 고종의 측근세력은 고종에게 독립협회가 군주제를 폐지하고 공화제를 수립하려 한다고 모함했다. 또한 서재필을 대통령으로 하는 공화정부를 세우려 한다는 소문도 항간에 퍼뜨렸다. 고종은 이에 즉각 독립협회의 주도적 인사를 구속하고 군대를 동원해 강제로 해산했다. 이에 대해 독립협회의 회원과 서울시민 수천 명이 독립협회 간부들이 갇혀 있던 경무청 앞으로 몰려가 만민공동회를 개최하여 이들의 석방을 요구했다. 종로의 시전 상인 역시 이에 동조해 가게 문을 닫는 철시를 강행했다. 독립 협회 부활과 헌의 6조의 시행을 요구하는 대중운동이 20여 일간 계속되자 정

독립협회의 활동 목표와 주요 활동

활동목표	내용	주요활동	
자주독립	이권 양여 반대, 이권 회복	1898년 2월 3월 5월 9월	• 러시아의 절영도 조차 요구 저지 • 일본의 석탄고 기지를 반환하게 함 • 만민공동회를 열어 러시아의 군사 교련단과 재정 고문단 철수시킴 • 러시아의 목포, 증남포 해역 토지 매수 저지 • 프랑스, 독일의 광산 채굴권 요구 저지 • 이권 양도와 관련된 이완용 제명
자유민권	인민참정권, 의회 개설 추진	1898년 3월 10월	• 인민의 신체와 재산권 보호운동 전개 • 언론과 집회의 자유권 쟁취운동 전개
자강개혁	학교 교육, 공장 건설, 국방력 양성	1898년 3월 10월 11월	• 의회 설립운동 전개 • 보수파 내각 퇴진, 개혁 내각 수립 • 관민공동회를 개최하여 헌의 6조 채택 • 관선 25명, 민선 25명으로 구성된 중추원 관제 반포

부는 보부상 단체인 황국협회 회원을 동원해 폭력적으로 이를 진압했다. 결국 독립협회는 전성기를 맞자마자 해체당하고 말았다. 단기적으로는 독립협회 주도세력의 조급성도 한 원인이었지만, 군권君權을 우선시 하는 고종의 변심이 직접적인 원인으로 작용했다.

독립협회운동은 상층 중심의 운동에서 대중운동으로의 발전이라는 의미가 있었다. 또한 민권 확보와 국권 보호라는 정치적 이념성도 보였다. 그러나 이완용이 독립협회의 위원장, 부회장, 회장 등을 거친 것에서 보듯 친미, 친일 관료들이 상층부에 포진한 독립협회의 운동은 민권보다는 국권 확보에 주력한다는 한계가 분명했다. 독립협회 상층부는 민중의 참정권에 대해 소극적이었다. 그들은 의병을 토벌 대상으로까지 보기도 했다. 또한 러시아와 프랑스의 이권침탈에 대해서는 적극적으로 반대했으나 일본이나 미국의 이권침탈은 관대하게 보는 대외인식의 편향성도 독립협회운동이 드러낸 한계였다.

『독립신문』은 많을 때는 3천 부, 적을 때는 5백 부 발행했다. 그런데 당시의 신문은 구독자만 읽는 것이 아니라 이웃과 친구들이 돌려 읽었는데 신문 한 장을 적어도 2백 명이 같이 읽었다고 한다. 곧 많을 때의 『독립신문』 열독자는 60만 명이었다는 얘기다.

독립협회와 대한제국 2

아,
대한제국

조선의 국력이 최악인 상황에서 역설적이게도
대한제국이란 이름의 '황제국'을 선포했다.

나라는 황제국이 되고, 국왕은 황제가 되었지만

드라마의 영향 때문인지 민비를 명성황후로 부르지 않으면 분
개하는 사람들이 많다. 민비를 명성황후로 부르게 된 근거는 1897년
10월 대한제국의 성립이다. 고종이 황제로 즉위했으므로 그의 비였던
민비는 황후로 추존되었다. 황제국을 칭하고 국왕을 황제로 격상한 데
이어 독자적인 연호인 광무光武를 채택했다. 그리고 중국의 황제들이
올리던 제사의 예법을 따서 원구단에 나아가 천지天地에 제사를 올리며
황제 즉위식도 거행했다. 온전한 황제국 체제를 갖춘 것은 5,000년 우
리 역사에서 최초로 있었던 사건이었다.

그러나 대한'제국'은 그야말로 '무늬만 제국'이었다. 1897년이면 고
종이 러시아 대사관으로 피신해 갔던 아관파천 뒤 독립협회와 최익현
을 비롯한 유생들의 환궁 요청에 경운궁(덕수궁)으로 돌아온 직후였다.
정궁인 경복궁을 마다하고 경운궁으로 환궁한 것은 러시아, 미국, 영
국 등 외국 공사관이 경운궁을 에워싸고 있었기 때문이다. 여차하면
그들의 보호를 받으려는 의도에서였다. 나라를 지킬 자주적 역량도 없

아관파천 뒤 고종은 1897년 경운궁으로 환궁하여 원구단을 짓고 하늘에 고하는 제사를 지낸 후 국호를 대한제국, 연호를 광무로 새로 정하고 황제로 즉위한다.

대한국국제 9조(요약)

제1조. 대한국은 세계 만국이 공인한 자주독립제국이다.
제2조. 대한제국의 정치는 만세 불변의 전제정치이다.
제3조. 대한국 대황제는 무한한 군권을 누린다.
제5조. 대한국 대황제는 육해군을 통솔한다.
제6조. 대한국 대황제는 법률을 제정하여 그 반포와 집
　　　행을 명하고 대사, 특사, 감형, 복권 등을 명한다.
제7조. 대한국 대황제는 행정 각 부의 관제를 정하고 행
　　　정상 필요한 칙령을 발한다.
제9조. 대한국 대황제는 각 조약 체결 국가에 사신을 파
　　　견하고 선전, 강화 및 제반 조규를 체결한다.

는 상황에서 황제국으로 격상된 묘한 꼴이었다.

　그렇다면 고종은 왜 황제국 체제를 갖추었을까? 우선은 청일전쟁에서 승리한 일본이 조선을 청으로부터 독립시켰다는 것을 선전하기 위해 권했던 사실을 들 수 있다. 일본은 이를 통해 조선에 대한 청의 영향력을 완전히 배제시킴과 동시에 민비 시해에 대한 비난 여론을 무마하고자 했다. 또한 독립협회의 지식인들과 장지연 등의 유생들이 칭제를 건의했다. 황제국 체제를 선포해 독립의지를 높이자는 것이었다. 고종 역시 민비 시해와 아관파천으로 땅에 떨어진 왕권을 강화하려는 의도가 있었다.

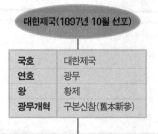

대한제국의 성립과 광무개혁

대한제국(1897년 10월 선포)

국호	대한제국
연호	광무
왕	황제
광무개혁	구본신참(舊本新參)

정치	전제 황권 강화(대한국 국제 9조 발표)
경제	양전사업 실시, 상공업 진흥정책
교육	실업교육, 유학생 파견
외교	간도 관리사 파견(1903), 블라디보스토크 통상 사무관 파견, 간도의 영토 편입 도모
사회인프라	각종 공장, 교통, 통신, 의료 등 근대시설 확충

대한제국의 반동적 정책

이런 배경 속에 대한제국이 성립되었지만 고종과 그의 측근이었던 김병시, 정범조, 이용익 등이 주도적으로 실시한 정책은 자주적 근대화라는 당대의 역사적 과제에 역행하는 것이었다. 대한제국은 민권 강화를 통한 국권 확보 대신 오로지 황제권 강화에만 골몰했다. 황제권이 위협받는다고 느끼자 황국협회 등을 동원해 독립협회를 해산시킨 것이 대표적인 사례였다. 1899년 제정된 「대한국국제大韓國國制」, 곧 국가의 기본법에는 황제권을 제약할 여지가 있는 국민의 참정권이나 의회 설립 등에 대해서는 언급조차 되지 않았다. 황제권 강화를 위해 근위대격인 시위대도 증강시켰다. 그리고 황실의 재정 수입을 확대하기 위해 황제의 측근인 이용익이 내장원을 관장하면서 매관매직을 일삼아 관료들의 부패를 부추겼다.

일부에서 대한제국의 치적이라고 하는 상공업 진흥 역시 근대화와는 거리가 먼 것이었다. 물론 서울에 전차가 개통되고 전등과 전화가 가설되었으며 경인철도 개통에 이어 경부철도가 착공되는 등 외형상으로는 근대적인 인프라가 구축되었다. 그러나 그것은 대한제국의 근대화정책에 의한 것이 아니었다. 이들 시설은 모두 외국인들이 설치한 것이다. 곧 이권을 빼앗긴 것이었다. 전차, 전등, 수도 시설은 미국인 콜브란에게 이권을 준 것이었다. 경인철도 역시 미국인 모스에게 주어진 것을 모스가 다시 일본에 넘겨 막대한 전매 차익을 챙겼다. 콜브란과 일본은 이들 시설을 통해 막대한 이윤을 챙겨갈 수 있었다. 대한제국 시기에 실시된 양전사업 역시 토지개혁을 위한 것이 아니라 토지소유주를 확인해 조세수입을 높이기 위한 것이었다. 아관파천 이후에는 러시아, 일본, 미국 등 제국주의 열강이 세력균형을 이뤄 나름의 개

대한제국 광무2년(1899)에 개통된 우리나라 최초의 철도 경인선. 대한제국기의 철도 부설은 근대화와 서구 열강의 이권침탈 및 침략성을 동시에 드러낸 것이었다. 사진은 1899년 9월 경인선에서 운행된 미국 브룩스사 제작의 기관차.

혁이 가능할 수도 있었다. 하지만 이런 상황에서 고종과 그의 측근들이 주도했던 대한제국의 정치는 개혁이 아닌 민권 억압과 이권 피탈을 향했다. 귀한 시간을 그대로 허비하고 만 것이다. 이런 대한제국의 성립으로 인해 얻게 된 명성황후란 칭호가 자랑스러울 수 있을까?

원구단은 고종이 황제로 즉위한 뒤 제천의식을 행한 곳이다. 천제(天祭)는 천자만이 올릴 수 있는 것이었다. 종전 조선은 제후국을 자처해 천제를 지내지 않았지만 대한제국이란 제국을 선포했으므로 고종은 황제로서 천제를 드리는 천단인 원구단을 건립한 뒤 이곳에서 천제를 올렸던 것이다

일제 36년을 견디게 한
위대한 패배

양반 유생은 물론이고 일반 민중도 주도적으로 일어나
항일의병전쟁을 일으켜 일본 제국제주의 대항했다.

조선 의병을 종군 취재한 영국 기자

1907년 영국 신문『데일리 메일Daily Mail』의 극동 특파원이었던 F.A. 매켄지는 충북 제천까지 찾아가서 조선 의병을 취재했다. 매켄지는 당시 조선에 왔던 대다수 서양 기자들과는 달리 조선에 대해 상당히 호의적이고 객관적인 태도를 보였다. 당시 외국인 기자들이 조선인을 더럽고 지저분하며 야만적인 미개인 취급을 하던 것과는 사뭇 다른 것이었다.

그는 조선인들조차 접근하기를 두려워했던 의병들의 항쟁지를 찾아 서울에서 충북 제천까지 힘든 걸음을 한 끝에 의병들과 만날 수 있었다. 지금까지 남아 있는 정미의병(1907년)의 사진은 그가 목숨을 걸고 가서 찍은 것이었다.

그가 제천을 향해 가면서 보았던 것은 의병들이 출몰한 마을이면 의병은 물론이고, 민간인들에게 무차별적으로 총질하며 부락 전체를 모조리 불살라버리는 일본군의 만행이었다. 이런 실빌한 현장을 헤치고 간 끝에 매켄지가 만난 의병은 초라한 누더기 한복을 입고 피로에 찌

1907년 영국 신문 『데일리 메일』 극동
특파원이었던 F.A. 매켄지가 찍은 정미
의병 사진.

들었지만 의연함만은 잃지 않고 있었다. 그러나 의병이 지닌 무기라야
총신에 녹이 잔뜩 낀 조악한 구식 총이거나 그만도 못한, 총알이 나가
지도 않는 장난감 같은 총 정도였다. 한 젊은 의병은 매켄지에게 자신
의 결의를 이렇게 밝히고 있다.

"우리는 어차피 죽게 되겠지요. 그러나 좋습니다. 일본의 노예가
되어 사느니보다는 자유민으로 죽는 것이 훨씬 낫습니다."

국모 시해보다 단발령이 더 큰 거병 원인이었던 을미의병

매켄지가 만났던 의병은 국권을 거의 빼앗긴 시점에서 일어났던 정
미의병이었다. 의병투쟁은 이보다 앞서 두 차례에 걸쳐 전국적으로 일
어난 바 있었다. 1895년 청일전쟁의 승리 이후 조선에 대한 침략 야
욕을 노골화하던 일본에 맞서 가장 먼저 일어난 의병항쟁은 을미의병
이었다. 을미년에 일어난 의병이라 하여 을미의병이라고 부르는데, 이
시기의 의병투쟁은 반일투쟁의 성격과 함께 단발령을 선포한 김홍집

친일 내각에 대한 유생들의 반개화투쟁의 성격이 강했다. 을미사변이라 불리는 1895년의 국모 시해사건에 대한 반발도 컸지만 단발령에 맞서 '목을 자를 수는 있어도 머리털은 자를 수 없다'는 식의 극심한 반발이 더 큰 봉기 원인이었다. 단발령은 부모에게 받은 신체 일부라도 훼손해선 안 된다는 유교적 가치관을 정면으로 부정하는 것이었기 때문이다.

제천의 유인석, 춘천의 이소응·허위 등 양반 유생들과 상당수의 현직 지방관들은 단발령을 내린 친일 내각을 역적으로 규정해 대대적인 의병을 일으켰다. 이들 의병들은 전국 각지에서 친일개화파 관료들이 지방관으로 있던 지역을 점령하기도 하고, 일본인과 친일 관리들을 처단하기도 했다. 을미의병은 전국 곳곳에서 전투를 벌였지만 당대의 과제였던 반제반봉건의 과제를 인식하지 못했다는 한계가 있다. 따라서 을미의병은 고종의 아관파천으로 친일개화파인 김홍집 내각이 붕괴되고 고종이 의병 해산 권고를 내리자 자발적으로 해산했다. 물론 친일개화파 내각이 내린 단발령은 철회되었다.

두 번째의 대대적인 의병투쟁은 1905년 11월 을사늑약이 강제로 체결되자, 그 이듬해 일어났다. 1906년에 일어났지만 1905년(을사)의 을사늑약 체결에 반대해 일어난 항쟁이었기 때문에 을사의병으로 불린다. 이때도 최익현, 민종식 등의 양반 유생들이 의병장이 되어 봉기를 주도했다. 민종식은 홍성을 점령하는 등 기세를 올리기도 했다. 그러나 양반 의병장은 유교적 이념의 굴레에서 벗어나지 못한 모습을 보이기도 했다. 당시 1,000여 명의 의병을 거느렸던 대표적 의병장인 최익현은 태인에서 일어나 순창으로 진군해 관군과 대치했다. 최익현은 관

1895년 김홍집 친일 내각이 내린 단발령 공고. 단발령은 '목을 자를 수는 있어도 머리털은 자를 수 없다'는 민중의 극심한 반발을 유발했고 양반 유생들까지 가세해 전국 각지에서 의병투쟁이 일어났다(을미의병). 위 사진은 의병들의 신분증에 해당하는 신표이며 아래 사진은 1909년 일제의 대토벌작전으로 체포된 호남의 의병들.

군에게 같은 동포로서 피를 흘리지 말자는 제의를 했으나 거절당했다. 그러자 최익현은 국왕의 명령을 거역할 수 없다며 스스로 의병을 해산하고 그 자신은 체포돼 일본의 대마도로 끌려갔다. 그리고 대마도에서 일본인이 주는 음식을 거부하고 죽음을 택했다. 수많은 친일 관료나 지배층의 반민족적 행태에 비해서는 의연한 죽음이었지만 당시의 상황을 타개하기에는 봉건 이념의 굴레에 갇혀 있다고 볼 수밖에 없는 태도였다.

그러나 을미의병에는 이전에 비해 주목할 만한 변화가 있었다. 바로 평민 의병장의 출현과 이들의 활약이었다. 경북과 강원 지역에서 대대적인 전과를 보였던 포수 출신 신돌석을 비롯해 전남의 머슴 출신이었던 안규홍, 무당 출신을 중용한 이석용 등 평민 의병장들은 산악 지대를 근거로 유격전을 펼치며 빼어난 전투력을 보여주었다.

조선 말기 의병들의 활동도

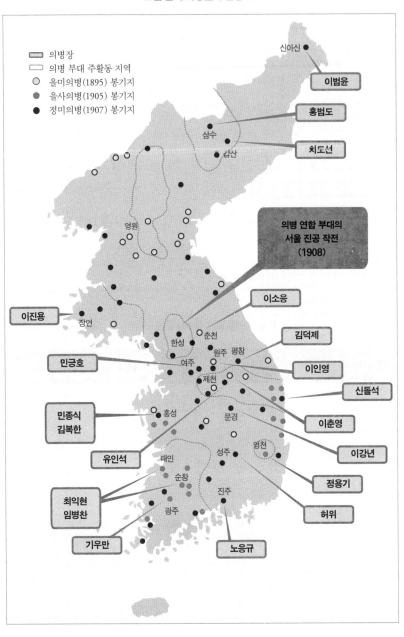

의병장

의병 부대 주활동 지역

○ 을미의병(1895) 봉기지

● 을사의병(1905) 봉기지

● 정미의병(1907) 봉기지

신아신

이범윤

홍범도

치도선

삼수

갑산

영원

의병 연합 부대의
서울 진공 작전
(1908)

이진용

장연

한성 춘천

이소응

원주 평창

김덕제

여주

이인영

제천

신돌석

민긍호

홍성

문경

이춘영

민종식
김복한

성주

영천

이강년

유인석

태인

순창

진주

정용기

최익현
임병찬

광주

허위

기우만

노응규

만주 지역 무장독립군으로 발전한 의병

을미의병은 일본군의 대대적인 진압작전에도 불구하고 투쟁을 계속했다. 이러한 가운데 1907년 정미7조약(한일신협약)이 맺어지면서 강제 해산하게 된 군대가 제1대대장 박승환의 자살을 계기로 일본군과 시가전을 벌인 뒤 전국 각지의 의병과 합류하면서 의병투쟁의 양상은 이전과 사뭇 다르게 펼쳐졌다. 정미년(1907)의 한일신협약과 이에 따른 군대 해산, 그리고 헤이그밀사사건을 빌미로 고종이 강제 퇴위 당하는 등 일본의 침략 야욕이 완연해지자 전국 340여개 군 가운데 몇 개 군을 제외한 전 지역에서 의병투쟁이 벌어졌다. 특히 근대적 무기를 보유했으며 체계적으로 훈련을 받은 군인들의 합류로 의병투쟁의 수준은 이전 시기에 비해 크게 향상됐다.

각 도별 의병 교전 횟수와 교전 의병수

	교전 횟수		교전 의병수	
	1908년	1909년	1908년	1909년
경기도	78	165	1,453	3,453
충청북도	113	66	6,815	832
충청남도	217	138	7,666	1,003
전라북도	219	273	9,960	5,576
전라남도	274	547	10,544	17,579
경상남도	153	61	3,328	934
경상북도	158	161	5,702	3,667
강원도	273	124	18,599	2,468
황해도	232	111	7,998	2,418
평안남도	108	61	1,391	540
평안북도	41	17	2,590	123
함경남도	99	14	6,438	270
함경북도	11		283	
합계	1,976	1,738	82,767	38,863

산발적으로 일어났던 이전의 의병투쟁에 비해 정미의병은 전국의 의병이 연합하여 서울로 진공하는 작전을 벌이기도 했다. 이인영을 총대장, 허위를 군사장으로 하여 일어난 창의군(倡義軍)은 동대문 밖 30리까지 진격해 일본군과 일전을 벌였다. 그러나 총대장인 이인영이 부친상을 당하여 낙향하는가 하면 신돌석, 홍범도 등 전투력이 출중한 평민의병장을 지휘부에 참여시키지 않는 등 양반의 계급적 한계를 벗어나지 못했다. 결국 창의군은 별다른 성과를 거두지 못한 채 해산했다.

한편 전국적으로 계속된 의병투쟁은 '모조리 약탈하고, 모조리 불사르고, 모조리 살육한다'는 일본의 무자비한 전술에 따라 처참하게 진압됐다. 한일병합을 앞둔 1909년 9월부터 2개월간에 걸쳐 실시된 일본군의 대토벌작전으로 17,600여 명의 의병이 학살됐다. 131 대 1이라는 의병과 일본군의 전사자 비율이 말해주듯 압도적인 화력과 훈련된 군사로 무장한 일본군은 조선 의병을 토끼사냥 하듯 무참히 살육했다.

군사적 열세와 통일적인 전략전술의 부재로 인해 의병은 일본군에 커다란 타격을 입히지는 못했다. 그러나 투쟁을 포기하지 않았던 다수의 의병은 한일병합을 전후로 만주와 연해주 지역으로 건너가 독립군이 되어 무장투쟁을 이어갔다. 이들 중 홍범도는 청산리대첩과 봉오동전투로 일본군에 심대한 타격을 입히는 성과를 거두기도 했다. 또한 일본에 굴복하지 않았던 의병들의 투쟁은 식민지 시대 내내 독립의지를 잃지 않게 하는 보이지 않는 커다란 자산이었다.

'태백산 호랑이'로 불리며 신출귀몰한 게릴라 전법을 구사한 평민의병장 신돌석의 부대에는 당시로서는 드물게 양반과 유생 등이 그의 휘하에서 싸웠다.

애국계몽운동

우리 민족이 못나서 국권을
상실했는가?

제국주의 경제적 침탈에 맞서 경제적 주권을 지켜내고, 교육을 통해
민족 실력을 양성하자는 애국계몽운동이 전개되었다.

스스로 강해지기 위한 몸부림

민중과 일부 유생들이 몸을 던져 일제 침략에 맞서고 있던 시기에 지식인과 시민층을 중심으로 애국계몽운동이 활발하게 벌어졌다. 애국계몽운동은 1898년 해산된 독립협회운동을 계승한 것이었다. 그렇다고 애국계몽운동이 독립협회운동처럼 단일 조직과 뚜렷한 정치적 이념 아래 벌어진 운동은 아니었다. 애국계몽운동이란 1904년 일제가 우리 정부에 황무지 개척권을 요구하자 이에 반대하는 운동을 펼쳤던 보안회保安會를 시작으로 병합 이후 독립군 기지 건설 운동으로 이어진 일련의 구국자강운동에 대해 후세의 사가들이 붙인 이름이다. 따라서 애국계몽운동은 정치, 경제, 교육, 사회, 문화 등 다양한 영역에 걸쳐 국민 계몽과 국권 독립을 목표로 한 각종 단체의 운동을 포괄한다. 그런 만큼 이들 단체들의 지향점이나 이후의 행보는 여러 갈래로 나뉘었다.

애국계몽운동의 효시를 이뤘던 보안회의 조직 목표는 단순했다. 일본이 50년간 조선의 미경작지를 장기 임대하여 개간사업을 펼치자고

하자 이에 반대하며, 일본이 자신의 입장을 철회할 경우 즉시 조직을 해산한다는 것이었다. 독립협회 계열이 개화자강파와 육의전의 상업 자본가 등 보안회의 주요 멤버들은, 미경작지란 말뿐이고 실제로는 조선 토지의 상당수를 강탈하겠다는 일본의 의도를 간파했다. 실제 이들의 운동은 대중적 호응을 얻어 한때 회원이 3,000명을 넘어섰다. 이에 일본은 전국적으로 배일排日 운동이 벌어질 것을 우려해 미경작지 개간권 요구를 철회했다. 물론 보안회는 목적을 달성한 만큼 해산했다.

보안회에 참여했던 양한묵을 비롯 윤효정, 이준 등이 중심이 돼 1905년에 헌정연구회를 창립했다. 헌정연구회는 말 그대로 헌법에 입각한 정치체제를 지향하기 위해 조직된 단체였다. 그렇다고 학술적 연구를 위한 순수 학회는 아니었다. 군주제를 넘어 헌법과 법률에 입각한 정치개혁을 이루기 위한 정치적 결사체의 성격을 띤 것이었다. 헌정연구회의 윤효정은 1905년 11월 17일 을사늑약이 체결되자 이에 반대 입장을 취하며 박정양 등의 대신들을 맹렬하게 비난했다. 그는 이 일로 경무청에 체포되었다. 같은 회원이었던 이준은 을사늑약에 조인한 반역 대신들의 주살을 청하는 상소를 올리기도 했다. 헌정연구회의 이런 활동에 대해 조선통감부는 조선인의 대중적 정치집회를 금지하는 조치를 취했으며, 이에 따라 헌정연구회 역시 해산됐다.

헌정연구회의 주요 인사들이 참여해 1906년 조직된 대한자강회는 통감정치가 실시되던 어려운 상황에서 정치적 목표 대신 산업 진흥과 교육 보급 등 사회문화운동을 표방했다. 이 조직의 회장은 일제 말기 친일파의 길을 걸었던 전 독립협회장 윤치호였나. 그래서였을까? 대한자강회의 노선은 철저한 정치적 독립을 지향하지는 않았다. 오히려

1906년 4월 이준 등이 중심이 되어 설립한 대한자강회와 1908년 안창호 등이 중심이 되어 조직한 서북학회는 민족주의 교육과 구국계몽운동에 앞장 선 대표적인 애국계몽단체들이었다. 안창호는 국권 회복을 목적으로 창건한 비밀결사단체 신민회 설립에도 주도적으로 참여했다. 왼쪽 사진은 대한자강회와 서북학회에서 발행한 잡지인 『서북학회월보』, 『대한자강회월보』.

일본인 오가키 다케오를 고문으로 추대해 노선의 순수성을 의심받기도 했다. 또한 약육강식과 생존경쟁이라는 사회진화론에 입각한 자강독립론을 주장했다. 그러나 정치적 독립이 없는 상황에서의 실력양성이란 한갓 헛된 구호에 그칠 소지가 컸다.

대한자강회는 교육자강론을 주장하며 학교설립운동을 펴는 한편 식산자강론에 입각해 실업진흥운동을 폈다. 또한 외국인의 부동산 소유를 엄격하게 제한하자는 취지에서 부동산증명법령 제정을 요구해 이를 관철시키기도 했다. 그러나 이 법이 통과되자 오히려 외국인의 부동산 취득을 공인하는 결과를 가져오기도 했다. 지도부의 개량적인 운동과는 달리 1907년 헤이그밀사사건을 계기로 일제가 고종의 양위를 강요하자 자강회의 일반회원들은 이완용의 집을 방화하고, 경찰과 유혈충돌을 일으키는 등 격렬한 투쟁을 벌였다. 그러자 일제는 이를 무력으로 진압하고는 대한자강회를 해산시켰다.

애국계몽운동 세력 및 활동 내용

단체	설립년	조직	활동
보안회	1904년	독립협회 해산 후 가장 먼저 조직된 정치단체	일본의 황무지 개척권 요구에 반대하는 운동 전개 → 일본의 황무지 개척권 포기
헌정연구회	1905년	독립협회 출신 인사들이 조직	근대적인 입헌의회제도 중심의 정치개혁 주장
대한자강회	1906년	독립협회, 헌정연구회 중심인물들이 새로 조직	고종의 강제퇴위 반대운동 전개, 교육 사업 진흥, 월보 간행
신민회	1907년	안창호, 이승훈, 양기탁 등 계몽운동가들이 조직	• 교육구국운동: 대성학교, 오산학교 등 전국에 신식 학교 설립 • 청년운동: 청년학우회 조직 • 민족산업진흥운동: 도자기회사, 방직공장, 태극서관 등 운영 • 계몽 강연 및 출판운동: 『대한매일신보』, 『소년』 등 신문 · 잡지 · 서적 출판을 통한 국민계몽 • 무관학교 설립과 독립군기지 건설: 만주 삼원보에 한인 집단거주지 건설, 신흥학교, 무관학교 설립
대한협회	1907년	대한자강회 계승	교육의 보급, 산업의 개발, 민권의 신장, 행정의 개선 등을 강령으로 내걸고 실력양성운동 전개

일제의 감시와 억압이 심해지자 독립을 지향하는 조직은 지하로 들어가야 했다. 1907년 안창호, 양기탁, 신채호, 이동휘 등이 주축이 된 신민회는 창건 단계부터 비밀리에 조직됐다. 신민회의 운동은 크게 두 가지로 이루어졌다. 교육구국과 경제구국운동, 그리고 국민계몽운동 등 자강운동의 흐름을 이어받은 합법적 운동과 독립군기지 건설운동으로 대표되는 비합법적 지하운동이 그것이다. 이러한 흐름은 전술적 필요에 의해 짜여진 것만은 아니었다. 애초부터 안창호 등은 먼저 실력을 양성한 뒤 독립하자는 '선 실력양성, 후 독립론'을 주장했다.

이와 반대로 신채호, 이동휘 등은 먼저 독립해야 부강할 수 있다는

'선 독립, 후 실력양성론'을 주장했다. 국민계몽운동을 주장하는 그룹은 오산학교, 대성학교 등 민족주의적 이념이 강한 학교를 다수 설립했다. 1907년 이후 전국적으로 불어 닥친 신교육에 대한 열기에는 신민회의 교육구국운동의 영향이 컸다. 1895년 친일개화파 정권이 소학교령을 내렸지만 이후 10년간 설립된 전국의 소학교가 30여 개 에 불과했던 반면, 대중적인 신교육운동이 벌어진 1907~1909년 사이에는 3,000여 개의 학교가 설립된 것은 이 운동의 대중적 영향이 얼마나 컸던 것인가를 보여준다. 신민회는 윤치호, 이상재, 안창호 등을 연사로 한 대중적인 계몽강연운동을 전국적으로 개최했다. 이밖에 최남선이 『소년』을 창간하는 등 출판 사업을 펼치기도 했으며 도자기 회사를 차리는 등 실업구국운동을 펼치기도 했다.

신채호, 이동녕, 이회영 등이 주도한 독립군기지 건설운동은 1919년 만주의 삼원보에 신흥강습소를 창설하는 결실을 보았다. 신흥무관 학교로 개칭된 신흥강습소는 식민지 시대 무장독립군 양성소가 돼 독립전쟁에 크게 기여했다.

통감부의 통제가 극심해지는 시기에도 전국 각지에서는 서북학회, 호남학회, 관동학회 등 학회의 이름을 걸고 애국계몽운동을 지속적으로 펴나갔다.

애국계몽운동은 을사늑약 체결로 외교권이 박탈된 반식민지 상황에서 독립 확보를 위한 지식층 중심의 국권회복운동이었다. 애국계몽 운동으로 우리 민중의 교육 열기가 높아지고 국권과 민권에 대한 의식이 다소나마 제고된 것은 분명한 사실이다. 그러나 대다수 애국계몽운동가들이 스펜서의 사회진화론을 수용하여 국권 피탈의 원인을 우리 민족에게서 찾으면서, 독립을 위한 비타협적 투쟁노선을 표방하지 못한 것은 분명한 한계였다. 국권 피탈의 원인이 우리 민족의 열등함과 실력 부족 때문이라면 강하고 실력 있는 제국주의 일본에 종속당하는 것은 어찌 보면 당연하기 때문이었다. 애국계몽운동의 주역이었던 윤치호, 최남선 등이 훗날 친일파로 변신하게 된 것은 우연이 아니었던 것이다.

구한말 대다수의 사립학교는 재정난에 시달렸다. 학생들이 수업료를 납부하는 경우도 적었다. 그래서 「대한매일신보」는 "월사금은 학생의 의무이고 학교 유지의 방법"이란 사설을 쓰기까지 했다.

허가서 한 장으로 횡재 잡은 외국의 수완가들

서구 열강의 자본가들은 한국에서 금광채굴권, 삼림채벌권 등 자연자원은 물론 철도, 전선부설권 등 많은 이권을 앗아갔다.

이권 중개인으로 활약한 선교사, 알렌

호러스 뉴턴 알렌은 한국에 최초로 들어온 미국의 장로교 선교사였다. 애초에는 종교적 박해를 피하기 위해 미국 공사관 소속의 의사로 신분을 속이고 들어온 의료선교사로서 무명의 인물이었다. 그런 알렌은 구한말 정국에서 고종을 움직이는 유력한 외국인으로 행세하게 된다. 갑신정변 당시 정변 세력의 칼을 온몸에 맞아 만신창이가 된 민씨 척족 집안의 유력자인 민영익을 의술로 살려내면서부터였다. 민영익과 의형제를 맺기까지 했던 알렌은 고종과 민씨 척족 집안의 신임을 온몸에 받으면서 국내 정치에 커다란 영향력을 행사했다. 미국의 힘을 빌어 정치적 독립을 확보하려고 했던 고종은 알렌에게 미국과의 교섭 책임을 맡겼다. 알렌은 고종의 비호를 받으면서 선교사업을 무난하게 펼치기도 했지만 미국인 친구들에게 이권을 중개하면서 막대한 돈을 벌기도 했다. 알렌이 중개한 대표적 이권은 운산금광 채굴권과 경인철도 부설권이었다.

경인철도 부설권은 당시 열강의 자본가들이 탐을 내던 대표적인 이

1903년의 호러스 알렌 부부. 구한말 고종을 움직인 유력한 외국인이었던 알렌은 각종 이권사업에 개입하게 된다. 알렌이 중개한 대표적 이권으로는 운산금광 채굴권과 경인철도 부설권이 있다.

권이었다. 서울과 개항항인 인천은 교통량도 많은 데다 거리가 짧아 가설비에 비해 많은 이익을 낼 수 있는 구간이었기 때문이다. 1896년 3월 알렌은 아관파천으로 막강한 영향력을 행사하던 러시아 공사 베베르의 양해와 이완용 등 정부 대신의 도움을 받아 경인철도 부설권을 친구인 제임스 R. 모스가 받을 수 있도록 해주었다. 모스는 13개조에 이르는 경인철도 허가서를 받았는데, 여기에는 철도의 건설과 운영에 필요한 재료 도입에 관세를 면제받는 것과 철도 건설에 필요한 용지를 헐값에 매수할 수 있는 권리가 포함되어 있었다. 이러한 계약 방식은 이후 열강의 자본가들이 경부선, 경의선 등 철도를 부설할 때도 선례가 돼 열강의 이권침탈의 선도적인 모델로 작용했다. 자본력이 취약했던 모스는 일본의 기업가 시부사와 에이치에게 부설권을 양도했다. 양도액은 200만 달러. 알렌이란 친구를 통해 얻은 허가서 한 장으로 막대한 금액을 챙긴 것이다. 물론 알렌과 이완용 등 이권을 주선해준 자들도 수십만 달러에 이르는 커미션을 챙길 수 있었다.

'노터치!'가 노다지의 어원이라니

19세기 후반, 서구의 열강들이 조선에서 가장 탐낸 것은 금광이었다. 조선에 금이 풍부하게 매장돼 있을 뿐더러 기술적 문제로 본격적인 개발이 이뤄지지 않았던 금광은 그야말로 황금알을 낳을 거위라고 알려져 있었기 때문이다. 알렌은 금광의 개발권을 미국 회사에 줄 것을 고종에게 청해 허락을 얻어냈다. 이에 알렌은 1896년 친구인 모스에게 채굴권을 얻게 해주었다. 그러나 모스는 금광을 개발할 자본력이 없는 브로커에 불과한 인물이었다. 모스는 뉴욕의 대자본가인 헌트와

열강의 이권 침탈

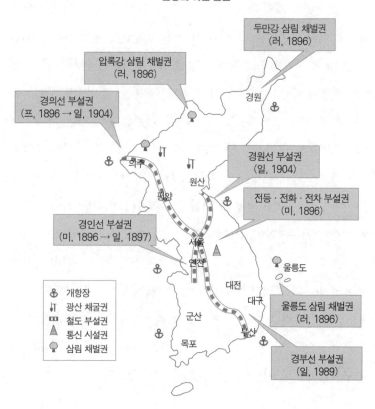

조선 금 생산량의 4분의 1을 차지했던 운산금광. 노다지no-touch라는 말을 만들어 낸 운산금광 채굴권은 미국의 자본가들이 차지했다. 미국은 운산금광에서 40년간 총 900만 톤의 금을 채굴해 1,500만 달러의 엄청난 순이익을 거둬들였다.

파세트에게 채굴권을 3만 달러에 양도했다. 헌트와 파세트는 500만 달러의 자본금을 모아 동양광업개발주식회사를 설립해 운산금광 개발에 착수했다. 애초의 계약은 채굴기한 25년에 주식의 4분의 1을 조선 왕실이 소유한다는 것이었다. 그러나 운산금광에서 대박이 터질 것을 알아챈 헌트 등은 조선 왕실이 소유한 25퍼센트의 지분을 10만 달러에 사들이고, 상납금 1만 2,500달러도 일시불로 지불했다. 계약 기간 역시 15년을 더 연장했다. 이리하여 헌트가 대지주였던 동양광업개발주식회사는 1939년까지 총 1,500만 달러의 순이익을 거둬들였다.

애초 조선 왕실이 얻게 될 375만 달러의 수익금은 수정 계약에 의해 12만여 달러의 지분 매각대금으로 쪼그라들었다. 엄청난 손실이었다. 이로 인해 민족자본이 형성될 주요한 기반을 상실하게 되었다.

운산금광은 막대한 금이 나오기로 유명했다. 당시 금이 쏟아진다는 소문을 듣고 찾아온 사람들을 막기 위해 미국인들이 내뱉은 '노터치 No-touch'라는 말을 노다지로 알아들은 조선인들 사이에서 노다지는 금이 많이 나오는 곳을 지칭하는 말로 통용되기까지 했다.

고종과 조선 왕실이 서구 열강의 침략을 저지하는 데 미국이 일정한 역할을 해줄 것을 기대하면서 금광의 이권을 미국인에게 넘겨준 측면도 있었다. 당시 운산금광은 조선 금 생산량의 4분의 1을 생산해내고 있었다. 그러나 미국은 경제적 이득을 얻는 데만 골몰했지, 조선을 도울 생각은 털끝만큼도 없었다. 오히려 '가쓰라-태프트 밀약'에서 보듯 일본의 조선 점령을 방조하기까지 했다. 운산금광과 같은 방식의 채굴계약은 이후 서구 열강이 조선의 광산을 차지할 때 맺는 계약의 모델이 되었다. 결국 우리나라의 소중한 자연자원은 서구 열강 자본가들의 대박거리가 되었다.

열강에 뜯겨나간 국토

운산금광 채굴권과 경인철도 부설권의 경우처럼 조선 왕실은 협약 내용의 경제적 이득을 계산하지 못한 채 많은 이권을 서구 열강에 헐값에 넘겨주었다. 광산 채굴권이나 철도 부설권에 그치지 않고 어업권, 산림 벌채권, 전선 가설권, 국토와 항구 조차권 등 경제적 이득이

열강의 시기별 경제침탈

시기	국가	내용
개항~임오군란	일본 독주	미면교환 체제(쌀과 면직물의 무역)
임오군란~청일전쟁	청일 각축	임오군란 이후 조선 시장을 청일이 양분 관세권, 어업권, 전선 가설권 등 침탈
청일전쟁~아관파천	일본 독주	일본의 조선 시장 독점. 차관 제공 시작
아관파천~러일전쟁	열강 각축	일본이 정치적으로 후퇴했으나 경제적인 시장 독점 지속 및 이권 탈취 심화. 러시아를 중심으로 서구 열강의 철도, 전기, 광산 등 국가 기간산업에 대한 이권 탈취
러일전쟁 이후	일본 독주	차관 제공 심화, 토지 약탈

될 만한 것들이 이런 과정을 통해 일본, 러시아, 미국, 프랑스, 독일 등에 넘어갔다. 물론 이권침탈이 조선 왕실의 무지와 양보를 통해서 이뤄진 것은 아니었다. 영국은 운산금광 채굴권을 외국에 넘기지 않으려는 조선의 방침을 무시하고 무단으로 채굴을 강행하기도 했다. 이 과정에서 기존에 채굴작업을 하던 조선 광부들을 향해 발포하기도 했다.

19세기 말에서 20세기 초에 걸쳐 부설된 경인, 경부, 경의선 등의 철도는 당시 세계에서 가장 싼 값에 건설되었다. 주로 일본이 부설한 철도는 당시 식민지나 반식민지에 부설된 철도 건설비용의 3분의 1 정도의 비용으로 건설되었다. 이것이 가능했던 것은 토지 건설에 필요한 토지와 자재, 그리고 노동력을 헐값에 구했기 때문이다. 경부철도를 건설할 당시 조선인 노무자들은 일본인 노무자 임금의 6분의 1도 되지 않는 임금을 받았다. 아예 무보수로 징발된 경우도 있었다. 철도 건설에 막대하게 들어가는 침목은 조선의 산림을 남벌해 사용했다. 역사나 철로가 될 토지는 일본인 소유지의 10분의 1도 안 되는 돈 으로 수용했다. 이러니 철도 부설의 원가는 싸게 먹힐 수밖에 없었다. 그럼에도 철도가 개통된 뒤 얻은 일본 측의 순이익은 막대했다.

이처럼 조선 경제 발전의 근간이 될 자연자원과 사회간접자본은 강요와 협박, 매수 등을 통해 서구 열강에 뭉텅이로 넘어갔다. 지킬 능력도, 개발할 능력도 부족했던 무능한 정부를 대신해 민중들은 경제 자주권 수호운동을 펼치기도 했다.

경부철도를 건설할 당시 일본인 노무자들의 악행으로 민중은 반발했다. 『매천야록』은 "왜인이 경부철도를 닦을 제, 노무자들은 성질이 사납게 거칠어서, 밤에는 무리지어 도적질을 일삼고, 낮에는 지나는 장사꾼을 강탈하였다. 그들이 지나는 지방마다 병화(兵火)의 난리를 겪은 것 같다"고 기록하고 있다.

금연하고 반찬값 아껴 일제의 빚을 갚자

국채보상운동, 절영도 조차 반대 운동, 황무지개척권 반대 운동 등
열강의 경제적 침탈에 맞서 경제자주권을 지켜내려는 운동이 활발히 일어났다.

억지 빚을 떠맡긴 일본

1906년 조선의 대일 부채는 1,300여만 원이었다. 당시의 한 해 세수가 약 1,319만 원에, 세출이 1,395만 원인 점을 보았을 때 상환이 불가능할 정도의 액수였다. 1997년 한국이 단기외채를 갚지 못해 IMF로부터 구제금융을 받아 경제적 자주권에 제약을 받았던 상황을 방불케 하는 것이었다. 그러나 IMF 때의 상황과는 완연히 다른 점이 있다면 당시의 국채 대부분은 조선이 일본에 요청한 것이 아니라는 점이다. 대일 부채 대부분은 1904년 러일전쟁이 발발하면서 일본이 조선 정부 각부에 고문을 파견하는 이른바 고문정치 시기부터 비롯된 것이었다. 일본인 재정고문인 메가타 다네타로가 재정개혁을 빌미로 화폐 정리 작업에 착수하여 그에 필요한 자금 300만 원을 일본에서 들여오면서 거대한 빚더미가 생겨나기 시작했다. 이듬해인 1905년 을사늑약을 강제로 체결한 일본은 통감부를 설치하고 초대 통감에 이토 히로부미를 파견했다. 이토는 "조선의 안전과 부원富源 개발에 차관을 도입할 필요가 있다"며 또다시 1,000만 원이란 거액을 연 6.5퍼센트의 이율로

들여왔다. 그것도 사채를 쓰는 것처럼 소개료 100만 원을 빼, 조선에 들어온 돈은 900만 원뿐이었다. 이러한 차관은 조선 정부가 필요해 들여온 것이 아니었다. 조선을 병합하려는 일본의 치밀한 계획 아래 식민지화에 필요한 자금이었다. 그럼에도 조선 정부는 감당하기 불가능할 정도의 부채를 짊어지게 돼 경제적 예속이 불가피했다.

국채보상운동은 이런 상황을 타개하려는 전국적인 경제독립운동이었다. 국채보상운동의 봉화는 대구에서 피어올랐다. 1907년 1월 29일 대구의 대동광문회 회의석상에서 서상돈이란 회원이 국채 1,300만 원을 갚지 못하면 국토를 내줘야 될 판이라며 2천만 동포가 국채를 갚자는 제안을 했다. 2천만 동포가 담배를 석 달만 끊고 그 담뱃값만 모아도 1,300만 원이 될 것이라며 자신부터 800원을 내놓겠다고 했다. 이에 광문회 회원들은 모두 찬동하여 담뱃대와 담배쌈지를 없애며 돈을 내놓아 총 2,000원이 모였다. 대동광문회는 이 운동을 전국적으로 전개할 것을 결의하는 국채보상취지서를 발표했다. 대동광문회의 국채보상취지서는 전국적으로 알려지면서 많은 호응을 얻었다.

서울에서 그해 2월 22일 김성희 등의 주도로 국채보상기성회가 설립된 것을 비롯, 3월 말까지 전국적으로 27개의 국채보상운동단체가 설립됐다. 고종 역시 담배를 끊을 것을 알렸고 한규설, 심상훈 등 대신들 역시 이에 참여하였다. 하위 직급의 벼슬아치들 역시 자신의 봉급 전부를 털어서 성금을 보내기도 했다.

국채보상운동은 돈을 모으는 운동이라 고관대작이나 자산가들이 많이 참여했을 것 같지만, 오히려 춥고 배고픈 하층 민중이 열성적으로 참여했다. 양반집의 종, 나무꾼, 백정, 인력거꾼들은 아낄 돈도 없는 상

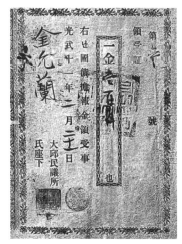
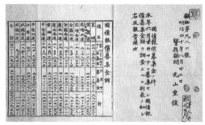

1907년 2월 대구에서 서상돈 등의 제안으로 일본에서 도입한 차관 1,300만 원을 갚아 주권을 회복하고자 했던 국채보상운동이 일어났다. 전국적이고 전민중적인 호응으로 600여만 원이 모였지만 일제의 탄압으로 성공을 거두지 못했다. 사진은 일제가 국채보상운동 탄압을 위해 조사한 국채보상금모집 현황(1907년 8월 22일)과 국채보상운동을 위해 100원을 기탁한 김윤란, 그가 받은 국채담보금 영수증.

황에서 먹지 않고, 입지 않으며 피어린 돈을 기부했다. 특히 규방에 갇혀있던 여성들도 국채보상운동에 열성적으로 참여했다. 부인들은 먹는 쌀과 반찬을 3개월간 반으로 줄여 그 돈을 국채보상운동 기금으로 내자는 운동을 전개했다. 아낄 것도 없는 상황에서 생존에 필요한 최저 수준의 음식만으로 3개월을 견디겠다는 여인들의 운동은 남성들의 금연운동보다 더욱 고통스러운 것이었다. 규방의 부인들은 은반지, 은장도, 팔찌, 목걸이 같은 패물도 의연금으로 내놓았다. 이뿐만 아니라 대구의 시장에서 짚신장사, 채소장사, 떡장사 같은 행상을 하는 할머니들도 이 운동에 참여했다.

이러한 전국저이고도 전민중적인 호응으로 600여만 원에 이르는 거액이 모였다. 그러나 국채보상운동은 성공을 거두지 못했다. 전국적인 민중의 호응에 놀란 일제의 탄압 때문이었다. 이 운동에 전면적으로 나섰던 『대한매일신보』의 베델과 양기탁이 기금을 착복했다며 양기탁을 구속했다. 그리고 이 운동의 주도자 몇몇이 기금을 유용한다는 악선전을 펴기도 했다. 또한 국채보상운동을 전개했던 세력은 단지 돈을 모으자고만 했을 뿐, 기금의 관리와 국채보상 방법에 대한 구체적 계획을 세우지는 못했다. 그리고 이 운동에 참여했던 관료나 자산가들이 차츰 일제의 회유에 넘어가 변절하게 된 것도 실패 원인이었다. 결국 기금은 강제 병합 후 조선총독부 손에 들어갔다.

물론 정치적, 경제적 지배구조를 형성한 일제에게 국채를 보상한다고 해서 조선이 독립을 지켜낼 수 있는 것은 아니었다. 너무도 소박한 운동 전략이었다. 그러나 운동 과정에서 보여준 조선 민중의 열의는 자주독립을 향한 민족의 저력을 보여준 것이었다.

경제적 자주권을 어떻게 지켜낼 것인가

한편 국채보상운동은 19세기 말 이후 나라의 경제적 자주권을 지켜내고자 했던 운동의 일환이기도 했다. 강화도조약을 맺은 이후 일본의 공산품은 물밀듯 밀려들었고, 조선에서는 쌀과 콩 등 곡식이 일본에 수출됐다. 그러나 말이 수출이지 거의 강탈에 가까웠고, 민중의 삶은 더욱 힘들어졌다. 특히 1889년 황해도와 함경도에는 극심한 흉년이 들었다. 이런 상황에서도 이 지역의 쌀은 일본 상인에 의해 팔려나갔다. 그러자 평안감사인 조병식은 방곡령을 내려 일본 상인이 일본으로 보내려던 양곡 2,000여 섬을 해주에 묶어두었다. 방곡령은 흉년이

들면 지방관이 으레 행하는 긴급조치였다. 그러자 일본은 곡식 유출을 막을 때는 한 달 전에 사전 통보해야 한다는 1883년 조일통상장정의 조목을 들어 방곡령을 취소시켰다. 게다가 일본은 여기에 대해 막대한 배상금을 물리기도 했다. 민중의 삶을 옥죄는 일본의 경제적 강요에 대해 양심적인 지방관들은 을사늑약 직전까지 10여 차례나 방곡령을 내려 일본 측의 경제침탈에 저항했다.

또한 개항 이후 조선 시장에 들어온 일본과 중국의 상인들은 자국 정부의 비호 아래 막대한 자본과 상품력으로 조선의 상권에 침투해 들어왔다. 이들은 개항 초기에는 개항장에서만 통상하다 1882년 '조청상민수륙무역장정'이 체결되면서 서울까지 침투해 조선의 상권을 교란시켰다. 또한 일본과 중국에서는 소상인과 노점상까지 진출해 육의전 상인뿐만 아니라 조선의 소상인과 노점상의 생계까지 위협했다. 더욱이 이들은 조선인 상인들과는 달리 세금도 면제받아 가격경쟁력까지 확보했다. 당연히 압도적인 경쟁우위를 지닐 수 있었다. 그러자 육의전 상인을 비롯해 소상인까지 가세해 1887년부터 1890년까지 세 차례에 걸쳐 상권을 지키기 위한 철시투쟁을 벌였다. 그러나 통상조약에 따라 외국 상인들의 상행위를 보장했기 때문에 이를 수정하려면 조선 정부가 외국과 재협상해야 했으나 그럴 힘이 없었다. 철시투쟁은 실패로 끝났다. 그 뒤에도 1898년 창립된 황국중앙총상회를 중심으로 상권보호운동을 조직적으로 펼쳤으나 이 역시 별다른 성과를 거두지 못한 채 실패했다.

실패만 있었던 것은 아니었다. 1904년 일본이 미개간지 개척을 조선 정부에 요구하자 그 저의를 파악했던 애국계몽운동 세력이 중심이

조선의 경제자립운동

1883년	관세 자주권 투쟁
1889~90년	황해도 방곡령 사건
1889~92년	일본 어부의 어로활동 반대
1889년	함경도 방곡령 사건
1896~98년	독립협회 경제자유권 수호투쟁
1898년	황국중앙총상회 상권수호운동
1904년	일본의 황무지 개척 요구 반대
1907년	국채보상운동
1910년	시장세 반대운동
1910년	연초세 거부운동

돼 펼쳤던 황무지개척권 반대 운동은 끝내 일본의 요구를 철회시켰다. 이 운동을 주도했던 조직은 보안회로 3천~4천 명의 회원이 서울에서 모여 대규모 집회를 벌이기도 하는 등 전국적인 투쟁을 벌였다.

독립협회는 열강의 이권 침탈에 대항해 이권수호운동을 벌였다. 아관파천 이후 조선에 영향력을 증대시켰던 러시아가 저탄소(석탄 등을 저장하는 곳)로 쓰기 위해 절영도의 조차를 요구했다. 이에 독립협회는 만민공동회를 개최하는 등 대중적인 반대투쟁을 일으켜 러시아의 요구를 철회시켰다.

이처럼 경제자주권 수호를 위한 운동은 민족의 경제적 자립의식을 증대시키는 한편 독립의지를 강화시키는 성과를 거두기도 했다. 그러나 경제적 자주를 이루기 위해서는 정치적 독립과 그를 뒷받침할 역량이 있어야 했다. 정부 차원에서도 민중적 차원에서도 이러한 역량을 키우지 못했던 당시의 상황에서 경제자주권 수호운동은 근본적인 한계를 안고 있었다.

국채보상운동은 양반·유지 부인단체 17개, 천실단체 4개, 기독교 부인단체4개, 기녀단체 10개 총 35개의 여성단체가 참여했던 여성운동이기도 했다.

노비도
인간이다

구한말 여성, 노비, 천민, 서울 등 조선의 피지배층은 국채보상운동,
만민공동회운동 등 대중운동을 통해 불평등사회를 개혁하려는 움직임을 보였다.

사형私刑 집행인, 양반

1896년 10월 낙향한 양반 최모 감찰監察은 양주로 이사를 갔
다. 그런데 그는 상민이 자신의 집 앞을 담뱃대를 물고 지나가기만 하
면 하인들을 시켜 잡아다 매질을 해댔다. 억울한 매질을 당한 사람이
항의라도 하면 무슨 수를 써서라도 그 마을에 못 살게 만들어 타향으
로 내쫓았다. 『독립신문』에 실려 널리 알려진 양주 지역 양반의 사형私
刑 사건은 갑오개혁 이후 신분제가 폐지됐음에도 잔존하고 있던 양반
식 행태와 사고방식을 잘 보여준다.

조선은 양반의 나라였다. 문무양반이 지닌 사회적 특권은 엄청났다.
박지원이 『양반전』에서 양반의 무능과 허례허식을 통렬하게 비판했던
것처럼 18~19세기 이후 몰락 양반이 증가하고 평민층의 신분 상승이
있기도 했지만 양반의 특권의식이 여전히 조선 사회를 지배하고 있었
다. 갑오개혁(1894년)으로 양반과 상민의 차별이 폐지되고 노비제가 폐
지되는 등 신분제 개혁이 있기도 했지만 양반의 특권과 그 의식까지
사라진 것은 아니었다.

조선에서 양반들의 특권은 대단했다. 우선 병역의무가 없었다. 65세가 될 때까지 병역의무를 져야 했던 평민들은 군대를 가지 않을 경우 군포세를 내야 했지만 양반은 그럴 의무가 없었다. 그리고 세금도, 부역도 면제됐다. 또한 대역죄가 아닌 이상은 상민처럼 곤장형에 처해지지도 않았고, 형벌을 노비가 대신 받을 수 있었다. 지역사회에서 양반은 고을 수령보다 막강한 권력을 행사했다. 고을 수령이 부임해오면 지역 최고의 양반인 좌수에게 인사를 가야 했다. 문벌이 상당한 집안의 경우에는 아예 곤장이나 형틀 등 관가에서나 쓰는 형구形具를 갖춰놓고 사형私刑을 거리낌 없이 집행했다. 안동 김씨 등 세도가의 집안에서는 사설감옥까지 있었다고 한다. 이런 막강한 양반들은 재산분쟁에서도 평민들을 압도해 토지 등을 강탈하는 경우도 비일비재했다.

인간 아닌 인간, 종과 천민

이에 반해 노비, 서얼, 천민 등 조선의 피지배층은 인간 이하의 삶을 강요당했다. 양반이라 하더라도 여성들은 남성들의 지배하에 또 다른 차별을 강요당했다. 노비는 뇌물로 바쳐지는가 하면 선물용으로 보내지기도 하는 물건 취급을 받았다. 집안의 재산목록에도 노비가 있었고, 당연히 자식들에게 상속되기도 했다. 재인, 백정, 역졸, 피공 등 천민들은 주거지역이 제한됐고, 복장이나 주택의 형식까지도 규제받았다. 이들은 양반은 물론이고 상민들에게도 인간 이하의 취급을 당했다. 상민 어린아이도 성인인 천민들에게 히대를 하는 것은 당연했다.

18세기 이후 실학자들이 이러한 신분제도에 지속적으로 문제를 제

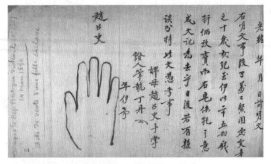

조선 후기의 노비문서.

기했으나 현실적 변화를 끌어내지는 못했다. 하지만 19세기 이후 경제적 성장을 이룬 상민층은 양반 신분을 돈으로 사는가 하면 경제력을 기반으로 사회적 지위를 강화해갔다. 또한 지배층 내부에서도 개혁에 대한 의지가 있었다. 1884년 김옥균 등 급진개화파가 갑신정변을 일으키면서 발표한 14개조 혁신정강에서는 문벌의 특권 폐지, 인민평등권을 내세웠다. 그러나 민중은 갑신정변을 일으킨 개화파를 거부했다. 반일 정서가 강했던 민중은 일본과 손을 잡고 정변을 일으킨 사실에 대해 심한 반감을 가졌던 것이다.

지속적으로 농민봉기를 일으켰던 민중 스스로도 신분해방운동에 나섰다. 갑오농민전쟁에서 폐정개혁안으로 제시된 것 중에는 노비문서 소각을 통한 노비 해방과 천민 차별 개선이 있었다. 여성들의 개가를 허용할 것을 요구한 것도 농민군이었다.

이러한 변화에 대한 요구가 불완전하게나마 수용된 것은 갑오, 을미개혁을 통해서였다. 농민전쟁의 수습을 해야 했던 개화파 정권은 양반 중심의 신분제를 해체했으며 백정 등 천민에 대한 차별을 금지했다. 또한 조혼 금지와 과부 재가 허용 등 여성권을 진전시키는 법령을 발포했다. 양반만이 응시가 가능했던 과거제도를 철폐하고 새로운 관리 선발방식을 도입해 중인 등의 관직진출 기회를 늘렸다. 이러한 개혁의 혜택을 가장 크게 본 것은 중인층과 서얼 출신이었다. 이들 상당수는 새로운 관리 선발방식에 의해 대신의 직급에까지 올라갈 수 있었다. 식민지 시대에도 일제의 시책에 부응해 군수 등 고위직을 역임한 자들이 상당수 있었다.

그러나 갑오, 을미개혁 과정에서 법률적으로 선포된 신분제 철폐나 개혁조치가 당장 사회적으로 뿌리내리지는 못했다. 일본의 지원 아래 개혁을 추진하다 보니 정치적 기반이 부족해 기득권층의 반발을 샀고, 동시에 민중의 지지를 얻지도 못했다. 또한 뿌리 깊은 신분의식이 몇 개의 법률로 사라지는 것은 아니었다. 양반의 특권의식은 식민지 시대에도 상당 부분 잔존했고, 지금까지도 '뼈대 있는 가문'을 내세우는 양반의식이 남아 있을 정도다. 일본에 의해 주도되었으며 그들의 필요에 따라 선택적으로 진행된 사회개혁이라 불철저할 수밖에 없었다. 양반제를 철폐했음에도 일본은 식민통치를 위해 양반 가문을 우대하는가 하면 호주제를 도입해 여성의 지위를 하락시켰다.

그럼에도 사회구조 개혁을 위한 자주적 노력은 끊임없이 시도됐다. 규방에 묶여 있던 여성들은 국채보상운동에 적극적으로 나서는가 하면 여성 교육에도 의욕적으로 나섰다. 1900년 지폐를 발행하는 전환국의 여성 공원 모집에 모집인원의 5배가 넘는 여성이 지원하며 최초의 여성 공장노동자가 탄생되기도 했다. 만민공동회에서는 이전까지 사람으로 보지도 않았던 백정 출신 박성춘이 연사로 나서 열정적으로 연설을 하기도 했다. 애국계몽운동 시기에는 『독립신문』 『대한매일신보』 등에서 민권의식과 근대적 평등의식을 확산시키기 위한 기사와 논설이 끊임없이 쏟아져나왔다.

개혁을 위한 이러한 노력은 식민지 시대의 독립운동 과정에서 새로운 국체로 기존의 군주제가 아닌 공화제 정부를 선택하는 데 밑거름이 되었다.

1908년 한성고등여학교(경기여고 전신)가 설립되고 여학생 100여 명이 입학해 학교를 다니기 시작하자 이를 못마땅해 하는 일부 남성들은 "교태를 부리며 부끄러운 줄을 모른다. 추문이 퍼지고 아이를 밴 학생들이 끊이지 않았다"는 헛소문을 퍼뜨렸다.

생활 모습의 변화

장죽 대신 궐련,
숭늉 대신 커피

구한말 개화기에는 이발소, 커피숍, 상품광고, 양복, 성냥 등
이전에 볼 수 없었던 서구 문물이 쏟아져 들어와 생활양식에 변화가 왔다.

상투도 틀어주던 최초의 이발관

우리나라 사람이 운영하던 최초의 이발관은 유양호라는 사람이 열었던 동흥이발소였다. 1901년 인사동에서 개업했다. 1895년 단발령이 내려진 지 6년째 되던 해에 개업했던 것이다. 1897년 단발령이 취소돼 머리모양을 마음대로 할 수 있었다. 사실 조선에서는 이발소가 있을 리 없었다. 부모로부터 받은 신체를 절대 훼손해서는 안 된다는 유교 원칙에 따라 머리털을 깎는 일은 상상도 하기 힘든 일이었다. 그런 점에서 민비 시해보다 단발령이 을미의병 봉기의 더 큰 원인이기도 했다. 그러나 단발령이 철회된 뒤에는 한번 깎은 머리에 상투를 하지 않는 사람들도 많았다. 편했기 때문이다. 하지만 단발한 머리를 어떻게 해야 할지 몰랐다. 상투를 자른 머리는 지저분하기도 했다. 그래서였을까? 동흥이발소는 금세 인기를 끌어 인천에까지 소문이 날 정도였다. 그런데 동흥이발소에서는 상투를 틀어주는 일도 했다. 단발령이 철회된 뒤 상투를 다시 틀려 해도 윗머리가 없어 못 짜는 사람이 많았기 때문이다. 단발령 때문에 생겨났던 이발소에서 상투를 틀어주

기도 하고, 머리를 깎아주기도 하는 희한한 상황이 발생했던 것이다.

우리나라 최초의 호텔과 커피숍, 손탁 호텔

나라의 존망이 위태롭던 시기였지만 어쨌든 서구로부터 물밀듯 들어오는 서양 문물은 이 땅의 의식주 생활문화에 충격을 주었다. 침략적 의도가 분명했던 만큼 그에 대한 저항감 역시 강했다. 그러나 새로운 문물이 주는 편의성으로 박래품舶來品(서양에서 배에 실려 들어온 신 식 물품)에 대한 대중적 인기는 높아져갔다.

1886년 『한성주보』 제4호에 실린 우리나라 최초의 신문광고인 독일상사 세창양행 광고는 당시의 사회적 풍경을 뚜렷하게 보여준다.

"독일상사 세창양행이 조선에서 개업하여 외국에서 자명종 시계, 들여다보는 풍경, 뮤직박스, 호박, 유리, 각종 램프, 서양 단추, 각색 서양 직물, 서양 천을 비롯해 염색한 옷과 선명한 염료, 서양 바늘, 서양 실, 성냥 등 여러 가지 물건을 수입하여 물품의 구색을 맞추어 공정한 가격으로 팔고 있으니 모든 손님과 상인은 찾아와 주시기 바랍니다…. 아이나 노인이 온다 해도 속이지 않을 것입니다. 바라건대 저희 세창양행의 상표를 확인하시면 거의 잘못이 없을 것입니다."(세창양행 광고, 번역문, 1886년 2월 22일, 한국역사연구회, 「우리는 지난 100년 동안 어떻게 살았을까」에서 재인용)

조선에 진출한 독일상사가 자명종, 램프, 성냥 등을 신문에 광고하

아관파천 당시 원두커피에 맛을 들인 고종 황제는 커피 애호가였다. 러시아 공사관 근처의 손탁 호텔 1층에는 우리나라 최초의 커피숍이 있었다.

며 장사할 정도로 서구 물품이 조선 시장에 보급되고 있었던 것을 알 수 있다. 이런 서양 물품 중 상류층을 중심으로 인기를 끌었던 음료는 커피였다. 아관파천 당시 러시아 공사 베베르의 처형이었던 프랑스계 독일 여성 손탁은 1896년에서 1898년 사이에 우리나라 최초의 호텔인 손탁 호텔을 지었다. 고종과도 친밀한 관계를 맺었던 그녀는 경운궁 건너편에 있는 집과 대지를 하사받자 집을 허물고 그 터에 서양식 2층 건물을 지어 호텔을 경영했다. 이 건물 1층에는 커피숍을 두었는데, 이 역시 최초의 커피숍이었다. 이곳에는 국내의 고관대작과 외국 외교관들이 드나들며 중요한 정치적 모임을 갖기도 했다. 또한 부유층들도 이곳에 드나들며 서양식 분위기와 커피를 즐겼다. 고종 역시 커피를 좋아했다. 얼마나 좋아했던지 김홍륙 등이 고종이 마시는 커피에 독을 넣어 암살할 것을 기도할 정도였다. 커피는 곧 대중들에게도 확산되었으며, 심지어 나무꾼들조차 외국인 매집상이 커피를 주자 너나 없이 그에게 나무를 팔았다고 한다. 당시 나무꾼들은 커피를 '양탕국'이라고 불렀다.

의복 역시 서양식 양복이 점차 보급되기 시작했다. 개화파 인사를

구한말 본격적으로 유입되기 시작한 근대 문물은 편의성으로 인해 인기를 끌었다. 사진은 1898년 당시의 전화기, 세창양행에서 수입한 서양 바늘과 실, 동화약방의 부채표 활명수와 일본제 담배들.

중심으로 양복을 입기 시작했는데, 상투를 자른 사람들이 머리모양에 따라 양복을 맞춰 입었다. 물론 비싼 옷이라 부유층을 중심으로 착용했다.

성냥, 양초 등의 생활용품은 그 편리함 때문에 많은 사람들이 쓰게 됐다. 담배 역시 장죽 대신 편리한 궐련이 보급돼 경제적 여유가 있는 사람들은 이것을 피웠다. 또한 맥주, 보드카, 양주, 정종 등 외국 술도 들어와 인기를 끌었다. 이밖에도 축지차로 불리기도 했던 자전거, 부유층을 중심으로 큰 인기를 끌었던 사진관과 자명종, 안경 등도 도입돼 장안의 구경거리가 되었으며, 이들 물품은 부유층을 중심으로 퍼져나갔다.

1884년 우정국이 설립돼 근대적 우편제도가시행
된다. 사진은 1910년 당시의 체전부(집배원)의 모
습. 체전부는 우편수레와 말을 이용하여 우편물을
운송하다가 경부철도가 부설된 후 철도운송을 하
게 된다.

그러나 이런 의식주와 관련된 물품보다 더 크게 대중적으로 충격을
주었던 것은 경인선, 경부선 등의 철도와 1899년에 개통돼 서대문과
청량리까지 운행된 전차였다. 열강의 경제적 침탈이란 과정을 통해 등
장한 철도와 전차는 우리나라 민중의 고혈을 짜내 개통된 것이었다.
그래서 초기에는 철도와 전차에 대한 거부감이 심했다. 그러나 근대의
문물이 주는 편리성 때문에 철도와 전차는 주요한 교통수단으로 자리
잡았다.

정보통신에도 근대화 바람이 불었다. 파발마나 인편에 부치던 편지
대신 1884년 우정국이 설립돼 근대적 우편제도가 시행되었다. 1885
년에는 인천과 의주 사이에 전선이 가설돼 전보가 개통됐다. 1898년 1
월 최초의 전화가 개통됐다. 정보통신의 혁명이 일어난 것이다. 그러
나 근대적 사회간접시설들은 조선인의 필요에 의해 조선인이 주도하

여 설치한 것이 아니었다. 갑신정변의 주체들이 설립을 주도했던 우정국만은 예외였으나 그마저도 정변의 실패와 더불어 무산되었다. 이들 시설은 모두 일본과 중국 등 열강의 군사적 필요나 경제적 이권 확보의 일환으로 개설된 것이었다. 우리 근대화의 비극이 아닐 수 없다.

조선 민간인들은 전보 가설 초기에는 이를 이용하기가 힘들었다. 전보 열 자를 치는 데 이용 요금이 쌀 두 되 값에 해당하는 고가였기 때문이다.

근대 문물의 수용

의병은 왜 철도와 기차를 파괴하려 했을까?

철도, 기차, 전신주 등 근대 문물이 조선에 들어왔지만 조선의 경제건설보다는 제국주의적 침탈을 위한 목적이 더 컸기에 민중의 반발을 샀다.

대원군, 증기선 제작을 명령하다

대원군은 쇄국정책을 고수했다. 하지만 그가 근대의 기술과 문물에 관심이 없는 것은 아니었다. 병인양요(1866년)를 통해 서양식 무기의 우수성을 확인한 대원군은 근대적 무기를 우리 손으로 제작하는 데 관심을 두었다. 청 말기 중국의 계몽사상가인 웨이유안이 부국강병을 이룩하려는 목적으로 저술한 세계지리서인 『해국도지海國圖志』를 참고하여 증기기관으로 작동되는 철군함鐵軍艦을 제작, 시험 운항하기도 했다. 또 총알을 막을 수 있는 갑옷과 학의 깃털을 이용해 만든 빠른 배인 비선飛船을 만들었다. 일본으로부터는 군용총을 수입했다. 또 전선戰船과 대포도 제작하여 1867년 한강에서 고종과 함께 전함의 진수식과 수뢰포의 시험발사를 참관하는 행사를 갖기도 했다. 강병을 길러 서양의 침략을 막는 데 관심이 컸던 것이다. 그래서 무기기술자를 널리 모집했다. 재미있는 것은 신미양요 당시 대동강변에서 불탔던 제너럴셔먼호를 모방해 철선을 제작할 것을 김기두 등에게 명했다는 것이다. 그러나 증기력이 너무 약해 한 시간에 10보밖에 나자기 못하자 배

1883년 고종이 미국에 파견한 보빙사. 조선에서 최초로 서방 세계에 파견한 외교사절단이다. 보빙사 일원인 유길준(뒷줄 왼쪽에서 세 번째), 홍영식, 서광범(앞줄 왼쪽 두번째부터) 등은 약 2개월 동안 당시 미국의 주요 도시와 산업단지를 시찰한 후 미 대통령 1호 군함을 타고 세계일주를 하며 돌아왔다. 보빙사의 여행 이후 조선에는 전기, 전신, 전차, 사진 등 여러 가지 서양 문물이 도입된다.

를 해체시켰다. 의욕은 넘쳤지만 서양의 흑선, 곧 대형 증기선을 제작할 공학기술이나 관련 산업이 뒷받침되지 않는 상황에서 독자적인 근대적 군사전력 구축은 무리였던 것이다. 그나마도 대원군이 실각하면서 자주적인 근대화 추진은 외세의 간섭으로 파행을 겪어야 했다.

근대 문물의 수용은 일본과 강화도조약(1876년)을 맺은 뒤 이뤄진 개항 이후 본격화했다. 먼저 서양 문물의 수용을 위해 청국에는 영선사가, 일본에는 신사유람단이 파견돼 양국에 도입된 서양의 문물을 시찰했다. 일본 역시 유럽과 미국에 이토 히로부미 등이 시찰단으로 파견된 바 있었다. 우리와는 불과 10년 정도의 차이였다. 일본 역시 페리의 군함 시위에 굴복해 강제로 개항된 점도 같았다. 그러나 일본은 메이지 유신으로 정치적 근대화를 이뤄내 안정된 정치기반 속에서 군사적, 경제적 근대화를 이룰 수 있었다. 이에 반해 조선은 개항 이후 민비 일가를 중심으로 한 권력집단의 무능과 부패, 그리고 전제적 왕권을 지키는 데 온 관심을 기울인 고종의 정치노선으로 인해 온전한 근대화를 이루는 데는 명백한 한계가 있었다. 1882년 임오군란이 발발하자 민비는 정치적 생명을 보존하기 위해 청국 군대를 불러들였고, 일본 역시 조선을 자국의 영향권 아래 두고자 군대를 주둔시켰다. 1884년의 갑신정변 이후 10년간 조선은 청일 양국의 각축장으로 변했다. 이런 상황 아래 근대적 문물의 주체적 수용은 실패로 끝났다.

조선의 필요 때문이 아니라 일본의 군사적 필요로 개설한 교통로

서양 문물의 수용은 김옥균, 박영효 등의 개화파가 의욕적으로 추진한 것이었다. 개화파는 일본과 청국뿐만 아니라 1883년에는 민영익을 단장으로 한 사절단을 미국에 파견하기도 했다. 이들 견미사절단(보빙사)은 미국의 전기, 전신 시설만 시찰한 것이 아니라 기차로 미국 대륙을 횡단하기까지 했다. 또한 개화로 노선을 바꾼 정부에서는 전기, 통

1904년 초 일본은 군사적 필요와 곡물 수입을 위해 조선에 경부·경의철도 부설권을 획득한 뒤 철도 공사를 서둘렀다. 공사장의 일본인 감독들은 말을 잘 듣지 않는다며 '즉결 처형'도 서슴지 않는 등 조선인 인부들을 비인간적으로 혹사시켰다. 이에 조선의 의병들은 철로를 끊거나 기차를 습격하기도 했다

일제가 부설한 간선철도망

1899년	경인선: 서울-인천
1905년	경부선: 서울-부산
1906년	경의선: 서울-신의주
1914년	경원선: 서울-원산, 호남선: 대전-목포
1928년	함경선: 원산-청진

신과 철도의 부설 등 서양 문물의 수용에 많은 관심을 기울였다. 가장 먼저 시도된 것은 우정국 개국으로 상징되는 근대적 체신 제도의 도입이었다. 그러나 우정국 개국 연회장에서 빚어진 갑신정변으로 인해 체신제도의 도입은 늦춰지게 되었다.

철도 부설 논의는 조선 정부 안에서도 있었다. 그러나 막대한 예산과 기술력이 필요한 철도 부설은 감히 엄두도 내지 못했다. 또한 현실적 필요를 강하게 느낄 만큼 사회적 생산력이 높지 않았던 점도 철도 부설에 조선 정부가 소극적이었던 이유였다. 오히려 철도 부설은 대륙으로 진출하려는 일본과 한반도 남단까지 시베리아철도를 연결시키려는 러시아, 그리고 일본의 침략을 저지하려는 중국 등 주변 열강이 군사적 필요성 때문에 적극적으로 나섰다.

애초 미국인 모스에게 넘어간 경인철도 부설권과 러시아의 지원을 업고 프랑스인 그릴이 획득한 경의선 부설권은 모두 일본으로 넘어갔

근대 문물 및 시설

통신기관	• 전신: 1885년 서울-인천, 서울-의주 가설 • 전화: 1898년 서대문-청량리 개통 • 우편 사무: 1895년 우정국 재운영. 1900년 만국우편연맹 가입
의료기관	• 광혜원: 1885년 알렌 설립 → 훗날 제중원. 최초의 근대식 병원 • 광제원: 1899년 설립, 지석영 종두법 실시 • 대한의원: 1907년 의료 요원 양성 • 자혜의원: 1909년 설립, 도립 병원 • 세브란스병원: 1904년 미국인 애비슨 설립
근대 문물	• 기기창: 1883년 신식 무기 제조 • 전환국: 1883년 화폐 발행 • 박문국: 1883년 인쇄(『한성순보』 발간)
근대 건축	• 독립문: 1896년 건립, 프랑스 개선문 모방 • 명동성당: 1898년 완성, 중세 고딕 양식 • 덕수궁 석조전: 1909년 완성, 르네상스 양식

다. 자금력이 부족했던 이들 미국과 프랑스의 사업가들이 모두 일본에 많은 이문을 남기고 넘겼던 것이다. 일본은 1904년에 이르면 경부 철도 부설권까지 포함하여 모든 철도 부설권을 획득한 뒤 철도 건설에 나섰다. 일본은 조선의 산업과 민중의 편의를 고려하지 않고 군사적 필요와 곡물의 수입을 위해 철도를 놓았다. 특히 일본 측은 토지와 자재, 그리고 노동력을 조선에서 거의 강제적으로 헐값에 넘겨받아 세계에서 가장 싼값으로 철도를 부설했다. 특히나 조선의 인부들을 비인간적으로 혹사시켜 많은 수의 노동자가 건설현장에서 죽어나갔다. 이에 조선의 의병들은 철로를 끊거나 기차를 습격하기도 했다.

이에 반해 1894년 부산과 나가사키 사이에 해저 전선이 가설되면서 시작된 전신 가설사업은 비교적 조선이 주도적으로 추진했던 사업이었다. 비록 일본 측의 제안으로 시작했지만 통신시설의 유익함은 조선 정부도 알고 있었다. 한성, 평양을 경유하여 의주까지 전선이 가설됐고, 한성-부산 사이에도 전신선이 가설됐다. 1885년에는 인천-한성 사이의 전신이 개통되면서 전신업무가 개설됐고, 우리의 기술인력이 전신업무를 담당했다.

전등이 우리나라에 최초로 가설된 곳은 경복궁이었다. 1887년에 처음 설치됐다. 그러나 당시 발전기가 설치된 경복궁 연못 향원정의 물고기들이 전기 열에 의해 떼죽음당하고, 유지비용이 지나치게 많이 들어 비난 여론이 높았다. 하지만 고종은 전등 가설을 적극 추진해 1894년에는 창덕궁에도 전등을 가설했다. 전등에 이어 1899년 서대문-종로-홍릉을 잇는 전차가 개통됐다. 특기할 것은 전차와 전등, 전화 사업을 한성전기회사가 맡았는데, 이 회사의 출자금 전액을 고종이 낸것이었다. 전기사업만큼은 조선이 독자적으로 운영하겠다는 의지의 표현이었던 것이다. 그러나 전기·철도 부설사업을 맡은 미국인 콜브란은 그 뒤 회사의 운영과 관리까지 위임받으면서 회사의 지분 절반을 고종으로부터 얻어낸 뒤 1909년 회사를 일본에 팔아버렸다. 고종은 한 푼의 지분도 남기지 못했다.

개화인사 지석영의 종두법

서양의 의료기술은 미국 선교사인 알렌에 의해 도입됐다. 갑신정변 때 민영익의 칼 맞은 상처를 치료하여 고종의 신뢰를 얻은 그는 시의侍醫로 임명됐다. 1885년 알렌은 고종에게 건의하여 최초의 서양식 병원인 광혜원(얼마 뒤 제중원으로 개칭)을 설립했다. 이듬해에는 제중원 안에 의료학교인 제중원 의학교를 세웠다 제중원 의학교는 1909년 세브란스 의학교(연세대 의대)로 개명하게 된다.

한편 개화파 인사인 지석영은 일본에서 종두 기술을 배우고 와 국내에 종두법을 보급했다. 지석영은 단순히 종두법의 도입뿐만 아니라 1899년에는 관립 의학교를 설립해 서양의학의 보급에 노력했다. 조선인에 의한 서양식 의료기술의 보급이 지석영에 의해 이뤄진 것이다.

전보선 가설을 주도한 일본은 전봇대의 설치에 필요한 나무와 노동력을 조선민중으로부터 폭력적으로 차취했다. 그래서 동학군과 의병은 전보를 없앨 것을 요구하기도 하고, 선봇대를 도끼로 찍어 넘기기도 했다.

열독자가 수십만을 넘었던 『독립신문』

『독립신문』, 『대한매일신보』, 『황성신문』 등 구한말의 새로운 언론매체는
조선의 정치경제적 독립과 근대화를 위한 정론지의 역할을 하였다.

발간 초기부터 필화에 휘말린 『한성순보』

우리나라 최초의 근대적 신문은 1883년 10월 정부에서 발행했던 『한성순보』다. 그전까지는 조선 중종 때부터 승정원에서 매일 아침 펴내던 조보朝報라는 것이 있었다. 일종의 관보官報로 정부 각 기관에서만 열람하게 돼 있던 매체라 일반인들이 접할 수는 없었다. 『한성순보』는 관리들이 주독자층이었지만 일반인들도 구해서 읽어볼 수 있었다. 열흘에 한 번 발행했기에 순보旬報이며 순한문으로 제작됐다. 박영효, 유길준 등 개화파가 신문 발간을 주도했으나 그들이 실각하면서 창간 실무는 박문국에서 맡게 되었다. 세계의 움직임을 국민에게 전달하여 부국강병의 기초를 닦아 독립을 지키자는 것이 창간 목적이었던 만큼 주로 외국의 상황을 전달하는 기사가 많이 실렸다.

한 번에 3,000부 정도가 발행됐을 것으로 추산되며 1884년 10월 갑신정변이 일어났을 때 잠깐 발행이 중단된 뒤 이듬해 3월 복간됐을 때는 주간으로 전환되면서 『한성주보』로 제호가 변경됐다. 주보로 전환된 뒤에는 순 한글 기사도 실리게 되었다. 1888년 7월 신문 운영과 관

1883년 간행된 우리나라 최초의 근대적 신문 『한성순보』와 조선에 도입된 근대적 인쇄소. 『한성순보』는 정부에서 간행하는 관보로 10일에 한 번씩 발간되었다.

련된 몇 가지 문제로 폐간되기까지 5년간 발행됐다.

『한성순보』는 발행 초기부터 필화사건을 겪었다. 1884년 제10호(1월 30일자)에 청국 병사가 종로 광통교 옆에 있는 약방에서 외상값을 갚으라는 조선인 주인에게 총을 쏴 중상을 입히고 그 아들을 살해했다는 기사가 문제가 됐다. 당시 서울에 주둔해 있던 청국 병영이 박문국에 항의하고 청국 정부가 조선 정부에 엄중한 항의서를 보냈다. 허위사실이라는 것이었다. 명백한 사실을 근거로 쓴 기사였지만, 조선 정부는 기사가 풍문에 근거한 것이었다며 청국 측에 사과하는 비굴한 모습을 보였다. 임오군란 때 민비가 청국 군대를 서울에 불러들였던 것이 화근이었다. 조선 언론은 시작부터 수난을 겪었던 셈이다.

최초의 민간지 『독립신문』

『한성주보』가 관이 주도하여 나왔다면 『독립신문』은 민간 주도로 창간된 최초의 근대적 신문이었다. 권력에 대한 감시자로서의 근대 신문의 기능은 당연히 『독립신문』이 본격적으로 수행했다. 갑신정변에 참여했다 미국으로 망명한 서재필이 1895년 중추원 고문 자격으로 귀국해 이듬해인 1896년 4월 7일 『독립신문』을 창간했다. 비록 초기에 신문 창간비용으로 4,400원을 정부에서 지원받았지만 이후 운영 과정에서 『독립신문』은 구독료와 광고료 수입으로 지탱해간 순수 민간신문이었다. 창간호는 한글 3면, 영문 1면으로 편집됐으나 1897년 1월부터는 한글판과 영문판으로 분리해 발간됐다. 격일간으로 발행되기 시작, 1898년 7월 1일자부터는 일간으로 전환했다. 한문을 모르는 일반 대중을 위해 순 한글과 띄어쓰기를 채택함으로써 대중지를 확고히 지향했다.

실제 『독립신문』의 영향력은 막강했다. 강원도 양구군에 사는 독자 김기서 등이 『독립신문』에 보낸 편지를 보면 그 영향력을 실감할 수 있다.

"요사이 본 군수가 한 상시를 설립하고 친히 장에 와서 상고商賈(장사치)와 인민이 많이 모인 후에 당세 형편을 하고, 국문과 한문 번역 잘 하는 사람으로 하여금 소리를 크게 질러 『독립신문』을 읽히니, 오는 사람과 가는 손이며 장사하는 사람과 촌백성들이 어깨를 비비고 둘러서서 재미를 붙여 함께 듣고 모두 찬탄하는지라. 이다음부터는 물건 매매하는 장시 인민뿐 아니라 『독립신문』 들으러 오는 백성들이 길이 멀고 가까운 것을 헤아리지 않고 귀를 기울이고 다투어 모여들어 서로 말하여 가로되, 오직 우리 대한 전국에 크고 작은 일과 천하만국의 아침과 저녁 일이 환연히 눈앞에 벌여 있고, 학식과 법률을

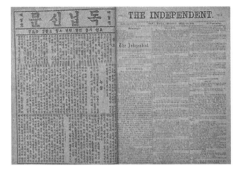

1896년 창간된 『독립신문』은 우리나라 최초의 민간신문으로 국문판과 영문판으로 구성되었다. 서재필과 개화파가 합작하여 창간했으며 열독률이 높아 독자가 수십만을 헤아렸다.

가히 자식과 손자를 가르쳐 어둡던 데를 버리고 밝은 데로 향하는 것을 가르쳐 깨닫겠노라"

_『독립신문』1898년 11월 29일자, 서울대 정치학과 독립신문강독회,
「독립신문 다시 읽기」에서 재인용

『독립신문』은 3,000부 정도 발행된 것으로 알려져 있다. 그런데 오세응이나 신용하는 신문 한 부를 대략 2~300명이 돌려 읽었다고 추정하고 있다. 이에 기초해 본다면 『독립신문』 열독률은 굉장히 높아 독자가 수십만을 헤아렸다고 볼 수 있다. 이러한 영향력이 있었기에 『독립신문』은 대한제국기의 만민공동회운동을 가능하게 할 수 있었다. 1898년 러시아의 절영도 조차 요구를 반대하고 러시아인 군사고문과 재정고문 철수를 주장하는 만민공동회가 서울 시민 수만 명이 참여하는 가운데 열렸다. 당시 서울 인구가 17만 명에 불과했다는 것을 감안하면 엄청난 대중적 참여였다. 『독립신문』은 만민공동회 집회 상황을 상세히 보도하고 집회의 요구사항을 지지하는 등, 대중과 함께하는 매체로 만민공동회의 지속과 확산에 많은 영향을 끼쳤다.

『독립신문』은 정부의 지원을 받아 창간됐으나 보도 태도는 정부에 지극히 비판적이었다. 아관파천 이후 러시아의 영향력이 증대하고 친러 수구파 내각이 반동적 정책을 펴자 이에 대해 가차 없는 비판을 가했다. 또한 열강의 이권침탈을 비판하는 기사와 논설로 서구 열강에 맞서 정치적, 경제적 독립을 지키려 했다. 또한 『독립신문』은 국민이 국가의 주인임을 천명해 주권재민사상을 천명했다. 이러한 보도 태도에 위기감을 느낀 친러 수구파 정권은 서재필과 『독립신문』을 공격하기 시작, 1898년 5월 서재필은 중추원 고문직에서 해촉돼 미국으로 건너갔다. 그 뒤 윤치호와 아펜젤러 등이 운영을 맡아오다 1899년 12월 정부가 인수하면서 『독립신문』은 폐간됐다.

암신문 『제국신문』, 숫신문 『황성신문』

1898년 독립협회가 해산되고 민간단체의 결성이 금지된 이후에는 애국계몽운동 세력의 활동공간은 좁아졌다. 정치적 결사가 금지되자 국민에 대한 계몽과 여론형성을 위한 신문의 활동이 활발해졌다. 1898년 『제국신문』이 창간된 것을 비롯 일제에 합병된 1910년까지 『대한매일신보』『황성신문』 등의 매체가 창간돼 국권회복을 위한 구국언론 투쟁에 나섰다.

1898년 이종일, 유영석, 이승만 등이 참여해 창간한 『제국신문』은 순 한글 신문으로 주독자층이 여성과 하층민이었다. 같은 해에 남궁억, 장지연 등이 창간한 『황성신문』은 국한문 혼용으로 발행돼 양반이나 유림층을 주독자층으로 했다. 그래서 한말에는 『제국신문』을 암신

구한말 신문 발행 현황

신문명	창간연도	폐간연도	문지	주도 세력	기타
한성순보	1883년	1888년	한문	박문국	최초의 근대적 신문, 관 주도. 『한성주보』로 재발행. 정부의 개화정책에 대한 여론의 지지 유도
독립신문	1894년	1899년	한글/영문	서재필, 독립협회	최초의 민간 신문. 자유주의와 민주주의 개혁사상 보급
제국신문	1898년	1910년	순한글	이종일, 최강, 정운복	민중에 대한 계몽의식 고취
황성신문	1898년	1910년	국한문	남궁억, 나수연, 장지연, 유근	장지연의 '시일야방성대곡'
대한매일신보	1904년	1910년	국한문/한글	베델, 양기탁, 신채호	국채보상운동 전개
국민신보	1906년	1910년	국한문	이용구	일진회 기관지
대한신문	1907년	1910년	국한문	이인직	이완용 내각 기관지
만세보	1906년	1907년	국한문	오세창	천도교 기관지
경향신문	1906년	1910년	한글	플로리앙 드망주 (안세화)	주간, 천주교 기관지
대한민보	1909년	1910년	국한문	오세창	대한협회 기관지

문,『황성신문』을 숫신문이라 불렀다고 한다.

『제국신문』은 국민의 계몽교화에 치중하였으며 신교육과 산업발달을 국권회복의 방편이라고 보았다. 주필인 장지연이 을사늑약 때 통분하며 쓴 '시일야방성대곡是日也放聲大哭'으로 유명한 『황성신문』은 외국의 망국과 독립운동사를 소개하는 기사로 조선의 독립을 얻을 방안을 모색했다. 1908년 이후에는 주필 박은식 중심으로 단군 숭배, 고구려와 발해의 역사 소개, 이순신과 을지문덕 등 영웅을 소개하는 기사를 통해 조선에 대한 자긍심과 국혼을 일깨우려 했다.

한편 두 신문은 국민 계몽이 독립의 필수적 전제라 여기는 애국세몽운동의 입장에 서 있었다. 따라서 불가능한 무장투쟁을 일삼는다며 의병투쟁에 대해 비판적이었다.『독립신문』역시 의병을 '비적匪賊'으로 지칭하기까지 했다. 그러나 1904년 창간된『대한매일신보』는 의병투쟁에 대해 호의적이었으며 무장투쟁 세력에 대해 '의병義兵'이라고 명기했다. 영국인 베델이 발행인이었으며 양기탁과 신채호 등이 주필과 논설기자로 활약했다.『대한매일신보』는 외국인이 발행인이라 일본 통감부가 마음대로 간섭하거나 제재하지 못했으므로 일제의 국권침탈과 정부의 무능, 부패를 거리낌 없이 비판했다. 이에 일본은 베델과 양기탁에 대한 추방작업에 나섰다. 국채보상운동 당시에는 횡령죄를 뒤집어씌워 양기탁을 구속하는가 하면 영국 정부에까지 손을 뻗쳐 베델 추방작업을 벌였다. 베델은 1908년 영국 고등법원에 의해 3주간 금고형을 받고난 뒤 그 후유증으로 1909년 5월 사망하고 말았다.

구한말 애국계몽운동에 나섰던 이들 신문들은 모두 1910년 한일병합을 전후해 폐간되었다.

《독립신문》에는 해주와 제주 지방의 사람이 자기 지역 사연을 전하면서 동전두 푼을 보내오자 돈을 집어 넣지는 말라는 사고(社告)를 한 달 내내 내보냈다. 신문 발간 초기라 광고와 투서, 기사 제보를 구별하지 못했던 데서 오는 해프닝이었다.

국가보다 민간 주도로 설립된 학교

국권피탈을 앞두고 교육구국운동의 차원에서 한 해
5천 개가 넘는 학교가 세워졌다.

돈 버는 개항장에 최초의 근대적 학교가 세워지다

사실 근대적 교육제도를 도입하려는 시도는 미국, 청국, 일본 등에 시찰단을 파견한 직후부터 있었다. 유길준, 민영익, 김윤식 등 서구 문물을 시찰한 이들은 부국강병의 기초가 교육에 있다고 간파했던 것이다. 그러나 정부 내 수구파의 반대와 내각의 잦은 교체로 별다른 성과를 내지는 못했다. 1883년 영어교육기관인 동문학同文學이 처음 설립되고, 이듬해 본격적인 서양식 신교육기관으로 육영공원이 설립되기는 했다. 미 국무성의 협조 하에 헐버트 등 3인의 교사를 추천받아 교육을 시작했다.

육영공원의 입학생은 일반인이 아닌 당상관 이상 집안의 자녀와 연소한 문무관리에 국한됐다. 독서, 수학, 자연과학, 역사 등 서양 학문을 교육했다. 서양식 교육이념과 과목이 아니라 동도서기론의 입장에 따라 동양의 정신은 유지하되, 기술만 습득하고자 했다. 그러나 육영공원은 운영이 제대로 되지 않았고, 1894년 폐지되있다. 득권의식에 솟은 고관의 자식과 관리가 학생이었는데 이들은 수업에 대한 열의가 없

1886년 선교사가 세운 초·중·고등 과정의 사립학교인 이화학당은 우리나라 최초의 여학교다. 같은 해 우리나라 최초의 근대식 국립학교인 육영공원도 설립되었다. 육영공원은 영어 교재(오른쪽 사진)를 사용하고 미국식 교육제도를 받아들였다.

었다. 학교 운영을 맡은 관료들 역시 불성실한 데다 부패하기까지 했다. 이런 상황에서 미국인 교사들이 불만을 품지 않을 수 없었다. 1884년과 1888년에는 서양의 발달된 농목축 기술을 교육하기 위한 농무학당과 군사 기술을 익히기 위한 연무鍊武공원이 설립됐다. 이들 교육기관 역시 정부 당국자의 불성실과 청국 위안스카이의 방해책동으로 폐쇄되기에 이르렀다.

국가가 주도하는 근대적 교육제도의 기틀은 그로부터 10년이 지난 1895년 갑오개혁 이후에야 본격적으로 추진됐다. 국민 보통교육 실현을 위해 소학교령이 발포됐고 1895년 한성사범학교(서울대 사범대 전신)와 소학교가 세워졌으며, 1890년대에 일어, 영어, 불어, 러시아어, 독일어, 중국어 등을 가르치는 외국어학교와 전무電務(전신업무)학당, 우무郵務(우편업무)학당, 상공학교, 광무鑛務(광업)학교, 경성의학교(서울대 의대 전신) 등이 설립됐다. 하지만 갑오개혁기의 교육개혁 시도는 급변하는 정치적 환경으로 인해 적극적으로 추진되지 못했다. 1906년 이토 히로부미가 일본으로부터 500만 원의 자금을 들여와 그중 50만 원을 소학교와 중학교 설립에 투자하여 4년간 40개 학교가 세워졌다. 소학교령이 발포된 이후 1905년까지 10개 남짓한 소학교만 설치된 것에 비하면 진일보한 것이었다. 그러나 통감부가 주도한 국민교육은 철저히 식민통치에 부합되는 것이었다. 주로 일본인 교사를 통해 식민지 동화를 위한 교육을 시행했다.

근대적 교육은 오히려 국가 권력 밖에서 활발하게 이뤄졌다. 우리나라 최초의 근대적 학교는 1883년에 세워진 원산학사다. 1895년에는 부산상고의 전신인 개성학교가 설립됐다. 부산과 원산은 모두 개항도시로 무역이 활발히 이뤄지던 지역이었다. 자신의 능력만 있다면 얼마든지 막대한 부를 형성할 수 있는 지역이었던 것이다. 자연히 외국어, 무역지식, 법률지식 등 무역에 필요한 전문지식에 대한 욕구가 컸다. 지식 자원에 대한 수요가 컸던 것이다. 이러한 교육 수요를 공급하기 위해 근대적 학교가 설립됐으므로 특권의식에 젖은 관료를 대상으로 한 관립학교보다 열의가 높지 않을 수 없었다.

우리나라에서 역사가 오래된 중등교육기관인 배재학당, 경신학교, 이화학당 등은 모두 선교사들이 세운 학교다. 서학에 대한 거부감이 심했던 조선에서 선교사들은 직접적인 포교활동 대신 교육과 의료사업을 표면에 내세웠기 때문이다. 외국어나 근대의 기술적 학문에 대한 수요도 높았고, 근대적 문물을 들여와 국력을 강화하고자 하는 고종과 민비의 의도와도 부합돼 지원을 받을 수 있었다.

한편 1905년 을사늑약을 강제로 체결한 일본이 통감부를 설치하면서 교육권을 장악한 뒤로는 구국운동의 차원에서 전국 각지에서 사립

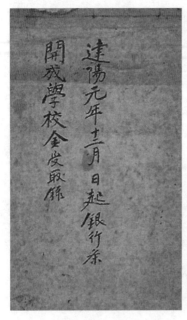

조선에서 근대적 교육제도의 기틀은 갑오개혁 이후에 본격적으로 추진된다. 사진은 개성학교 금수취록 (당좌수표)과 원산소학교, 대성학교의 모습.

학교가 설립됐다. 대한자강회, 서우학회, 한북흥학회 등의 자강운동 세력이 세운 서북협성학교, 대성학교(안창호), 오산학교 등은 조선의 독립을 교육이념으로 삼았으며 항일독립운동의 근거지가 되었다. 장지연, 신채호, 이승훈, 이동휘, 김구 등은 이 시기 사립학교를 세워 열성적으로 교육구국운동에 나섰다. 그 결과 전국적으로 한해 5,000여 개의 사립학교가 세워지기도 했다.

우리말과 역사를 연구해 민족의 독립을 지키자

이러한 교육운동과 함께 우리말과 국학에 대한 연구가 활발히 진행됐다. 우리말 연구를 최초로 시도한 것은 종두법으로 잘 알려진 지석영이었다. 그는 1896년 『국문론』을 발표했는데, 『훈민정음』 이후 최초의 국어학 관련 글이다. 그는 국문 개선의 필요성을 설파했다. 민중이 지식과 정보를 쉽게 얻기 위해서는 우리글의 체계화와 보급은 필수적인 것이었다. 지석영은 1905년에 국문체계 통일안을 정부에 제출하여 재가를 받아내기도 했다.

그에 이어 국문 연구에서 독보적인 업적을 쌓은 이는 주시경이었다.

근대 학교의 설립

	설립년도	학교명
공립학교	1886년	육영공원
	1895년	한성사범학교
	1896년	외국어학교
	1899년	의학교
	1907년	농림학교
사립학교	1883년	원산학사
	1885년	배재학당
	1886년	경신학교, 이화학당
	1890년	정신여학교
	1895년	개성학교, 흥화학교
	1897년	숭실학교
	1898년	배화여학당
	1903년	보성여학교, 숭의여학교
	1904년	청년학교, 광성의숙(휘문의숙), 호수돈 여학교
	1905년	양정의숙
	1906년	명신여학교(숙명여학교), 보성학교, 신성학교, 서전서숙, 진명여학교 중동학교
	1908년	기전여학교, 오산학교, 명동학교, 대성학교
	1911년	신흥학교

배재학당의 학생이면서『독립신문』에서 회계 겸 교정원으로 일했던 주시경은 우리말 연구를 위해 신문사 안에 국문동식회國文同式會를 설립해 국문 연구에 심혈을 기울였다. 1907년에는 학부(문교부) 안에 국문연구소가 설치됐는데 지석영, 주시경, 이능화 등이 주도적으로 참여했다. 국문연구소는 조선어문법의 체계화를 시도하여 상당한 성과를 거두었다. 주시경은 1910년『국어문법』을 발간해 우리글 문법의 체계화에 지대한 공헌을 했다. 우리글과 말에 대한 연구와 보급은 민족·민중 문화를 형성하는 데 필수적인 것으로서 식민지 시대에도 민족의 정체성을 유지시키는 데 큰 구실을 했다.

1900년대 국권피탈이 눈앞에 와 있는 상황에서 애국계몽운동 세력이 몰두했던 것은 역사 연구와 보급이었다. 장지연, 신채호, 박은식 등은 외세의 침략에 대응하기 위해 우리 역사에서 영웅적 투쟁을 벌였던 위인들의 전기를 펴냈다. 신채호의『성웅 이순신』『을지문덕』『동국거걸 최도통(최영장군)전』은 바로 이런 목적에서 집필된 것이었다. 우리 민족의 영웅만이 아니라『이태리 건국 삼걸전』『월남망국사』『미국독립사』등 외국의 흥망사를 다루는 책들도 우리 역사의 교훈으로 삼고자 번역, 출간되었다. 박은식은 단군 숭배와 고구려와 발해의 역사 연구를 통해 우리 민족의 자긍심을 높이고자 했다.

이화학당 개교 초기에는 딸을 입학시키려는 집안이 없어서 고관의 어린 첩과 기생, 어린 고아를 물색해 입학시켜야 했다.

이완용의 비서 이인직이 최초의 신소설을 쓰다

개화기에는 전통적 문예양식과 다른 형식의 시와 소설,
음악 등이 소개, 발표되었다.

과장적 허세, 추상적 과시. 부끄러운 최초의 신체시

최초의 신체시 「해에게서 소년에게」는 정말 새로운 시일까?

텨-ㄹ썩, 텨-ㄹ썩, 척, 쏴아 따린다, 부슨다, 문허 바린다

태산 갓흔 놉흔 뫼, 집채 갓흔 바윗돌이나 요것이 무어야, 요게 무
어야

나의 큰힘 아나냐, 모르나냐, 호통까지 하면서 따린다, 부슨다. 문
허 바린다

텨-ㄹ썩, 텨-ㄹ썩, 척, 튜르릉, 꽉

우리나라 최초의 신체시로 알려진 「해에게서 소년에게」의 한 구절
이다. 1908년 11월 잡지 『소년』에 발표됐다. 이 시는 소년의 기상을 정
형률에 얽매이지 않고 자유시에 가깝게 표현했다고 평가되기도 한다.
하지만 한기형의 논문 「1910년대 단편소설과 낭만성」에 따르면 이 시
에서 드러나는 과장적 허세는 국권상실의 위기가 눈앞에 당도했던 당

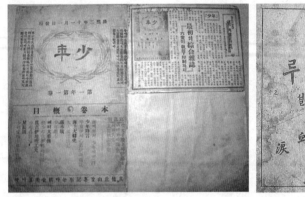

우리나라 최초의 신체시 〈해에게서 소년에게〉를 쓴 최남선이 발행한 잡지《소년》과 역시 우리나라 최초의 신소설로 평가받는 이인직의『혈의 누』. 최남선과 이인직은 대표적인 친일문학가들이었다.

시의 암울했던 현실을 미루어봤을 때 심한 억지에 불과할 뿐이고, 현실을 벗어난 이러한 추상적 과시는 독자에게 민족의 현실에서 눈을 돌리게 하는 역할까지 했을 것이라고 지적했다. 형식면에서도 「해에게서 소년에게」는 전혀 새롭지 않다고 조동일 서울대 교수는 지적한다(조동일, 『한국문학통사 5』). 최남선의 이 시는 일본의 정형시와 일본을 거쳐 들어온 서양 자유시의 중간결합 형태에 불과하다는 것이다. 한마디로 우리 현실도 제대로 반영하지 못할 뿐더러 형식적으로도 일본과 서양 시의 번안에 불과하다는 것이다.

이러한 비판은 최초의 신소설이라 평가받는 이인직의 『혈의 누』에 대해서도 적용된다. 우리나라 근대문학의 효시가 된다는 이 소설의 작가 이인직은 사실 이완용의 비서로서 한일병합을 추진하는 비밀공작을 수행했던 인물이었다. 관비유학생으로 1900년부터 3년간 동경 정치학교에서 공부한 뒤 러일전쟁 당시 일본 육군성 한국어 통역생으로 종군한 바도 있다. 1906년에는 대표적인 친일파 조직인 일진회—進會 기관지『국민일보』의 주필을, 1907년에는 친일신문인『대한신문』의 사장을 역임하기도 했다. 애국계몽 시기에 철저히 친일파의 길을 걸었던 인물이었던 것이다.

최초의 신소설이자 친일문학의 효시

이인직의『혈의 누』는 '청일전쟁으로 부모를 잃고 고아가 된 옥련이 일본군 군의관의 도움으로 일본에서 자라난 후 구완서라는 청년과 우연히 만나 미국에 유학을 가서 그 아버지 김관일과 상봉한다'는 내용으로 1906년에 발표된 소설이다. 이 소설은 청일전쟁에서 우리 국토를 짓밟은 일본군을 지나치게 우호적으로 묘사하는가 하면 '우리나라를 독일과 같이 연방으로 삼되 일본과 만주를 한데 합하여 문명한 강국을 만들자'는 식의 황당무계한 내용이다. 을사늑약으로 외교권까지 박탈된 나라에서 만주와 일본을 합한 강대국을 만든다는 것은 분명 비현실적인 설정이다. 조선과 만주를 아우르는 강대국은 일본 군국주의자들의 야심이었다. 결국『혈의 누』는 일본 군국주의자의 속셈에 동조하는 친일문학의 효시라고도 할 수 있는 것이다.

최남선과 이인직의 이런 반역사적인 작품이 문학적으로 새롭고 의미 있는 것으로 평가되는 것은 적절하지 못하다. 오히려 형식면에서는 서구적 근대문학과는 다소 거리가 있지만 근대 민족국가 형성이란 당대의 시대적 과제에 적극적으로 부응하고자 했던 애국계몽운동 세력의 작품들이 새로운 문학을 보여주고 있었다.

문학 외에도 음악과 미술, 그리고 무용, 연극 등 다른 예술 영역에서도 서구의 것이 수용됐다. 우리나라 최초의 서양화가인 고희동은 서구적 미술양식을 도입했다. 또한 서화미술회가 1911년에 창립돼 근대적 화단이 마련되기도 했다. 춤과 음악에서는 우리의 민속춤과 민속악의 전통이 계승되었으며, 궁중춤과 민속춤이 한 무대에 올라 정악과 속악의 경계선이 붕괴됐다. 또한 한국식 전통춤이 기생들에 의해 극장식 무대에 오르는 등 전래의 예술양식이 서구적 형식으로 대중들에게 선보이게 되었다.

민족종교의 발전

구한말은 다양한 종교가 형성되고 유입되었던 시기였다. 갑오농민전쟁의 주역이었던 동학이 대표적이다. 농민전쟁 이후 3대 교주 손병희는 1905년 동학이란 교명을 천도교로 바꾸고 근대적 종교조직으로 탈바꿈시켰다. 손병희의 주도 아래 천도교는 전국적 조직을 갖춘 거대 세력으로 발전했다. 천도교는 거대 조직을 기반으로 『만세보』를 발간하는 등 애국계몽운동기에 주요한 활동을 전개했다.

천도교보다 전투적인 독립운동을 펴나간 민족종교 대종교도 개창됐다. 1909년 나철이 개창의 주역이었는데, 그는 단군에 대한 신앙을 체계화해 환인, 환웅, 환검을 받드는 삼신일체를 교리로 내세웠다. 민족의식이 강렬했던 만큼 반일운동을 격렬하게 벌였으며 병합 후에 는 간도로 총본산을 옮겨 항일무장투쟁에 나섰다.

억불정책을 폈던 조선에서 갖은 탄압을 받았던 불교는 1895년 승려

구한말 근대 문화와 종교

문학, 예술	• 문학: 신소설, 신체시, 외국문학 번역 • 음악: 찬송가를 통한 시양 근대 음악 소개, 서민층 판소리 유행 • 연극: 민속가면극, 신극 유행 • 미술: 서양화풍 도입
종교	• 천주교: 고아원, 양로원 등 사회사업 • 개신교: 서양 의술과 근대 교육 보급 • 천도교: 동학의 정통 계승 → 민족 종교로 발전 • 유교: 진보적 흐름 등장 → 박은식의 '유교구신론' • 불교: 불교의 자주성과 근대화 운동 추진 → 한용운의 '불교유신론' • 대종교: 나철, 오기호 등이 창시. 단군 숭배, 간도·연해주의 항일무장투쟁에 적극 참여

의 도성 출입을 허용 받는 등 발전의 계기를 맞았다. 일본은 불교계에 친일화 공작을 펴 어느 정도 성과를 거두기도 했다. 이에 맞서 박한영과 한용운 등은 1911년 임제종臨濟宗을 세워 조선 불교의 전통을 지키고자 했다.

조선 후기 극심한 탄압을 받았던 천주교도 1880년대 초반부터 선교활동에 대한 암묵적인 승인을 얻었고, 1899년에는 공식적으로 포교의 자유를 허락받았다. 이에 비해 1884년과 그 이듬해에 입국한 개신교 선교사 알렌, 언더우드, 아펜젤러 등은 선교 대신 의료, 교육 등을 앞세워 활동했다. 이처럼 조심스러운 행보에 더하여, 민영익을 치료하면서 고종과 민비의 신임을 얻었던 알렌의 활약 덕분에 개신교는 손쉽게 선교활동을 할 수 있었다. 그러나 선교사들과 개신교를 받아들였던 조선인 사이에 갈등이 없었던 것은 아니었다. 당시의 선교사들이 사회참여에는 관심이 없는 복음주의적 성향의 교파 소속인데 반해, 조선인 개신교도 상당수는 구국과 교육운동에 대한 관심 때문에 입교했다. 조선인 교도들은 일본에 맞서는 기도회를 감행하기도 했고, 예배에서 애국을 강조하기도 했다. 통감부는 이러한 개신교도들을 탄압하는 한편 친일화시키기 위해 다양한 공작을 폈다. 그 결과 일제강점기에는 기독교를 비롯한 종교계에 친일적 경향이 다수 나타나 반일 종교세력과의 대립이 심화됐다.

천주교에서 명동성당을 건립하려 하자 대립관계에 있던 개신교 선교사들은 고종에게 명동성당이 궁궐을 내려다보는 자리를 잡아 황실을 깔보고 있으니 허가를 내주지 말라고 하였다. 이를 안 신부들이 분노하여 양측간 대립은 격화되었다.

일본의 한국인 무기 소지 금지로
호환虎患에 시달린 한국인들

정미7조약으로 행정권을 빼앗은 일본은 한국인의 무기 소지를 금지했다. 구한말 이후 의병들의 투쟁에 조선인 포수들이 참가하면서 두려움을 느낀 일본 권력자의 소행이었다. 조선 포수들은 청나라와 러시아의 국경분쟁인 이른바 '나선정벌'에 나서 러시아군에 타격을 준 병력이었다. 호랑이, 늑대, 곰 등 야수를 상대로 사냥을 했던 포수는 전장에 투입돼도 위력을 발휘했다. 신돌석 같은 포수 출신 의병은 양반 의병보다 일본군에 훨씬 큰 타격을 입혔다. 하지만 조선인의 무력독립투쟁을 두려워 해 시행한 포수의 무기 소지 금지는 뜻하지 않은 사태를 초래했다. 호환마마互換媽媽라는 공포서린 단어가 말하듯 종두법 이전 치료법이 없는 치명적 돌림병 이름과 함께 호랑이는 사람에게 공포의 대상이었다.

호랑이, 늑대 등 맹수들은 천적이랄 수 있는 포수가 없으니 거리낌 없이 사람 사는 마을을 습격했다. 산은 물론 들판에까지 호랑이, 늑대가 출몰했다. 여행을 떠나기도 힘들었고, 밤에는 바깥출입을 삼가야 했다. 어느 마을에서는 며칠 동안 호랑이가 끊이지 않고 출몰해 33명이 공격을 받기도 했다. 그림에서 큰 호랑이 두 마리가 민가로 뛰어 들어와 남자를 물고 어린 아이를 채가기는 모습이 나온다. 1909년 12월 12일자 프랑스 일간지 《르프티주르날》에 실린 한국 득파원의 그림이다.

岩泰事件으로
小作幹部의質問

2장

일제 식민통치와 민족 독립운동

20세기 들어 식민지 획득을 위한 제국주의 열강의 경쟁은 더욱 치열해져 갔다. 한반도에서 이 경쟁은 러시아와 일본의 각축으로 표출되었고, 결국 러일전쟁(1904)에서 승기를 잡은 일본에 의해 조선은 식민지로 전락하는 비운을 맞게 되었다. 이후 1910년대의 전 기간에 걸쳐 우리 민족은 줄기찬 저항을 시도했으나, 헌병경찰을 앞세운 일제의 무단통치와 가혹한 경제적 수탈 아래서 숨을 죽여야 했다.

제국주의 열강의 각축 속에서 발발했던 제1차 세계대전은 1918년 독일의 무조건 항복으로 막을 내렸다. 이후 국제질서는 '베르사유 체제'로 재편되고 미국 대통령 윌슨에 의해 민족자결주의가 제창되는 등 큰 변화의 물결이 밀려들었다. 또 전쟁 중 러시아에서는 역사상 최초로 사회주의혁명이 성공하여 세계 민족해방운동에도 큰 영향을 끼치게 되었다.

이처럼 변화된 정세에 고무된 민족운동은 3.1운동을 통해 독립을 쟁취하고자 했다. 그러나 선진 제국주의 국가의 이해를 적용한 민족자결주의를 과신하고 일제의 탄압을 극복하지 못한 채 실패를 맛보게 되었다. 이후 1920년대의 민족운동은 거족적 항쟁을 통해 이끌어낸 일제의 문화통치를 활용하여 '민족총력항쟁'의 시대를 열었다. 밖으로는 상하이 임시정부의 수립과 청산리 전투 봉오동대첩으로 상징되는 무장독립투쟁, 안으로는 각계각층과 부문을 가리지 않고 민족의 자주성을 찾기 위한 운동을 거세게 전개했던 것이다. 그러나 한편으로는 개량 공간에 안주하여 '자치론' '참정론' 등을 주장한 타협주의자들이 득세한 것 역시 이 무렵의 빼놓을 수 없는 특징이다.

1920년대 말 세계를 강타한 경제공황은 한반도를 비롯한 국제정세를 일거에 흔들어놓았다. 블록 경제 체제를 갖춰 위기를 극복해나간 영국, 미국, 프랑스 등과 달리 독일, 이탈리아, 일본은 파시즘 체제의 수립과 침략전쟁의 확대 전략을 선택했다. 이로부터 비롯된 일제의 전시체제와 강력한 민족동화정책은 민족의 생존을 더욱 벼랑 끝으로 내몰았다. 1920년대를 수놓았던 대다수 민족운동은 철퇴를 맞았다. 그러나 이런 상황 속에서도 지하로 숨어들어간 노동, 농민운동을 주축으로 하여 항일투쟁은 쉬지 않고 계속되었다. 또 국외에서는 임시정부 산하의 한국광복군을 비롯하여 조선의용대, 동북항일연군 내 한인 부대를 중심으로 한 무장투쟁이 더욱 활발하게 전개되었다. 제2차 세계대전이 말기에 이르자 해방을 주체적으로 맞이하기 위한 이들의 움직임은 더욱 숨 가쁘게 진행되었다.

이미 뺏긴 나라, 식민시대 공식 개막하나

1905년 일본은 한국의 외교권을 빼앗고 통감부 지배하의 보호국으로 만든 뒤 1910년 한일병합조약을 강제로 체결해 국권을 완전히 강탈했다.

또 한 번 열강의 전장으로 전락하다

1904년 2월 8일, 도고 헤이하치로가 이끄는 일본 연합함대가 중국 뤼순항에 정박해 있던 러시아 함대를 기습했다. 조선에서의 맹주권을 놓고 다투던 두 열강이 마침내 러일전쟁으로 정면충돌한 것이다. 러시아의 남진정책과 일본의 북상정책의 맞부딪침은 필연이었다는 점 에서 전쟁은 이미 예비된 결론이나 다름없었다. 그런데 팽팽하리라는 예상을 깨고 전황은 일본에 유리하게 흘러갔다. 러시아의 남하를 견제하는 영국, 미국의 막대한 지원이 결정적인 영향을 미친 탓이었다.

일본은 청일전쟁 당시와 마찬가지로 전쟁을 조선의 식민지화를 위한 호기로 활용했다. 1월에 있었던 대한제국의 중립선언을 비웃기라도 하듯 일본군은 전쟁 하루 만에 인천에 상륙하여 서울로 입성했다. 그리고는 신속하게 조선 식민지화를 위한 제1단계를 밟아나갔다. 2월 23일, 일본 공사 하야시 곤스케가 고종을 겁박하여 '한일의정서'를 체결케 했던 것이다. 이에 따라 대한제국이 자주국으로서 러시아와 맺었

1910년 한일병합 직후 덕수궁 석조전 앞에서 조선 왕족들과 총독부 관리들. 앞줄 중앙에 모자를 벗은 고종과 그 오른쪽에 순종이 보인다.

조선이 처음 개항한 1876년 일본인 거류민은 54명이었지만 1910년 강제병합된 후에는 17만 1,543명으로 급증했다. 당시 충무로와 남대문로에는 일본인 상점이 즐비했다.

던 모든 조약, 협정은 폐기되었다. 많은 토지가 일본의 군용지로 넘어가고 통신시설 역시 강제 수용됐다. 경의선, 경부선의 철도부설권 역시 일본의 수중에 넘어갔다. 고육지책이던 중립선언이 무력화되었음은 물론, 일본에 대한 종속성이 더욱 심해진 결과였다.

이후 일본의 야욕은 더욱 거칠 것 없이 표출되었다. 그해 8월, 일본은 다시 한 번 대한제국 정부를 압박하여 제1차 한일협약을 체결케 했다. 이 협약의 정식명칭은 '한일외국인고문용빙에 관한 협정서'였다. 그 이름에서 드러나듯 '조선의 내정 개선'을 위해 일본이 임명한 고문

국권 피탈 과정

1902년 1월	세1차 영일동맹: 영국의 중국 지배, 일본의 조선 지배 인정

▼

1904년 2월	한일의정서: 러일전쟁 중 조선의 군사요충지 사용

▼

1904년 8월	제1차 한일협약: 고문정치 시작(재정-메가타, 외교-스티븐스)

▼

1905년 11월	제2차 한일협약(을사늑약): 외교권 박탈, 통감정치 → 보호국 체제로 전락

▼

1907년 7월	한일신협약(정미7조약): 차관정치, 행정권 및 군사권 박탈

▼

1907년 8월	군대 해산

▼

1909년 7월	기유각서: 사법권 박탈

▼

1910년 6월	경찰권 박탈

▼

1910년 8월	한일병합조약: 국권 피탈(조선총독부 설치)

을 둔다는 것이었다. 이에 따라 대장성 주세국장인 메가타 다네타로가 재정고문, 훗날 전명운·장인환 의사에게 피격, 살해된 미국인 스티븐스가 외교고문에 취임했다. 그러나 이 외에도 협정에 없던 군부, 성무, 학부 등에까지 고문을 등용하여 대한제국의 국사 일체를 자신들의

입맛에 따라 요리했다. 대한제국 정부를 일본의 뜻에 따라 움직여야만 하는 꼭두각시로 전락시킨 것이다.

이토 히로부미의 한복 코스프레

그러는 사이 전쟁의 상황은 일본에 더욱 유리하게 흘러갔다. 1905년 5월, 일본은 러시아의 자랑 발틱함대를 대한해협에서 격파함으로써 사실상 전쟁의 승패를 결정지었다. 이후 일본의 조선 병탄작업은 더욱 탄탄대로를 걸어 그해 11월, 문제의 을사늑약 체결로까지 이어졌다. 일본 군대가 궁궐을 포위하여 무력시위를 하는 가운데, 특파대사 이토 히로부미가 고종을 알현하여 조약 체결을 강요했던 것이다. 을사늑약은 고종의 날인 거부로 비준 자체가 성립되지 않은 불법이었지만 상황을 뒤집을 수는 없었다. 조약의 체결 결과 일본은 대한제국의 외교권을 빼앗았고, 통감부를 설치해 조약에 규정되지도 않은 내정권까지 가져가버렸다. 대한제국이 일본의 허울 좋은 보호국으로 전락한 순간이었다.

이후 급할 게 없어진 일본은 초대 통감 이토 히로부미의 주도 아래 숨고르기에 들어갔다. 이토는 '일한일가론日韓一家論'을 주창하며 "조선을 성심 성의껏 지도하여 독립부강을 이루도록 하겠다"는 '포부'를 천명했다. 뒤이어 그는 이지용, 박의병 등 대한제국 신료들과 함께 한복을 입고 사진촬영까지 했다. 후에 그를 저격한 안중근이 사형당하는 날 꼭 입고 싶어 했다는 민족의 예복이었다(이성환·이토 유키오,『한국과 이토 히로부미』). 게임이나 만화 속 인물로 분장하는 것을 코스프레(분장놀

초대 통감으로 부임한 이토 히로부미(뒷줄 가운데)가 한복을 입고 찍은 사진. 영락없는 조선사람의 행색인데 조선인의 호감을 사기위한 일종의 쇼였다. 이토 왼쪽으로는 대표적인 친일매국노인 한성부 판윤 박의병 내외와 오른쪽에는 특파대사 이지용 내외가 있다. 앞쪽 왼쪽에서 두 번째가 이토의 부인이며 맨 오른쪽은 이토의 딸이다.

이, costume play의 줄임말)라고 한다. 이토 히로부미의 한복 사진촬영은 조선인 코스프레를 통해 조선인의 호감을 사려는 쇼였다.

하지만 이런 이미지 연출조차 오래가지는 않았다. 1907년, 고종이 네덜란드 헤이그에서 열린 제2차 만국평화회의에 이준, 이상설, 이위종을 특사로 파견한 헤이그밀사사건이 터졌다. 그러자 일본은 이 사건의 책임을 물어 고종을 강제 퇴위시키고 정미7조약(한일신협약)을 체결케 했다. 이에 따라 대한제국의 군대는 해산되고 일본인이 내각의 차관으로 들어왔다. '차관정치'의 시작이었다. 이처럼 조선의 식민지화는 이미 완성된 것과 다름없었고, 남은 것은 오직 형식적이고 사후적인 조치들뿐이었다.

조선은 너무 늦게 멸망했다

1910년 8월 29일. 중무장한 일본 헌병과 기마대가 서울을 장악한 가운데, 3대 통감 데라우치 마사타케는 "일한이 한 나라로 합쳐졌다" 고 선포했다. 이미 1주일 전인 8월 22일, 대한제국의 마지막 황제 순종 을 협박하여 병합조약 체결을 완료한 뒤였다. 마침내 조선왕조 500년 의 역사가 다하고 치욕적인 식민지 시대가 공식 개막한 것이다.

뜻밖에도 이날 조선은 조용했다. 을사늑약이나 정미7조약 당시 의 병이 궐기하는 등 나라 전체가 들썩이던 것과는 다른 분위기였다. 조 선인의 반발을 우려하여 조약 체결 뒤 1주일이 지나서야 발표한 일본 으로서도 예상치 못한 결과였을 것이다. 어째서였을까? 친일단체 일 진회가 합방청원을 했을 때 일본 수상을 역임했던 오오쿠마 시게노부 는 이렇게 말했다.

> "조선의 외교, 내치의 실권을 모두 일본이 거둬들인 금일, 합방을 운운하는 것은 어리석다. 합방은 사실상 이미 성립되었고, 단지 형식 의 문제만 남았을 뿐이다." (『한말 한일합방론 연구』에서 재인용).

이런 인식은 조선인 역시 마찬가지였다. 시나브로 일본의 병합작업 은 무르익었고, 조약은 이미 기정사실이었던 멸망을 사후적으로 승인 한 것에 불과했다.

조선왕조는 너무 오래 지속되었다. 임진왜란과 연이은 병자호란의 패배, 그리고 그토록 사대事大하던 명나라의 멸망과 함께 조선의 운명 도 달라졌어야 했다. 혹은 아무리 늦더라도 정조의 개혁 실패 후에는 새로운 세상에 대한 비전이 나왔어야 했다. 내적 혁신의 동력이 모두 수진되고 왕조가 자멸의 길을 걸을 때 국제정세의 격동을 맞이한 건 조선의 불행이었다. 그리고 그 불행은 나라를 망국의 길로 이끈 양반들이 아니라 일반 민중이 온몸으로 감내해야 할 것이 되었다.

제1차 한일협약에 따라 대한제국의 재정고문이 된 메가타 다네타로는 화폐개혁을 추진했다. 이때 발행된 신화폐는 일본 화폐와 100퍼센트 태환이 가능하게 함으로써 경제의 대일 종속성은 더욱 심화되었다.

즉결 처벌이 '매질'인 무단통치 시대

군인 출신의 총독을 파견하고 헌병을 치안유지의 수단으로 삼은 일제는
철저한 무단통치를 시행했다.

'토황제'의 나라

병합을 성공리에 마무리 지은 일제는 통치기구 정비에 착수했
다. 병합 이전까지의 통감부를 확대, 개편하여 조선총독부를 설치한
것이다. 아울러 '조선에서는 당분간 헌법을 시행하지 않고 대권에 따
라 총독이 정무를 통할하는 권한을 가진다'는 방침대로 총독이 식민지
조선의 국사 전반을 관장하도록 했다.

조선총독부의 총독은 천황이 직접 임명하는 친임관親任官이었다. 형
식상으로는 총리대신의 지휘를 받도록 되어 있었지만, 실제로는 오직
천황에 직속되어 조선 문제에 관한 한 본토 내각의 총리대신에 맞먹는
지위를 가졌다. 조선 총독은 식민지의 독자적인 법률을 제정하고 시행
할 수 있는 제령制令발동권을 통해 입법권을 가졌다. 또 판사의 임면·
징계, 재판소의 신설·개폐 등을 관장함으로써 사법권까지 아울렀다.
여기에 총독으로는 반드시 육해군 대장을 임명함으로써 조선 내의 무
력을 관장하는 군통수권자로서의 권한마저 부여했다. 한 국가가 휘두
를 수 있는 모든 권한을 빠짐없이 갖고 있는 셈이었다. 이처럼 총독은

경복궁 근정전에 내걸린 일장기

'한 지역을 다스리는 황제와 같다'는 의미에서 '토황제土皇帝'라 불리기에 손색이 없는 존재였다(박경식, 『1910년대 국내 독립운동』).

일제가 하사한 직책을 품고 저승에 간 이완용

총독부 기구의 재편과 정비도 착착 진행되었다. 조선 총독은 행정사무를 총괄하는 정무총감과 경찰 업무를 담당하는 경무총감의 보필을 받게 되었다. 여기에 내무, 탁지, 농상공, 사법 등의 직제를 두어 물샐틈없는 체제를 갖추었다.

또 일제는 중추원이라는 자문기구를 별도로 두어 친일파 원로들로 하여금 총독을 보좌하도록 했다. 그러나 중추원은 3.1운동 때까지 단한 번도 정식회의가 열린 일이 없는 이름뿐인 자문기구였다. 식민통치정당화를 위한 들러리였던 것이다. 그럼에도 친일파 가운데는 이 식책을 영예와 자랑으로 여긴 사람들이 있었다. 을사5적의 하나인 이완용

조선 총독부 기구표

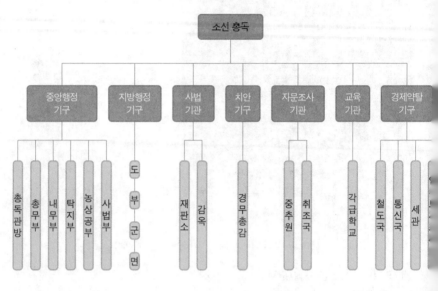

이 대표적인 경우였다. 그는 죽을 때 자신의 명정銘旌(죽은 사람의 관직과 성명을 적어 영전 앞에 세워놓는 깃발)에 "중추원 부의장 직함만을 써달라"는 유언을 남겼다. 1882년 관계에 진출한 이래 이완용은 친러, 친미, 친일을 두루 거친 '변신의 달인'이었다. 그런 그가 마지막 순간 택한 이력은 일제가 하사한 직책이었다. 친일에 대한 변명 혹은 나름의 '지조(?)'를 강변하고 싶었던 때문일까?

중앙과 지방의 행정기구에서는 중추원과는 반대되는 일이 벌어졌다. 명예는 없으면서 고달프고 박봉에 시달리는 직책만이 조선인의 차지가 되었던 것이다. 그나마 이렇게 채용된 사람들은 극소수에 불과했다. 가급적 조선인의 관리 임용을 배제한다는 총독부 규정에 따라 조선인의 관계 진출과 승진을 원천적으로 제한했기 때문이다.

지방행정기구의 경우도 마찬가지여서 조선인들은 면 단위의 말단 관직을 차지할 뿐이었다. 이들이 맡은 임무는 세금 징수, 노역 부과 등 일제의 말단 대행 역할로서 이에 따른 원성이 집중될 수밖에 없었다. 일제는 이미지 관리를 하고 욕은 조선인이 얻어먹는 구조였다. 그러나 이들 면 단위 조선인 관리들 대부분은 3.1만세시위에 참가하여 총독부를 경악케 했다.

복종이냐, 죽음이냐

이처럼 막강한 권력을 갖춰놓고도 안심이 되지 않은 일제는 총칼에 의한 무단통치를 도입했다. 무단武斷이란 '무력과 억압을 통해 강제로 뜻을 관철하는 것'을 의미한다. 실제로 일제의 통치체제는 2개사단의 육군과 해군 부대, 2만여 명에 이르는 헌병 및 보조원으로 뒷받침되는 강력한 군정軍政체제였다. 특히 군대 내의 경찰 업무에나 전념해야 할 헌병이 사회 전면에 나선 것은 1910년대 식민통치의 특징을 명료하게 드러내는 것이었다. 심지어 학교 교사마저 제복을 입고 칼을 차고 다니며 공포 분위기를 조성하는 데 일조했다.

당연히 헌병경찰에게는 막강한 권한이 주어졌다. 대표적인 것 중의 하나가 즉결 처분권이었다. 이것은 범법자를 적발했을 경우 헌병대로 끌고 가 고문을 하거나 태형笞刑으로 즉결 심판할 수 있는 권한을 말한다. 특히 조선인들에게 공포의 대상이 되었던 것은 태형이었다. 1894년 갑오경장 이후 비인도적이라 해서 폐지되었던 태형은 '귀에 걸면 귀걸이 코에 걸면 코걸이'식으로 매우 자의적으로 악용되었다. 조선인

무단통치기 범죄 즉결 처벌 인원 및 각형 비교

연도	처벌총인원	자유형	재산형	체형
		싱녁 · 금고 · 구류	벌금 · 과료	대형(한청비율)
1910	3,144	39	127	2,978(94.7)
1911	21,388	995	4,728	15,065(70.4)
1912	36,159	2,274	15,451	18,434(51.0)
1913	45,848	2,569	23,320	19,959(43.5)
1914	48,763	3,280	22,464	23,019(47.2)
1915	59,436	4,452	28,187	26,797(45.1)
1916	81,137	4,951	36,960	39,226(48.3)
1917	92,813	4,294	43,651	44,868(48.3)
1918	94,546	4,528	51,335	38,683(40.9)
1919	71,984	4,809	32,242	34,933(48.5)

들은 웃통을 벗고 일하거나 술을 마시고 노래를 불렀다는 하찮은 이유로 끌려가 죽도록 매를 맞았던 것이다.

더욱 공포스러운 것은 '소좆매'라 불리는 태형 도구였다. 가시나무 몽둥이가 쉽게 부러진다는 이유로 일제는 소의 음경을 말려서 만든 형장을 이용했다. 이 잔인한 형벌은 "일단 맞으면 절대 걸을 수가 없었고 사람의 등에 업혀 나오며, 죽으면 시체는 그날 밤에 행방불명"(송건호, 『한국현대사 1』)될 정도로 인간 존엄성을 완전히 부정하는 형벌이었다. 1917년의 경우 4만 명이 넘는 조선인이 매질을 당할 정도로 태형은 광범위하게 시행됐다.

이처럼 일제가 잔혹한 통치 체제를 도입한 데는 이유가 있었다. 한편으로는 식민지 체제의 안정화를 위해 저항의 'ㅈ' 자도 떠올리지 못할 만큼 조선인을 억눌러야 했다. 여기에 후발 제국주의 국가로서 식민지에 유화책을 쓸 만큼 잉여자본이 축적되어 있지 못하다는 사정도 있었다. 따라서 식민지의 모든 것을 자신의 시책에 따라 신속하고 효율적으로 재편할 필요성이 있었던 것이다. 강제병합을 성사시켰던 제1대 총독 데라우치는 "조선인은 우리 법규에 복종하든지 죽음을 각오하든지 둘 중 하나를 택하라!"고 으르렁거렸다. 이 협박 속에는 그들 나름의 절박한 이유가 숨어 있었던 것이다.

강제병합을 마친 뒤 일제는 3천만 엔의 '합방은사금'으로 친일파 포상에 나섰다. 은사금은 국채 형식으로 50년 내 상환조건이었다. 그러나 일제가 35년만에 물러감으로써 원금은 지급되지 않았다.

민족개조론을 탄생시킨
문화통치

일제는 3.1운동의 충격으로 무단통치 대신 문화통치를 선언했다.
민족의 독립 대신 민족 개조를 주장하는 이광수 등의 변절자가 나타났다.

춘원이 그리 변할 줄이야!

춘원이 귀국했다. 1921년 4월의 일이었다. 춘원 이광수가 누구
인가? 최초의 근대적 장편소설 『무정』의 작가이자 2.8독립선언의 집
필자로, 상하이 임시정부의 기관지 『독립신문』의 주필로 활약하던 민
족운동계의 기린아였다. 그런 그가 돌연 귀국길에 올랐다. 일제는 임
시정부에서 일하던 그를 체포조차 하지 않았다. 공식적으로 드러난 귀
국의 배경은 그의 연애사였다. 상하이에서 만나 사랑에 빠진 허영숙의
권유로 돌아오게 되었다는 것이다. 허영숙은 조선 최초의 여자 의사이
자 훗날 『동아일보』 기자로 조선 최초의 신문사 여자 부장을 지낸 신
여성이었다. 그러나 이 말을 곧이곧대로 믿는 사람은 많지 않았다. 그
가 체포되지 않은 건 총독부와의 모종의 거래가 있었기에 가능했다는
말이 떠돌았다. 그가 변절자 취급을 받은 것은 당연했다. 그러나 그의
높은 명망이 하루아침에 시든 것도 아니었다. 이 땅의 지식인들과 민
중들은 '그래도 이광수인데 혹…'이라는 기대감과 우려 속에서 그의
일거수일투족을 지켜보았다.

1922년 『개벽』지에 '민족개조론'을 발표한 춘원 이광수. 『독립신문』 초대 사장 및 주필로 활약한 독립운동가였지만 일제의 회유에 넘어가 친일의 길로 내달았다.

하지만 아니나 다를까였다. 1922년 5월 춘원은 『개벽』지에 말 많고 탈 많았던 「민족개조론」을 발표했다. "저의 민족개조를 말하려 합니다"로 시작되는 이 글은 우리 민족을 "거짓말을 밥 먹듯이 하고 공상과 공론만 즐겨하고, 개인 간의 신의와 나라에 충성이 없고, 모든 일에 용기가 없고, 이기적이어서 사회 봉사심과 단결력이 극히 빈궁"하다고 평가했다. 또 그는 3.1운동을 "무지몽매한 야만종의 망동"으로 깎아내리는가 하면, 독립은 열악한 민족성을 개조한 뒤에라야 이뤄질 수 있다고 주장했다. 열성적인 독립운동가 이광수의 입에서 나온 것이라곤 믿기 힘든 말이었다. 독립운동가 이광수가 친일의 길에 첫발을 내딛은 순간이었다.

문제는 이광수 개인의 변심에 그치지 않았다는 사실이었다. 최남선, 최린, 송진우, 김성수 등 3.1운동의 실패 이후 동요하던 민족인사들 역시 앞서거니 뒤서거니 자신의 본심을 쏟아내기 시작했다. 한마디로 이들의 주장은, 독립은 이미 물 건너갔으니 조선은 일제의 지배를 인정한 다음 그에 걸맞은 운동으로 전환해야 한다는 것이었다. '자치론'이니 '참정론'이니 하는 것들이 모두 이와 같은 생각에서 나온 주장에 불과했다. 이는 사실상 독립투쟁 무용론과 일제와의 타협을 설파한 것에 지나지 않았다.

그 사이 천지개벽이라도 있었던 걸까? 그렇지 않았다. 일제의 지배는 의연했고 민족 현실도 여전히 고달팠다. 변한 것이 있다면 단 하나, 지난 10년간을 횡행하던 일제의 무단통치가 변화를 강요받고 있다는 사실뿐이었다.

육체는 순간, 정신은 영원한 노예

이광수의 변절과 이후 행보는 이른바 '문화통치'의 등장과 긴밀한 관련을 맺고 있었다. 3.1운동 이후 무단통치는 큰 벽에 부딪쳤다. 조선인을 이렇게 계속 억누르다가는 3.1운동 이상의 엄청난 저항에 부딪치리라는 위기감이 덮쳐왔다. 따라서 일제는 새로운 통치방식을 고민 했다. 사실 개편의 방향은 뻔한 것이었다. 현상적인 몇 가지 유화책을 내세우는 한편, 그 이면에서는 보다 강력한 감시체제를 구축하는 것이었다. 요란하게 포장된 문화통치의 본질은 바로 그것이었다.

일제는 현역 무관이 맡도록 돼 있던 총독 자리에 문관 출신이 오를 수 있는 길을 열어놓았다. 또 헌병경찰제를 보통경찰제로 바꾸는가 하면, 한국인 소유의 신문·잡지 발간 허용, 한국인에 대한 교육기회 확대 등의 유화 방안을 제시했다. 이에 따라 문관은 아니지만 해군인 사이토 마코토가 총독에 임명되고, 누런 헌병복은 검은 경찰정복으로 바

꿔었다. 한글 신문인 『조선일보』 『동아일보』 등도 창간되었다. 그러나 그 이면에서는 감시체제를 더욱 강화했다. 문화통치 개시 이후 폭발적으로 증가한 경찰력은 그 사실을 잘 보여주었다. 1919년 6,387명이었던 경찰 수가 1920년에는 2만 명으로 3배 이상 폭증하고, 경찰 관서도 5배나 증가했던 것이다.

일제의 양보는 3.1운동이 강제한 것이었고, 이렇게 열린 유화국면은 민족운동의 발전에 크게 기여한 것이 사실이다. 그러나 일제가 시도한 변화의 목적은 어디까지나 안정적인 통치체제의 구축에 맞춰져 있다. 사이토 마코토는 이렇게 말했다.

"총칼로 지배하는 것은 그 순간의 효과밖에 없다. 남을 지배하려면 철학과 종교, 교육, 그리고 문화를 앞장세워서 정신을 지배해야 한다."

육체적 고통은 순간이지만 정신의 노예화는 영원한 것이다. 따라서 일제는 보다 세련된 무기인 '문화'를 앞세워 식민통치를 영구화하겠다는 마각을 드러낸 것이다. 그런 면에서 문화통치는 총칼을 앞세운 무단통치보다 훨씬 위험한 지배방식일 수도 있었다.

일제는 문화통치를 개시하며 친일 인사의 양성에도 심혈을 기울였다. 사이토는 1919년에 발표한 「조선민족운동에 대한 대책」을 통해 "조선 문제의 성공 여부는 친일 인물을 많이 얻는 데 있다"고 공언했다. 정신을 노예화시키는 데 민족정신을 타락시키는 것만큼 효과적인 방법이 있을까? 이것은 사상적 이전투구를 일으켜 민족진영의 분열을 획책할 수 있는 가장 좋은 방법이기도 했다.

이광수의 귀국과 일련의 행적은 일제의 의도가 훌륭하게 먹혀들고 있음을 보여주는 상징이었다. 또한 그 말고도 쥐꼬리만큼 열린 개량 공간에 안주하며 민족운동을 사상적으로 무장해제시키려 한 자들은 많았다. 이광수는 「민족개조론」에서 이렇게 말했다. "민족개조를 목적으로 한다면 정치적 색채를 띠어서는 아니 됩니다"라고. 당대의 민족 현실에서 가장 긴요하던 정치성을 버리고 한갓 민족개조에나 매달리자니 이것이 변절 아니고 무엇이랴!

일제의 경제적 원조 아래 육성된 대표적인 직업적 친일분자는 '참정권운동'을 주창한 민원식이었다. 그는 상하이 임시정부에 의해 '당면필살의 매국적▨▨▨'으로 꼽혔고, 1921년에 일본 유학생 양근환에 의해 암살되었다

전장에 나간 조선인은 누구에게 총구를 돌릴 것인가

태평양전쟁을 준비하던 일본은 전쟁 준비를 위해
민족말살정책을 폈다.

지도급 인사들의 창씨개명은 불가피했던가?

1939년 시행된 창씨개명령은 다시 한 번 민족 자존심을 깡그리 짓밟아버렸다. 일본식으로 씨氏를 짓고 이름을 바꾸라는 명령. 이름가는 일을 죽음보다 못한 치욕으로 여기는 조선인의 전통 관념상 거센반발은 불가피했다. 그러나 마땅한 저항방법도 없었다. 을미년의 단발령에는 의병으로 궐기했다지만 이제 그런 식의 저항은 통하지 않는 시대였다.

전병하田炳夏는 농부였다. 창씨개명을 거부하려 했지만 일제의 집요한 요구에 버틸 재간이 없었다. 고민하던 그는 자신의 이름에 '농農' 자를 붙여 '전농병하田農炳夏'가 되었다. 덴노헤이카. 천황폐하란 단어와 똑같이 발음되는 이름이었다. 일본어를 잘 알던 그가 일제의 정책을 조롱하고 희화화하기 위해 만든 이름이었다. 이런 식의 저항 방법을 생각해낸 건 그만이 아니었다. '개자식이자 곰의 손자犬子雄孫'도 있었고, '개똥이니 치먹이라太糞食衛'도 있었다. 그러나 너욱 극단적인 저항을 생각해낸 이들도 있었다. 울분을 달랠 길 없어 족보를 불태우고 자살을

「황국신민서사」를 암송하는 학생들. 일본은 민족말살기인 1937년 조선인을 일제의 충성스런 국민으로 만들기 위하여 「황국신민서사」를 제창하도록 강요했다.

하거나 야반도주했던 사람들이었다.

이처럼 저항이 거세고 실적도 좋지 않자 일제는 민족지도자라 불리던 이들을 회유하여 선전의 도구로 활용했다. 이광수, 최린, 윤치호 등 지도급 인사들의 창씨개명을 적극적으로 유도한 것이다. 이에 따라 이광수는 가야마 미쓰로香山光郎가 되고, 최린은 가야마 린佳山麟, 윤치호는 이토 지코伊東致昊가 되었다. 일제의 의도대로 이들의 창씨개명과 적극적인 권유는 조선인들이 저항을 포기하는 데 큰 영향을 미쳤다. 결국 창씨개명은 1941년 말 전체 대상자의 81.5퍼센트에 이름으로써 성공적으로 정착되었다.

물론 창씨개명 자체로 친일 여부를 속단하긴 힘든 것이 사실이다. 그러나 한때나마 민족지도자로 행세깨나 했던 인사들이라면 일말의 포즈로라도 저항의 자세를 취하는 것이 옳았다. 실제 모든 지도자들이 창씨개명에 따른 것도 아니었다. 역사학자 이이화에 따르면 홍명희, 안재홍, 여운형, 정인보, 허헌 등은 끝까지 창씨개명을 거부하며 사회활동을 중지하거나 낙향해버렸다. 창씨개명한 인사들은 사회생활을 하려면 어쩔 수 없다는 부류부터 이광수처럼 적극적으로 영합한 사람들까지 다양했는데, 이들의 변명은 개명을 거부한 민족인사들의 지조에 비하면 너무나 궁색한 것이 사실이었다.

'마음도, 피도, 육체도 모두 황국신민의 것으로!'

문제는 일제가 이처럼 거센 반발을 불러온 창씨개명을 왜 밀어붙였느냐였다. 일제가 들어선 지 벌써 30여 년. 그간에도 멀쩡하게 사용하게 했던 이름을 돌연 일본식으로 바꾸게 한 이유는 무엇이었을까?

무엇보다 그것은 1920년대 말 발생한 세계 경제공황 이후 궁색해진 일본의 처지와 관계가 깊었다. 미국, 영국, 프랑스 등 선진국가들과 다르게 후발 제국주의 국가 일본은 활로를 뚫을 방법이 마땅치 않았다. 결국 일본이 선택한 것은 독일의 나치즘, 이탈리아의 파시즘과 같이 전체주의를 받아들이고 침략전쟁을 확대하는 것이었다. 일본 군국주의는 그렇게 탄생했다. 실제 이것은 1931년의 만주사변, 1937년의 중일전쟁, 1941년의 태평양전쟁 도발로 현실화됐다. 자국의 운명을 볼모로 한 도박이었다.

일제가 이 도박을 위해 밑천으로 삼은 것이 바로 조선이었다. 침략전쟁을 위해서는 식민지 조선에 대한 전면적인 착취를 통해 필요한 물적, 인적 자원을 충당해야만 했다. 이를 위해 일제가 감행한 것이 바로 극도의 억압체제인 민족말살통치와 황국신민화 공세였다. 허울 좋은 문화통치의 가면을 벗어던 진 것은 물론, 민족적 정체성을 완전히 지우고 정신부터 육체까지 모든 것을 일본식으로 개조하겠다는 의도를 노골화한 것이다.

1935년의 조선사상범 보호관찰령과 1941년의 사상범 예비구금령은 예상되는 저항을 미리 뿌리 뽑기 위한 조처였다. 그런 한편 일제는 '내선일체론內鮮—體論' '일선동조론日鮮同祖論'을 내세우 며 황국신민화운동을 강하게 밀어붙였다. 이제 조선인들은 매일 아침 「황국신민서사」를 앵무새처럼 읊어야 했고 보이지도 않는 천황을 향해 '궁성요배'를 하며 허리를 굽혔다. 전국의 모든 군·면에 빠짐없이 들어선 일본 신사를 참배하고 학교, 관공서도 모자라 집에서까지 조선어를 사용할 수 없게 되었다. 창씨개명 역시 민족정체성을 지우기 위한 핵심 시책으로 강력하게 추진되었다. 조선 총독 미나미 지로는 이렇게 말했다.

"내선일체는 반도 통치의 최고 지도 목표다. 형태도, 마음도, 피도, 육체도 모두 일체가 되지 않으면 안 된다."

마음과 피와 육체. 이 모든 것이 하나가 돼야 한다는 말은 곧 조선인의 완전한 일본인화를 의미했다. 그러나 이것은 '조선인들이 황국 신민화의 수준을 높일 경우 우리와 하나임을 인정하겠다'는 것으로, 아직 일본화가 덜 끝난 현 시점에서는 차별이 당연하다는 논리이기도 했다. 조선인의 충성심을 이끌어내기 위한 기만이었던 것이다.

일제가 민족동화정책을 추진한 핵심 이유

일제의 민족말살정책에는 어쩌면 가장 중요했던 이유가 또 하나 있었다. 일제는 중일전쟁의 발발 직후 국가총동원령을 발동했다. 그런데 이 명령에는 조선 청년들을 전쟁터에 내보내려는 계획도 포함되어 있었다. 1938년 초 공포된 조선육군특별지원병령과 제3차 조선교육령은 조선 청년들을 병력자원화 하기 위한 사전작업의 일환이었다. 황국신민화운동이 이 무렵부터 본격화한 것은 결코 우연의 일치가 아니었던 것이다.

미국, 영국, 중국 등 대국을 상대로 펼치는 전쟁은 일본 자체만의 힘으로는 버거운 것이 사실이었다. 수많은 조선 젊은이들을 전쟁터로 동원하는 일은 필연이었다. 그러나 강준만 전북대 교수에 따르면 이런 상황에서 일제는 강한 의구심을 느낄 수밖에 없었다. 조선인에게 총을 쥐어줄 경우 그 총구는 어디로 향할 것인가. 적군인가 아군인가. 한말 이래 꺾일 줄 모르고 타오른 의병투쟁, 지금도 만주에서 호시탐탐

1942년 일제가 제작한 내선일체 비석. 일제가 조선인의 정신을 말살하고 조선을 착취하기 위하여 만든 황국신민화 정책의 상징이다.

국내 진공을 노리는 독립군이 즐비한 상황에서 조선 병사들이 총구를 거꾸로 돌리지 않으리라는 보장이 과연 있을까. 자신이 없었던 일본은 결국 민족말살과 황국신민화를 통한 조선 민중의 세뇌에서 답을 구할 수밖에 없었다.

일제는 일선동화를 위해 한국인과 일본인의 혈통을 섞는 통혼通婚을 장려하기도 했다. 이에 따라 1912년 106건, 1923년 245건에 불과했던 양국인의 결혼은 1938~42년 사이 5,458건으로 급증했다.

식민지 약탈을 위한 핵심 프로젝트, 토지조사사업

근대적 토지소유관계를 정립한다는 명분으로 실시한 토지조사사업은
사실상 한국인의 토지를 강탈하는 수단이었다.

이 말뚝은 뉘 말뚝인가?

여류니, 색시니 하면 누구든지 얼굴 곱고 자태 있는 미인으로 생각
하겠지만 웬걸요. 이 색시는 이름만 여자이지 남자 중에도 그런 사람
은 없을 만큼 뚝벅뚝벅하게 태어나신 이랍니다. 다리와 팔뚝은 굵고
딴딴하기가 **총독부 말뚝** 같고요, 실례의 말씀이지만 한창 발달된 궁
둥이는 살찐 말 궁둥이같이 탐스럽습니다.

-방정환, 『여류 운동가 까마중 스타』, 강조는 필자

동화작가 방정환의 작품 중 일절이다. 리듬감 넘치는 전개와 맛깔
나는 단어를 통해 한 여자 테니스 선수를 묘사한 부분이다. 그런데 여
기서 눈길을 끄는 낱말 하나가 있다. '총독부 말뚝'이 그것이다. 이 말
뚝은 대체 어떤 말뚝이기에 우리 민족의 대표적인 동화작가의 작품에
오른 것일까?

그 힌트는 총독부가 벌인 토지조사사업에 있다. 이 사업을 벌이며

총독부가 조선 팔도 곳곳에 꽂은 사표四標가 바로 총독부 말뚝이었다. 사방 땅의 경계를 드러내는 표지물이었던 것이다. 그런데 이 말뚝으로 인해 조상 전래의 땅은 하루아침에 이민족의 소유로 바뀌고, 조선 민중의 삶도 결딴나기 시작했다. 그래서 총독부 말뚝은 조선인의 뇌리 깊숙한 곳에 자리 잡아 결코 잊힐 수 없는 단어가 될 수밖에 없었다.

대놓고 한국의 땅을 노린다

토지조사사업은 무단통치와 함께 일제가 가동한 식민지 수탈사업이자, 1910년대의 대표적인 경제 약탈 프로그램이었다. 일제는 지세地稅의 안정적인 수취를 통한 식민지 재정의 안정화, 그리고 소유권이 분명치 않은 조선의 토지를 약탈하여 일본인의 조선 척식拓殖에 이용하자는 속셈으로 이 사업을 시작했다. 또 식민지 약탈을 통해 일본제국주의의 발전을 위한 자본을 축적한다는 목표도 빼놓을 수 없었다. 일제는 토지조사사업을 위해 1910년 토지조사국을 창설하고, 1912년에는 토지조사령을 공포했다. 또 1918년 사업이 종료되기까지 2,456만 원이라는 거금을 투여했다. 말 그대로 식민지 수탈을 위한 역점사업이었던 것이다.

이처럼 일제가 대놓고 토지를 노리겠다고 선언한 데에는 조선 내부의 사정도 한몫을 했다. 소유권이 불명확한 토지가 너무나 많았던 것이다. 근대적 토지개념이 부족한 조선에서는 어느 정도 당연한 일이었다. 관행적으로 '여기는 누구 땅' '여기는 어느 문중 땅'으로 소유권을 가름해온 마당에 근대적 토지소유권 제도가 확립돼 있을 리 만무했다.

1908년 일제가 조선의 토지와 자원을 수탈할
목적으로 설치한 식민지 착취기관인 동양척식
주식회사. 동양척식주식회사가 주관한 토지조
사사업은 일제가 가동한 대표적인 경제 약탈
프로그램이었다. 근대적 토지 소유관계를 정
립한다는 명분으로 토지조사사업을 실시한 일
제는 조선 농토의 약 40퍼센트에 이르는 막대
한 토지를 조선총독부 소유로 만들었다.

탈세를 위한 땅인 은결, 왕실 소유인 궁방토, 국유지인 역둔토, 마을 공
동 소유의 땅 등 분명한 소유권을 내세우기 힘든 땅이 부지기수로 널
려 있었다.

　일제는 토지조사사업을 진행하며 '기한부 신고제'방식을 적용했다.
토지 소유자로 하여금 일정한 기간(지역별로 30~90일) 안에 서류를 갖춰
신고함으로써 소유권을 증명하도록 한 것이다. 그러나 근대적 소유제
도와 행정절차에 익숙하지 않은 많은 조선인들은 큰 불편을 겪을 수밖
에 없었다. 개중에는 억울하게 소유권을 빼앗기는 이도 발생했다. 또
토지조사가 일제 관헌과 그 보호를 받는 지주위원회에 주도됨으로써
농민이 다수를 차지하는 소작농은 불리한 처지에 몰릴 수밖에 없었다.
　전통적으로 조선에서 소작인은 경작권을 보유하고 있었다. 이것은

토지조사사업(1912~1918)

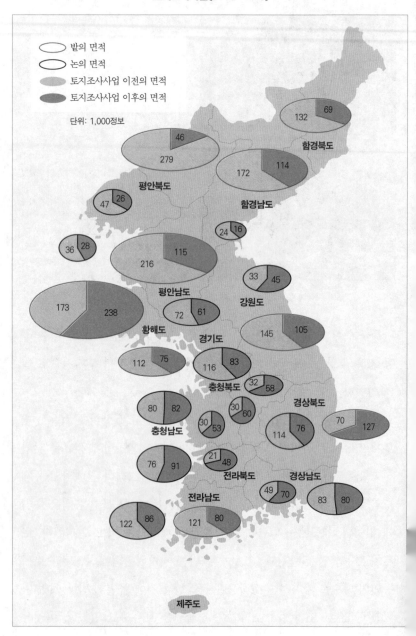

밭의 면적
논의 면적
토지조사사업 이전의 면적
토지조사사업 이후의 면적

단위: 1,000정보

함경북도 132 69

평안북도 279 46

47 26

함경남도 172 114

36 28

평안남도 216 115

24 16

강원도 33 45

173 238

황해도 72 61

경기도 145 105

112 75

충청북도 116 83

32 58

경상북도 114 76

80 82

30 60

70 127

충청남도 30 53

21 48

전라북도

경상남도 49 70

76 91

전라남도 122 86

121 80

83 80

제주도

토지조사사업과 농가 호수 구성비

연도	지주	자작	자·소작	소작
1010년	2.5%	20.1%	40.6%	36.8%
1920년	3.3%	19.5%	37.4%	39.8%
1932년	3.5%	16.3%	25.4%	52.7%

출처: 조선총독부, 「조선소작연보」 1집

특별한 결격사유나 스스로 농사를 포기하지 않는 한 인정해주던 권리였다. 전근대적인 토지소유제에서는 전 국토가 왕토$_{王土}$였으므로 지주의 권리가 어느 정도 제약되는 측면도 있었다. 그러나 일제는 이 모든 것을 부정하고 지주의 소유권만으로 토지의 소유관계를 확정했다. 안 그래도 막강했던 지주들의 권한이 더욱 강해진 것이다. 또 일제는 농민들의 입회권도 박탈해버렸다. 입회권이란 마을 주변의 임자 없는 땅에 대한 공동 이용권을 말하는 것이었다. 이로써 농민들은 풀 한 포기, 마른 땔감 하나조차 마음 놓고 구할 수 없게 되었다. 농민들이 감당해야 할 고통이 더욱 늘어난 것이다.

'일본인 한 집에 쫓겨난 조선인 다섯 집'

조선 농민들을 대상으로 가혹한 약탈을 자행한 일제는 불명확한 소유권을 악용하여 자신들은 막대한 토지를 취했다. 신용하 교수에 따르면 토지조사사업을 통해 조선총독부의 소유지가 된 땅은 국토 총면적의 약 50.4퍼센트에 해당했다. 총독부는 그 대부분을 조선 척식의 첨병이던 동양척식주식회사에 넘겨 일본인의 소유로 만들었다. 이에 따라

1910년 692명에 불과하던 일본인 농업 경영자는 1915년 그 10배인 6,969명으로 늘어났다. 또 과세의 경우도 큰 실적 증가를 보여 과세지는 52퍼센트, 지세 징수액은 약 2배로 늘어났다(1911년 624만 5,000여 원 → 1920년 1,157만여 원). 조선 척식과 식민지 재정 안정화를 위한 총독부의 의도가 순조롭게 관철된 것이다. 총독부 말뚝이란 말이 생긴 것도 이때부터였다. 어디든 꽂히기만 하면 조선인의 땅을 총독부와 일본인 소유로 둔갑시키는 요술방망이를 원한 속에 부르던 낱말이 바로 이 총독부 말뚝이었던 것이다.

조선의 농업과 농민의 몰락은 불가피했다. 역사학자 정재정의 표현대로 "일본인 한 집이 들어오면 다섯 집의 한국인이 떠나고, 다섯 집의 일본인이 오면 스무 집의 한국인이 생계를 잃는" 풍경이 만들어진 것이다. 수많은 농민들이 땅을 잃거나 경작권을 빼앗긴 채 소작농, 화전민, 노동자로 전락하고 말았다. 그마저도 버틸 수 없던 사람들은 정든 고향을 등진 채 만주, 연해주, 하와이 등지로 기약 없는 발길을 옮겨야 했다. 이렇게 떠난 사람들은 1911~20년 사이 무려 40만 명에 달했다.

동양척식주식회사는 조선식산은행과 함께 경제 수탈의 대표적인 기관이었다. 때문에 강우규 의사 등 의열투쟁에 나선 독립운동가들의 주요 타격목표가 되었다.

회사 한번 잘못 세우면 5년 동안 감옥살이

한국 민족자본의 형성을 막고 일본 자본의 무분별한 진출을 막고자
일제는 회사령을 설치, 시행하였다.

회사령은 민족자본 해산령

1910년 공포된 회사령의 표면적인 목적은 조선과 일본 자본
의 보호였다. 조선인은 법률, 경제상의 지식과 경험이 부족하여 사업
경영에 서툴고, 일본인은 조선 실정을 모르므로 양측의 손해를 미연에
방지하겠다는 것이었다. 그러나 근본적인 의도는 그게 아니었다. 일제
는 철저히 조선을 일본의 원료기지와 상품시장으로 만들고자 했다. 이
를 위해서는 당연히 조선 자본과 기업의 발전을 억제해야 했다. 또 일
본 자본의 무분별한 진출 역시 막을 필요가 있었다. 총독부 주도 아래
일제의 경제시책을 통일적이고 일사분란하게 추진해야 했기 때문이
다. '회사 설립 시 총독부 허가제'라는 회사령의 본령은 그렇게 마련되
었다. 이를 강제하기 위해 회사령은 '회사의 설립은 총독부의 허가를
맡아야 하며 이를 어길 경우 5년 이하의 징역이나 금고에 처한다' '회
사령의 취지에 어긋나는 기업 활동을 할 경우 이를 해산한다'는 등 강
력한 처벌조항을 두고 있었다.

이에 따라 민족자본의 발전은 심각하게 억압당했다. 신용하 교수에

따르면, 1911년 조선인은 겨우 27개 회사를 허가받았지만 일본인은 무려 109개였다. 1919년까지는 조선인 회사 63개, 일본인 회사 289개였다. 회사 경영에 쓰이는 실질적 자본인 납입자본의 경우도 1911년 17.2퍼센트에서 1917년에는 12.3퍼센트로 오히려 감소했다. 조선인 기업은 일본인 기업이 진출하지 않은 틈새 영역을 노리며 가내수공업이나 영세공장 형태로 힘겹게 명맥을 유지해야 했다. 회사령이 민족자본에 대한 해산령 구실을 하고 있었던 것이다.

조선의 민둥산이 온돌 때문이라고?

반면 총독부와 이에 결탁한 일본 자본은 막대한 이윤을 거둬들였다. 인삼, 담배, 소금은 전매사업이 되어 총독부 자체가 기업화했고 철도, 항만, 교통, 통신 등 기반사업은 일본 대자본의 손으로 넘어갔다. 철도와 도로가 개설되지 못한 지역에는 신작로가 촘촘히 뚫려 이를 보완, 대체했다. "밭은 헐려 신작로 되고, 집은 헐려 정차장 된다"는 노래 가사처럼, 신작로의 개통은 조선 민중의 삶을 위한 것이 아니라 일제의 경제·정치·군사적 목적에 철저히 부합하는 것이었다.

일본의 수탈은 다른 산업에서도 무차별적으로 진행되었다. 금융은 조선은행법(1911), 금융조합령(1918) 등으로 일본인이 장악했으며 광업 역시 마찬가지였다. 1915년의 조선광업령에 따라 미쓰이, 미쓰비시 등의 일본 재벌기업들이 진출하여 독점적인 지위를 누렸던 것이다. 특히 제1차 세계대전의 발발 이후 군수용 광물의 수요가 급증함에 따라 일본이 거둔 이윤은 더욱 막대해졌다. 또 어업령의 발동에 따라 조선의 황금어장은 우수한 기술을 갖춘 일본 선박에 점령당했다.

1911년 발동된 삼림령에 의해 임업 수탈도 가속화되었다. 이때 일본인들은 목재는 물론 식물의 건류액, 약초에 이르기까지 온갖 것을 약탈해갔다. 문자 그대로 '탈탈 털어간다'는 표현이 무리가 아닌 약탈이었다.

그 결과 조선의 삼림은 크게 황폐화되었다. 1912년만 해도 전체의 70퍼센트에 이르는 산들이 울창한 숲을 유지하고 있었다. 그러나 오래지 않아 보기 흉한 민둥산이 우후죽순처럼 등장했다. 어처구니없게도 일제는 그 원인을 조선의 난방구조 탓으로 돌렸다. 조선인이 온돌을 덥히기 위해 땔감을 마구 채취한 결과 산이 헐벗게 되었다는 것이다.

신용하 교수에 따르면, 일제는 일본인에게 경합적인 조선인 회사의 해산을 거침없이 자행했다. 전국에 지점을 두고 활발하게 사업을 전개하던 조선운수합자회사, 4개 지점을 두고 번영하던 조선우피주식회사 등이 일제에 의해 해산된 대표적인 민족기업이었다

조선 농민이
일본의 호구인가

조선에서 미곡을 수탈하여 일본의 식량문제를 해결하고자
일제는 산미증식계획을 세웠다.

경제 수탈의 핵심, 산미증식계획

1918년 7월 일본 도야마현에서 앞치마를 두른 가정주부들의
시위가 벌어졌다. 마치 노무현 정부 당시 자영업자들의 솥뚜껑 시위를
연상케 하는 장면이었다. 경찰과 주부 데모대와의 충돌로 발전한 이
사건은 일본 사회의 큰 주목을 끌었다. 주부들의 주장은 살인적인 쌀
값의 폭등을 진정시키고 품귀 현상을 해결하라는 것이었다.

여기엔 이유가 있었다. 제1차 세계대전 시기 일본은 전쟁 특수로 큰
호황을 누렸다. 공업이 급속도로 발전하면서 많은 농민들이 도시로 나
와 노동자가 되었다. 호황으로 쌀 소비는 늘어났지만 생산자가 줄면서
공급이 뒷받침되지 않는 구조가 나타날 수밖에 없었다. 이내 가격은
폭등했고 매점매석으로 쌀 구경조차 힘들어졌다. 그러자 주부들이 부
엌을 박차고 나왔던 것이다. 이 사건은 폭동화되어 일본 전역으로 퍼
져나갔다. 내각 사퇴와 '다이쇼 데모크라시'라는 새로운 정치 체제 수
립의 배경이 된 쌀 폭동의 발발이었다.

식민지는 이런 상황에서 써먹으라고 있는 것이었다. 조선총독부가

총대를 메고 나섰다. 1920년, 총독부는 '쌀 증산이야말로 식민지 시정에서의 가장 큰 목표'라는 방침 아래 산미증식계획을 수립했다. 조선에서의 미곡 수탈로 일본의 식량문제를 해결하려는 계획이었다. 아울러 이를 통해 저곡가, 저임금 체제를 유지함으로써 일본의 자본주의적 발전을 더욱 가속화시키려는 시도이기도 했다. 1920년대 일제의 경제 수탈에서 산미증식계획이 가장 큰 비중을 차지하게 된 이유는 바로 이것이었다.

일본인은 쌀밥, 조선인은 초근목피

산미증식계획은 토지, 수리, 종자개량 등의 방법을 통해 쌀 생산량을 획기적으로 늘리는 것을 골자로 했다. 이를 위해 밭을 논으로 바꾸고 간척, 개간사업을 벌이는 한편, 우량품종을 보급하는 등의 사업을 펼쳤다. 그러나 결과는 신통치 않았다. 목표도 무리였고 자본도 부족했다. 1925년의 경우 토지개량이 완료된 곳은 목표의 61퍼센트에 불과했다. 미곡 생산량도 미미한 증가에 그쳐서 평균 1,390만 석(1919년)에서 1,439만 석(1925년)으로 겨우 4퍼센트 증가했다. 이처럼 저조한 실적은 1930년대에도 계속됐다.

그럼에도 일본으로의 쌀 반출은 예정대로 이뤄졌다. 1920~25년 사이에 일본으로의 쌀 유출은 97.7퍼센트나 증가했다. 생산은 늘지 않는데 반출은 많으니 조선인이 먹을 쌀이 줄어든 건 당연했다. 이때 조선인의 1인당 미곡 섭취량은 이전의 절반 이하로 떨어지고 말았다. 그러자 일제는 질 낮은 중국산 좁쌀, 수수 등을 수입해 모자란 곡식을 대체

1920년 조선총독부는 '쌀 증산이야말로 식민지 시정에서의 가장 큰 목표'라는 방침 아래 산미증식계획을 수립했다. 일본의 식량공급지로 전락한 식민지 조선에서는 미곡 수탈로 많은 농민들이 극도로 고통받았다. 사진은 미곡 유출의 주요 통로였던 군산항의 모습.

하게 했다. 이마저도 살 형편이 못 되는 사람들이 넘쳐나서 조선인 중에서는 고구마, 감자 등의 구황작물과 초근목피로 연명하는 이들이 부지기수로 늘어났다.

그런데 농민들은 식량부족만이 아니라 또 다른 수탈에도 시달려야 했다. 일제가 산미증식에 들어가는 수리조합비 등 각종 부대비용을 고스란히 조선 농민에게 떠넘겼기 때문이다. 조선 농민은 제 돈까지 대가며 주린 배를 움켜쥐어야 하는 웃지 못 할 상황에 내몰렸다. 한마디로 일제의 호구가 된 것이다. 하지만 이런 상황에서도 웃는 자들은 나타났다. 쌀 수출로 돈을 벌게 된 지주들이었다. 이들은 자작농, 소작농과 중소지주들의 몰락이 가속화되자 그 토지를 수용하면서 더욱 배를 불렸다. 일제 통치의 버팀목 중 하나였던 친일 지주의 양산은 그렇게 이루어졌다.

산미증식계획은 조선 농업의 생산력 저하에도 큰 영향을 미쳤다. 쌀

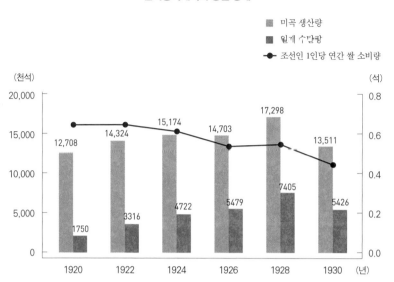

산미증식계획과 농민 경제

■ 미곡 생산량
■ 일게 수탈량
─●─ 조선인 1인당 연간 쌀 소비량

(천석)
20,000

15,000

10,000

5,000

0

(석)
0.8

0.6

0.4

0.2

0.0

1920 1922 1924 1926 1928 1930 (년)

12,708 / 1750
14,324 / 3316
15,174 / 4722
14,703 / 5479
17,298 / 7405
13,511 / 5426

중심의 단작농업화가 이뤄져 오히려 전체 생산력은 퇴보하고 만 것이다. 이처럼 조선 민중의 고혈을 쥐어짜던 산미증식계획은 1934년 중단되었다. 이 역시 조선 농민을 생각해서가 아니라 본토의 미곡가가 폭락하자 일본 농민들이 항의한 결과일 뿐이었다.

거침없는 일본 자본의 조선 진출

산미증식계획과 아울러 다른 산업 분야에서도 수탈은 계속됐다. 일제는 1920년 회사령을 철폐해 회사 설립 시 허가제를 신고제로 완화했다. 제1차 세계대전 이후 호황을 누리며 막대한 이윤의 투자처를 찾던 일본 자본의 요구에 의한 것이었다. 이에 따라 경공업 위주의 중 소자본이 활발하게 진출하고, 1920년대 후반에는 미쓰이, 미쓰비시, 노구치 등의 독점자본이 진출함으로써 일본 자본에 의한 지배는 더욱 심화되었다.

특히 1923년에는 무역 관세를 철폐해 일본 기업들의 진출을 더욱 쉽게 했다. 의류, 기계, 식료품 등 앞선 품질을 갖춘 일본 상품들이 등장해 조선 시장을 휩쓸기 시작했다. 이 무렵의 물산장려운동은 이 같은 배경 아래 일어난 것이었다. 또 1927년에는 신은행령이 공포되어 조선인 소유의 은행이 일본계 은행에 강제 합병되었다. 이 역시 일본 금융의 지배력을 높여 경제종속을 심화시키는 데 일조했다.

이처럼 경제침탈이 가속화되는 상황에서 민족자본은 더욱 위축될 수밖에 없었다. 회사령 철폐 이후 김성수의 경성방직이나 평양의 메리야스 공장, 고무신 공장처럼 예외적으로 성장한 경우가 없지는 않았다. 그러나 총독부, 은행의 비호에 자본력과 상품경쟁력까지 갖춘 일본 기업과 경쟁하기에는 애초에 한계가 있었다. 민족자본의 힘겨운 상황은 여전히 계속되었다.

다이쇼大正란 일본 다이쇼 천황(1879~1926)의 연호로 그의 치세에 일어난 일본의 민주주의운동을 '다이쇼 데모크라시'라 부른다. 다이쇼 데모크라시 운동은 1기(1904~1914), 2기(1914~1918), 3기(1918~1925)로 나뉘는데, 쌀 폭동은 3기 운동에 주요한 영향을 끼쳤다.

조선을 경제옥쇄작전으로 내몰다

태평양전쟁을 치르면서 일제는 한국을 병참기지화했다. 식량, 광물, 쇠붙이 등의 자원은 물론 징병과 징용으로 사람까지 무차별적으로 전쟁에 동원했다.

일본도를 휘두르며 적진에 돌진하듯

태평양전쟁을 다룬 영화나 드라마를 보면 거의 빠지지 않고 등장하는 장면이 있다. 수많은 일본병사들이 군도軍刀 한 자루를 휘두르며 미군의 진지로 돌진하는 장면이다. 천황에 대한 충성심 하나만을 방패삼아 오직 맨몸뚱이 하나로 달려드는 것이다. 그러다가 미군의 기관총 앞에 노출되어 전멸당하고 진지 앞에는 일본군 시체가 산을 이루게 된다.

실제로도 그랬다. 사이판이나 괌 같은 격전지에서 일본군은 이 무모한 돌격작전으로 수만 명이 떼죽음을 당했다. 그러나 상대편인 미군은 고작 전사 몇 명, 부상자 수십 명에 불과한 경우가 대부분이었다. 인간 목숨을 파리 목숨으로 취급하는 이 어리석은 작전을 일본인들은 '옥쇄玉碎'라고 불렀다. '구슬이 깨진다.' 제법 아름다운 뉘앙스를 띠고 있는 듯하나, 그 본질은 아무리 불리한 처지에서도 황군정신을 잊지 말고 자살 돌격하라는 것에 불과했다.

그런데 일제는 이 무모하고도 엽기적인 작전개념을 조선에도 적용했다. 1937년 중일전쟁 발발 후 조선에서 실시한 병참기지화정책이 그랬다. 일본의 해상수송로가 차단될 경우에도 조선 자체의 산업능력만으로 완벽하게 전쟁을 뒷받침하라는 경제 옥쇄작전이 바로 병참기지화정책이었던 것이다. 이것은 전쟁 중에 발생할지 모를 최악의 시나리오를 대비한 작전개념이었으며, 전시체제하에서 조선인에게 가해질 수탈이 어떨 것인지를 예고하는 것이기도 했다.

총독부 관리조차 인정한 가혹한 수탈

경제옥쇄작전 아래에서 모든 길은 '군수 조달'로 통했다. 이를 위해 일제는 한반도 북부 지역을 중심으로 중화학공업에 집중 투자했다. 또 태평양전쟁이 발발한 1941년부터는 물자통제령을 발동하여 군수품, 생필품을 막론하고 모든 물자를 통제함과 동시에 강력한 배급제도를 시행했다. 악명 높은 공출제供出制가 실시된 것도 바로 이때였다. 이것은 합법을 가장한 강탈로서, 곡식류부터 시작하여 축산, 수산, 임산과 공산품까지 품목을 가리지 않고 조선의 자원을 털어간 것이다.

일제는 군량 확보를 위해 미곡의 시장 유통을 금지하고 식량을 강제 공출했다. 모자라는 식량은 만주 등지에서 들여온 만주조, 안남미, 콩깻묵 등 소나 돼지에게나 먹일 사료들로 대체했다. 특히 태평양전쟁 말기에 이르러서는 무기 제조에 쓰일 재료 확보를 위해 숟가락, 젓가락 따위의 자잘한 쇠붙이까지 모조리 거둬갔다. 이 때문에 한 가족이 숟가락 하나로 돌아가며 밥을 떠먹는 웃지 못 할 풍경이 연출되기도 했다.

1937년 중일전쟁이 일어나자 조선을 대륙침략의 병참기지로 삼은 일제는 조선의 노동력과 자원을 수탈한다. 여학생에까지 목검 훈련을 강요했고 1940년대 전시 식량을 비축한다는 명목으로 공출을 강요했다. 아래 사진은 공출을 강요하는 포스터.

재일사학자 박경식이 펴낸 『조선인 강제연행의 기록』에 따르면, 1941~45년 사이 전시 공출로 수탈당한 식량은 미곡 5,000만 석, 보리와 귀리와 콩 등 맥류 700만 석이었다. 이것은 조선 내 총생산량의 50~60퍼센트에 이르는 막대한 규모였다. 군수용 광물의 약탈도 극심해서 1934~44년의 기간 동안 1,798만 톤의 철, 21만 1,000톤의 아연, 68만 톤 이상의 마그네사이트 등이 약탈되었다. 이 외에도 1930년대 초부터 1940년대 초의 10년 동안 3,000민 입방미터의 원목 재벌, 1,432만 톤의 수산자원이 약탈되는 등 조선의 귀중한 자원이 마구잡

이로 약탈당했다.

　이처럼 혹독한 차취는 조선인들을 극도의 고통으로 몰아넣었다. 수탈의 강도가 오죽했으면 총독부 관리 스스로가 그 지나침을 인정할 정도였다. "일본은 한 발 한 발 임전태세로 끌려들어가 점차 전쟁 목적을 달성하기 위해 모든 것을 주입해야 했다. 그 후 나타난 시정상의 흠이 일본이 범한 오류"였다는 것이다. '시정상의 흠'이라는 이 무난한(?) 표현 속에 들어 있는 것이 바로 한민족의 피였다.

목숨까지 공출의 대상으로 삼다니

　일제의 수탈은 '목숨의 공출'로 불리는 징집과 노동력의 강제 징발(징용)로 정점을 향해 치달았다. 1938년 국가총동원령 당시 그나마 '자원'의 형식을 띠고 있던 인력 징발은 전황이 악화된 1943년 이후 강제적인 성격으로 변했다. 논밭에서 일하다가, 잠자다가, 혹은 멀쩡하게 길을 걷다가 납치되어 일본으로, 남양군도로, 중국으로 끌려가는 백주대낮의 인간사냥이 비일비재했다. 이렇게 잡혀간 사람들은 광산과 철도 건설현장, 군수공장 등에서 노예처럼 일하다가 불귀의 객이 된 경우가 허다했다.

　조선의 젊은이들을 전쟁터의 총알받이로 만들기 위한 계획도 진행됐다. 1938년의 지원병제도는 1943년 학도지원병, 1944년에는 강제적인 징병제로 점차 강도를 높여갔다. 이제는 실상이 널리 알려진 위안부 징용이 자행된 시기도 이때였다. 7만여 명에 이르는 조선의 꽃다운 처녀들이 일본군의 성노리개가 되어 희생되거나 전후까지 비참

민족말살통치

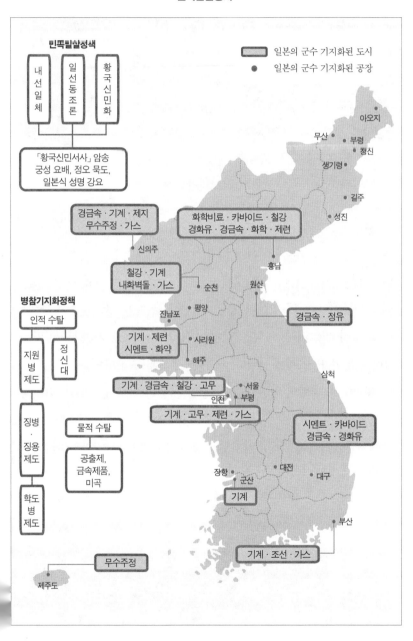

민족말살정책

- 내선일체
- 일선동조론
- 황국신민화

「황국신민서사」 암송
궁성 요배, 정오 묵도,
일본식 성명 강요

병참기지화정책

인적 수탈
- 지원병제도
- 정신대
- 징병·징용제도
- 학도병제도

물적 수탈
- 공출제, 금속제품, 미곡

일본의 군수 기지화된 도시
일본의 군수 기지화된 공장

- 아오지
- 무산
- 부령
- 청진
- 생기령
- 길주
- 성진

경금속·기계·제지
무수주정·가스 — 신의주

화학비료·카바이드·철강
경화유·경금속·화학·제련 — 흥남

철강·기계
내화벽돌·가스 — 순천

경금속·정유

원산

평양

진남포

기계·제련
시멘트·화약 — 사리원

해주

기계·경금속·철강·고무 — 서울·부평
인천

기계·고무·제련·가스

삼척

시멘트·카바이드
경금속·경화유

대전

장항·군산
기계

대구

부산

기계·조선·가스

무수주정
제주도

조선인 노동자 일본 연행 숫자(1939~1945)

구분	석탄광산	금속광산	토건	항만하역	공장 기타	계
1939	24,279	5,042	9,479	-	-	38,800
1940	35,441	8,069	9,898	-	1,546	54,954
1941	32,415	8,942	9,563	-	2,672	53,592
1942	78,660	9,240	18,130	-	15,290	121,320
1943	77,850	17,075	35,350	-	19,455	149,730
1944	108,350	30,900	64,827	23,820	151,850	379,747
1945	136,810	34,060	29,642	15,333	114,044	329,889
계	493,805	113,328	176,889	39,153	304,857	1,128,032

한 일생을 보내야 했던 것 역시 강제 징발정책이 낳은 비극이었다. 이렇듯 갖가지 방식으로 강제 동원된 사람은 1939~45년 사이 무려 600여만 명에 이르렀다. 이 과정에서 희생된 사람도 엄청난 규모로, 가령 1940~44년 사이 일본의 탄광에서 목숨을 잃은 조선인 노무자만 6만여 명에 이르렀다. 이렇듯 일제의 지배기간 동안 희생된 한국인은 300~450만 명으로 추산된다. 하루 평균 200~300명이 희생된 꼴로 그 대다수가 일제의 각종 노동력 동원을 통해 희생된 것이다. 일제의 지배기간 동안 조선인의 목숨은 말 그대로 파리 목숨이었다. 특히 전시체제하에서의 병참기지화정책과 목숨의 공출은 조선인에게 아비규환 속의 지옥을 선사했다. 진짜 아름다운 구슬들은 그렇게 깨져나갔던 것이다.

병참기지화정책 이전 일제는 산미증식계획을 중단시키고 남면북양정책을 실시했다. 한반도 남부에서는 면화, 북부에서는 양을 길러 직물의 원료를 확보하려는 것이었다. 방직업에 진출한 일본 독점자본을 보호하기 위한 조치였다.

비밀결사에 의해 주도된 국내의 독립운동

한일합방 직후부터 국내에서는 비밀결사조직, 해외에서는 독립운동기지를
건설하는 운동이 곳곳에서 일어났다.

고종이 내린 밀지

임병찬은 한말의 관리 출신으로 조선왕조에 충성을 다짐한 인
물이었다. 그는 1905년 을사늑약 체결 후 의병장 최익현과 함께 군사
를 모아 항거하다가 1906년 일제에 체포되었다. 그 뒤 최익현과 함께
대마도에 유배되었다가 간신히 목숨을 부지하여 살아 돌아올 수 있었
다. 이후 그는 분노를 삭이며 암중모색했다. 그러던 1912년 가을 그의
손에는 특이한 문서가 쥐어졌다. 다름 아닌 폐위된 황제, 고종이 보낸
밀지密旨였다. '독립투쟁을 위한 조직을 건설하라!' 밀지의 내용은 그랬
다. 충성스러운 신하였던 임병찬은 이후 암행을 거듭하며 각지에서 동
조자를 규합했다. 의병 출신과 유생, 대한제국의 관리 출신 등 수많은
이들이 호응해왔다. 이렇게 하여 임병찬은 1914년 초 300여 명의 참
여자를 확보하게 되었다. 1910년대 국내에서 활약했던 대표적인 독립
투쟁단체 대한독립의군부(독립의군부)는 그렇게 탄생했다.

독립의군부는 한말 이래의 의병투쟁 정신을 계승하고 있었다. 유생
이 주축이 된 참여인사들의 출신배경도 그러했다. 따라서 이들은 독립

을 쟁취한 뒤 왕조를 되살린다는 '복벽주의復辟主義'를 사상적 기반으로 했다. 이들은 전국적인 무장투쟁을 준비하는 동시에 다양한 투쟁들을 결합시켜 나갔다. 국권반환요구서 투쟁은 그중 대표적인 것이었다. 강제병합의 부당성과 독립 요구를 담은 서한을 총독부, 일본 정부, 각국 공사관에 보내 만일 받아들여지지 않을 경우 다시 한 번 봉기에 나설 것을 선포한 것이다. 그러나 1914년 조직원이 체포되고 고문 끝에 조직의 실체가 밝혀짐으로써 독립의군부의 활동은 막을 내리게 되었다.

비록 실패로 끝났지만 독립의군부의 활동은 1910년대에 이뤄진 독립투쟁의 양상을 상징적으로 드러내주는 것이었다. 일제 헌병경찰의 감시망이 겹겹이 쌓인 조건에서 합법적인 활동은 불가능했다. 따라서 독립운동단체들은 대부분 비공개·비합법적인 비밀결사의 형태를 띠게 되었다. 이것은 독립의군부뿐만 아니라 대한광복회, 조선국권회복단 등 수많은 투쟁단체들이 한결같이 보이고 있던 특징이었다.

'사형선고장'을 낭독하는 그들의 정체는?

대한광복회 역시 독립의군부와 함께 1910년대를 수놓았던 대표적인 비밀결사였다. 대한광복회는 1915년 7월 풍기광복단과 조선국권회복단의 일부 인사들이 뜻을 모아 결성했다. 이 단체에는 총사령관 박상진, 부사령관 김좌진을 위시하여 신채호, 채기중, 노백린 등 당시 독립운동의 핵심운동가 200여 명이 참여하고 있었다.

이들의 사상적 기반은 독립의군부와는 달랐다. 쑨원이 주도한 중국 신해혁명의 영향을 받은 이들은 공화주의를 목표로 했다. 또 조직의 구성에 있어서도 유림, 의병 출신자, 상민 등을 차별하지 않고 받아들였다. 신분적 한계를 뛰어넘는 한층 진일보한 성향을 보인 것이다 특기할 것은 이들의 투쟁이 훗날의 의열단을 연상케 할 만큼 전투적이었다는 사실이다. 이것은 비밀·폭력·암살·명령이라는 이들의 행동강령에서도 잘 드러난다. 또 광복회는 총사령관과 부사령관의 직위를 두는 등 군사조직적인 체제를 갖춤으로써 대일무력항쟁이라는 지향점을 분명히 드러내고 있었다. 이들은 국내외 혁명기지 건설과 독립군 양성, 국내 혁명거점 마련, 군자금 모집과 무기 조달을 위해 활발하게 활동했다. 특히 이들은 조선 민중의 원한의 대상이었던 친일파들을 처단함으로써 그 기개를 널리 떨쳤다. 경상북도 칠곡의 부호 장승원, 충남 아산의 부호 박용하, 전남 보성군의 양재학 등이 이들에 의해 처단된 대표적인 친일배들이었다. 그런데 광복회는 이들을 처단하는 현장에 사형선고장을 남겨두거나 낭독함으로써 더욱 유명세를 탔다. 임꺽정이나 장길산 등 의적을 연상케 하는 이런 행동은 조선 민중의 응어리진 가슴을 시원하게 뚫어주는 것이었다. 그러나 이를 계기로 일제 관헌의 집요한 추적이 시작되고 내부에 밀고자가 생김으로써 광복회의 활동도 막을 내리지 않을 수 없었다.

간신히 체포를 면한 인사들은 해외로 망명했다. 그러나 그곳에서도 주비단, 암살단, 의열단 등에 참여함으로써 독립운동의 최전선을 떠나지 않았다. 대한광복회는 반일 혁명을 통해 독립을 되찾으려 했던 1910년대의 대표적인 비밀결사로서, 선진적인 공화주의적 사상과 전투적인 투쟁으로 독립운동사에 큰 자취를 남겼다.

3.1운동의 에너지원

독립의군부나 대한광복회 외에도 다양한 비밀결사들이 등장해 독립운동의 맥을 이어나갔다. 복벽주의 계열의 민단조합과 풍기광복단, 애국계몽운동 계열의 조선국권회복단, 조선산직장려계 등 지향과 목표는 달라도 독립이라는 큰 흐름 속에서 투쟁하는 조직들이 속속 모습을 드러낸 것이다.

지식인과 청년학생들도 이런 흐름에 동참했다. 1914년에는 대성학교 관련 청년학생들이 조직한 기성단, 평양 숭실학교의 조선국민회, 숭의여학교의 송죽회 등이 조직되었다. 이들은 독립자금을 모집하고 민중계몽 활동에 나서는가 하면, 국외에 있는 독립운동가들의 가족을 돌보는 등 자신의 위치에서 가능한 활동들을 적극적으로 벌여나갔다.

3.1운동 이전의 독립운동

비밀 결사	독립의군부	1912년 고종의 밀명을 받은 임병찬이 비밀리에 조직한 독립운동단체. 의병투쟁의 전통 계승.
	대한광복회	1915년 박상진을 주축으로 경상도 지역에서 조직. 1916년부터 충청도 · 경기도 · 강원도 · 황해도 등으로 확대. 군자금 모집, 친일부호 처단, 독립군 양성.
	송죽회	1913년 평양에서 조직된 항일 여성 비밀결사단체. 숭의여학교 교사와 학생 중심으로 조직. 교편 활동을 통한 민족의식 고취, 토론회와 역사강좌.
국외 독립군 활동	만주	신민회의 독립운동 기지(경학사, 부민단, 신흥학교, 서전서숙), 한인촌.
	연해주	밀산부의 한흥동, 블라디보스토크의 신한촌 중심으로 민족교육, 민족지 발간.
	미주	독립운동 자금 모금 및 군사 훈련(대한인국민회, 대조선국민군단, 흥사단, 의용훈련대, 멕시코의 숭무학교 등).

이처럼 독립을 위해 싸우던 모든 조직, 단체들의 활약은 몇 해 뒤 일어난 3.1운동을 예고하고 있었다. 용광로에 주입되는 쇳물처럼 3.1운동을 폭발시킨 근원적인 에너지로 작용했던 것이다.

한말 의병장 허위의 제자였던 박상진은 경성의 양정의숙 법과를 졸업하여 판사시험에 합격한 혁신 유림이었다. 또 이관구 등과 함께 중국 신해혁명에 참가한 경험도 갖고 있었다.

1910년 해외 독립운동 기지 건설

정답은
무장 독립군

1910년대 만주, 연해주, 미주 등 해외 지역에서는 무장독립군 조직과
독립의식을 고취하는 독립운동단체 수십 개가 설립되었다.

자치와 식산, 무장투쟁의 전진기지

"토지가 심히 풍요로워 한 사람이 경작하면 열 사람이 먹을 수 있
고, 1년 경작하면 3, 4년을 먹을 수 있는 곳이다."

1896년 일제의 탄압을 피해 서간도로 들어간 의병장 유인석의 말
이다. 그는 이처럼 풍요로운 만주 일대를 기반으로 나라의 흥복지계興
復之計를 도모할 것을 주장했다(윤병석, 『간도 역사의 연구』). 그의 주장은 오
래지 않아 현실화됐다. 무단통치 아래서 국내 활동에 한계를 느낀 수
많은 민족운동가들이 서간도, 북간도로 넘어간 것이다.

만주 지역의 독립운동을 선구적으로 개척한 것은 신민회였다. 안악
사건, 105인 사건으로 타격을 입은 이후 많은 신민회 인사들이 만주로
건너갔다. 이들은 서간도 일대에 자리를 잡고 한인 자치사회의 경제
적 부흥과 독립운동 거점 마련에 힘을 쏟았다. 경학사耕學社와 부민단扶
民團은 이 과정에서 탄생한 대표적인 단체였다.

1911년 여름 지린성(길림성) 루허현(유화현) 삼원포 대고산에 세워진 경학사는 신민회 간부들과 '한국판 누블레스 오블리제'로 유명한 이회 영 5형제 등이 힘을 합쳐 만들었다. 명칭에서도 드러나듯이 경학사는 병농일치에 입각한 한인 자치와 교육, 군사적 역량 강화를 목표로 했 다. 이에 따라 내무, 농무, 재무, 교무 등 4개 부서를 두어 자치제를 실 시하는 한편, 신흥학교(뒷날의 신흥무관학교)를 세워 학생들을 교육시켰 다. 그러나 1911~12년 연이어 발생한 대흉작으로 재정난에 직면하여 아쉽게도 단명하고 말았다.

1913년 퉁화현(통화현) 합니하에서 결성된 부민단은 좌절한 경학사 의 유지를 이어받은 조직이었다. "부여 옛 땅에 부여 유민이 부흥결사 를 이룬다"는 뜻을 가진 이 단체 역시 자치와 계몽, 군사적 실력 강화 에 힘을 쏟았다.

경학사와 부민단은 자치와 교육, 식산, 무장투쟁의 준비를 통해 장 기적인 항일투쟁의 거점이자 전진기지를 마련하려던 단체들이었다.

독립전쟁론

이주민의 70퍼센트가 몰려있던 만주 한인사회의 중심지 북간도에 도 독립운동의 바람은 불었다. 이 지역에서 활동했던 대표적인 단체 는 간민회墾民會와 서일, 양현 등 대종교 인사들이 중심이 된 중광단重光團 등이었다.

간도 지역에서의 활동은 지리적 특성에 큰 영향을 받았다. 한편으로 는 조선과 가깝다는 여건 때문에 국내 운동 세력과 활발하게 교류 할

간도와 연해주에는 19세기 후반 이후 이주민이 급증했다. 특히 북간도는 이주민의 70퍼센트가 몰려 있던 만주 한인사회의 중심지로 독립운동의 거점역할을 담당했다. 사진은 간도의 조선인 농가의 모습.

수 있었지만, 일본의 간섭과 견제 역시 극심했다. 특히 1909년 청일 양국 사이에 간도협약이 체결된 이후 독립운동 세력은 청국의 눈치를 강하게 볼 수밖에 없었다. 일제는 이 협약을 통해 조선 영토인 간도를 청국에 넘기는 대신 남만주철도 부설권을 얻어 만주 침략을 위한 발판을 마련했다. 따라서 청국 정부는 일본과의 분쟁이 자칫 침략의 구실로 변하지 않을까 전전긍긍하고 있었다.

간민회는 이런 청국의 압력을 벗어나기 위해 적극적인 귀화정책을 펴기도 했다. 1913년에는 25만 명에 이르는 북간도 동포들이 중국 국적을 취득했다. 이때 많은 이들이 스스로 '치발역복薙髮易服'의 수모를 받아들였다. '머리를 깎고 옷차림을 바꾼다'는 이 말은 두말할 필요 없이 청국식 변발과 호복의 착용을 의미했다. 병자호란의 치욕 속에서도 따르지 않던 '오랑캐 습속'을 독립운동을 위해 받아들여야 하는 아이러니였다.

이 같은 어려움 속에서도 간민회는 '조국정신을 고취하여 사상 변천의 일대 신기원을 이룩했다'는 평가를 받을 만큼 뛰어난 성과를 거뒀다. 그러나 우려하던 대로 일본의 압력을 받은 청국 정부의 해산명령

1910년대 해외 독립운동 단체

지역	단체	특징
북간도(동만주)	중광단	대종교에서 설립 주도
	북로군정서	김좌진, 군사단체
	서전서숙 명동학교	민족교육기관
삼원보(남만주)	경학사 부민단	자치기관
	신흥무관학교(신흥학교)	구사학교
밀산부(북만주)	한흥동	독립군 기지
연해주	권업회	신한촌에 설립 대한광복군 정부 설립
	대한광복군 정부	임시정부
	대한국민의회	임시정부
미주	대한인국민회 대조선국민군단	박용만, 안창호, 이승만 군사 단체

에 의해 1년여 만에 활동을 접는 비운을 맞고 말았다.

서간도, 북간도 지역의 독립투쟁은 이처럼 고난과 부침 속에서 발전해갔다. 특기할 만한 사실은 이 과정에서 독립운동의 방략을 둘러싼 대립과 갈등이 서서히 독립전쟁론으로 수렴되어 갔다는 점이다. 이전까지 의병투쟁 세력과 애국계몽운동 세력은 유혈충돌을 빚을 정 도로 격렬하게 대립했다. 그러나 독립운동 기지를 건설하는 과정에서 애국계몽운동은 자연스레 무력투쟁의 방법을 취하고, 의병 계열은 고루한 위정척사론 대신 공화주의를 비롯한 선진적인 사상을 수용하기 시작했다. 이 과정에서 이루어진 단결이야말로 1920년대 봉오동전투와 청산리대첩의 승리 비결이었다.

연해주와 미주 지역도 빼놓을 수 없다

그 밖의 해외 지역에서도 독립운동 기지들은 속속 모습을 드러냈다. 청국과 러시아의 접경지역인 밀산부의 봉밀산 지역에는 한흥동韓興洞이 세워졌다. 헤이그 밀사 중 한 명이었던 이상설이 중심이 되어 밀산부의 토지를 사들이고 '한국을 부흥시키는 마을'이란 뜻의 독립운동 기지를 만든 것이다.

또 20만 명에 이르는 한인 동포들이 거주하는 러시아령 연해주에서

해외 독립군 기지 건설

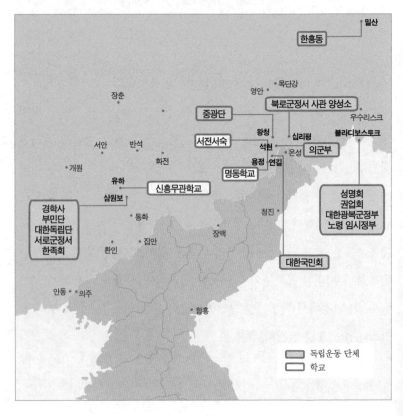

는 블라디보스토크 외곽의 신한촌을 무대로 권업회勸業會가 조직되었다. 권업회는 1914년 이상설, 이동휘를 정·부통령으로 하는 대한광복군 정부라는 조직을 결성하기도 했다. 대한광복군 정부는 1917년 러시아혁명 이후 전로한족회 중앙총회로 이름을 바꾸었다가 다시 대한국민의회로 개편되어 대한민국 임시정부의 한 흐름을 형성하기도 했다.

태평양 건너 미주 지역도 마찬가지였다. 미국에서는 1910년 안창호, 박용만, 이승만을 중심으로 대한인국민회가 결성되었다. 이 단체는 시베리아, 만주, 멕시코, 난징(남경) 등 100여 개가 넘는 곳에 지부를 둔 항일운동사상 최초의 세계적인 조직이었다. 이들은 하와이 농장 등지에서 힘겹게 벌어들인 돈을 십시일반 갹출하여 서, 북간도와 연해주 단체들을 지원했다. 특히 박용만은 하와이에서 대조선국민군단을 조직하여 장차 전개될 항일무장투쟁을 준비하기도 했다. 미주 지역의 활동은 정치, 경제, 군사 등의 여러 측면에서 독립운동의 든든한 버팀목 역할을 해주었다.

중광단은 1911년 대종교 수령 서일이 단군숭배사상 등 반일민족정신을 내걸며 창립하였다. 1918년이 무오독립선언, 1920년의 청산리대첩은 서일과 중광단의 직접적인 영향력 아래 벌어진 사건이었다.

3.1운동 아시아독립운동의 모델이 되다

3.1운동은 독립운동의 구심점 마련을 위한 행동을 추진케 하고,
아시아의 민족해방운동에까지 영향을 미친 거대한 투쟁이었다.

문제의 민족자결주의

1918년 제1차 세계대전은 막바지를 향해 달리고 있었다. 군인
사망자만 1천만 명에 이르는 미증유의 참화가 드디어 막을 내릴 준비
를 하고 있었던 것이다. 이 와중에 러시아에서는 최초의 사회주의 혁
명이 발발하는 등 국제질서는 큰 후폭풍에 휘말렸다. 이런 상황 속에
서 미국 대통령 우드로 윌슨은 전쟁 방지와 새로운 국제질서 수립을
위해 14개 조항에 이르는 세계 평화안(1918년 1월)을 제시했다.

문제는 이 평화안 속에 들어 있는 민족자결주의였다. '식민지 주권
과 같은 모든 문제를 결정함에 있어서는 식민지 주민의 이해가 공정하
게 고려돼야 한다.' 평화안 속에 담겨 있는 이 조항은 세계 피억압 민
중들에겐 희망의 메시지였다. 그러나 행간 속에 숨은 알맹이는 그렇지
않았다. 진짜 내용은 독일, 터키 등 패전국의 세력 약화를 위해 그 식
민지를 해방시키자는 것이었기 때문이다. 전승국인 미국, 영국, 프랑스
그리고 일본의 식민지는 애초부터 해당사항이 없었다. 그럼에도 수많
은 식민지, 약소국 민중들이 환호했던 건 이 조항이 제국주의 세력에

상하이에서 조직된 신한청년단은 1919년 파리강화회의에 김규식(위 사진 앞 줄 오른쪽 끝)을 파견하여 조선의 독립을 요구했으며 도쿄에서는 유학생들에 의해 2.8독립선언이 발표되었다. 아래는 2.8독립선언서 주역인 최팔용(흰옷), 김도연, 송계백 등 16명이 함께 촬영한 사진.

게서 벗어나는 절호의 단초가 되길 바라는 마음 때문이었다.

　우리도 마찬가지였다. 민족자결주의를 활용하여 독립을 쟁취하고자 하는 움직임이 곳곳에서 나타났다. 1918년 11월에는 만주, 러시아, 미주 등지의 해외 망명지사 39인이 대한독립선언서(무오독립선언)를 발표했다. 상하이에서 조직된 신한청년당은 1919년에 열린 파리강화회의에 김규식을 파견하여 조선의 독립을 요구하고자 했다. 또한 도쿄에서도 유학생들이 2.8독립선언을 발표했다. 이들은 민족을 위한 영원한 독립혈전을 벌일 것을 결의하는 등 적의 심장부 한복판에서 용맹하게 독립운동의 횃불을 치켜올렸다. 이렇듯 해외에서 분출하는 열기는 국내에도 전해져 만세운동의 분위기를 급격히 고조시켰다.

'3.3운동'이 될 수도 있었던 3.1만세시위

국내에서의 만세운동은 손병희, 최린을 중심으로 하는 천도교, 이승훈 등의 기독교, 한용운의 불교 등 종교계와 학생층을 중심으로 은밀하게 준비되었다. 결사의 자유가 없었던 무단통치 하에서는 이들이야말로 유일하게 조직화된 세력이었기 때문이다. 그런데 투쟁을 준비하는 과정에서 거사일을 어느 날로 잡을 것인가 하는 문제가 대두됐다. 고종의 국상일인 3월 3일로 하자는 안, 국상일에 소란을 피우는 건 불경하므로 1일이나 2일로 하자는 안, 2일은 일요일이므로 불가하다는 기독교 측의 반대가 뒤엉켜 갑론을박이 계속됐다.

결국 3월 3일로 날짜가 잡혔으나 뜻하지 않은 기밀 누설 때문에 황급히 계획을 변경하게 됐다. 유명한 고등계 형사 신철이란 자가 천도교 계통의 인쇄소인 보성사를 급습하여 독립선언서를 빼돌렸던 것이다. 이 사실은 최린에게 급보됐고, 그는 부랴부랴 신철을 찾아 나섰다. 신철을 만난 최린은 5,000원을 건네며 며칠 동안만 입을 다물어줄 것을 부탁했다. 한 줄기 민족 양심은 남아 있었던 것인지, 신철은 출장을 핑계 삼아 만주로 몸을 피했다. 그러나 시위 지도부는 안심하지 못하고 예정된 거사일을 1일로 앞당겼다. 만주에서 돌아온 신철은 이 사실이 알려져 경성헌병대 감옥 안에 갇혔다가 자살했다고 전해진다. 결국 민족대표들의 계획 변경이 아니었다면 우리 역사 속에 3.1 운동은 없거나 아니면 지금쯤 3.3절을 기념하고 있을지도 모른다는 이야기다.

그런데 계획이 바뀐 것은 거사일만이 아니었다. 민족대표 33인이 탑골공원에 모여 독립선언서를 낭독하기로 한 계획도 하루 전날인 2월 28일 변경되었다. 학생대표자들과의 합의를 깨고 장소를 변경하여 그들만의 선언식을 개최하기로 한 것이다. 당시 서울에는 고종의 국상을 맞아 10만이 넘는 군중이 운집해 있었다. 민족대표들은 고종의 독살설이 떠올라 격앙된 민중 앞에서 독립선언을 낭독할 경우 자칫 유혈참극이 벌어질지 모른다고 우려했다. 또 그것이 열강들의 혐오감을 불러일으켜 모처럼 찾아온 독립의 기회를 날릴지도 모른다는 걱정도 했다. 결국 이들은 종로의 태화관이란 요릿집에 모여 서둘러 선언서를 낭독하고 만세를 부른 뒤 일제 경찰에 자수해버렸다. 투쟁의 도화선은 되었으되, 민족대표로서 끝까지 싸움을 이끌어야 할 임무는 명백히 포기한 것이다.

오후 2시, 약속대로 탑골공원에 모여 있던 학생들은 민족대표들이 나타나지 않자 크게 당황했다. 그러나 경신학교 출신의 34세 청년 정재용이 선언서를 낭독함으로써 본격적인 만세시위가 시작되었다. 역사에 길이 남을 민족투쟁의 진정한 막이 오른 것이다.

민중의 폭력투쟁으로 번지다

만세삼창을 마친 시위대는 여러 갈래로 나뉘어 시가지를 행진했다. 학생들이 중심이 되었던 시위열은 점차 민중들이 합세하며 순식간에 불어났다. 장례식에 참석하려던 사람들, 철시한 상인들, 학생과 기생들, 아기 업은 여인네, 노인을 가리지 않고 거리로 뛰쳐나왔다. 이들은 종로, 남대문, 광화문, 명동 등 서울 거리를 휩쓸며 밤 11시가 넘도록 목이 터져라 "대한독립 만세!"를 외쳤다.

서울에서의 투쟁 소식이 전해지자 곧 전국이 들썩이기 시작했다. 기

3.1운동 지도

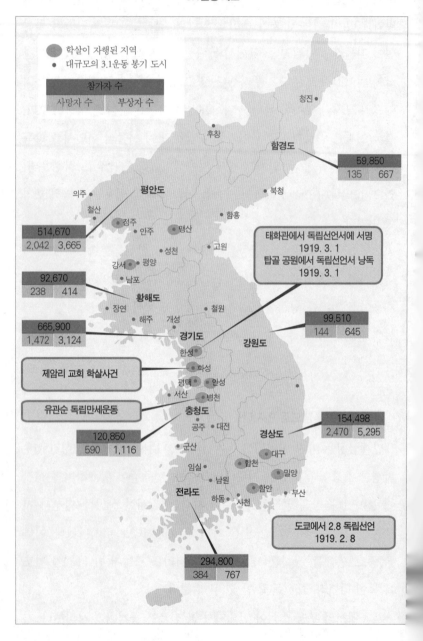

학살이 자행된 지역
대규모의 3.1운동 봉기 도시

참가자 수	
사망자 수	부상자 수

청진

후창

함경도

59,850	
135	667

의주
철산
정주
안주
맹산
성천
평안도
강서
평양
남포

북청

함흥

고원

태화관에서 독립선언서에 서명
1919. 3. 1
탑골 공원에서 독립선언서 낭독
1919. 3. 1

514,670	
2,042	3,665

92,670	
238	414

황해도

장연
해주
개성
경기도
한성
화성
평택
안성
서산
병천
충청도
공주
대전
군산
임실
남원
하동
사천
전라도

철원

강원도

99,510	
144	645

665,900	
1,472	3,124

제암리 교회 학살사건

유관순 독립만세운동

120,850	
590	1,116

154,498	
2,470	5,295

경상도

대구
합천
밀양
함안
부산

도쿄에서 2.8 독립선언
1919. 2. 8

294,800	
384	767

3.1 만세운동은 일제 치하에서도 독립을 향한 조선 민족의 강인한 투쟁정신이 살아있음을 입증하는 계기였다. 우리 민족을 일제이 대규모 학살 앞에서도 무릎 꿇지 않았고 이는 조선과 비슷한 처지였던 수많은 피억압 민족에게 용기와 감동을 선사하는 요인이 되었다.

독교세가 강해 일찍부터 개화의 바람이 불었던 평안, 황해도 지역은 물론 의병투쟁의 전통이 강했던 경기, 충청, 전라, 경상 등 만세운동의 바람은 곳곳에서 거세게 휘몰아쳤다. 전국적으로 만세운동은 3월 하순부터 4월 초순에 이르는 시기 동안 절정을 향해 달렸다. 전국 220개 군 가운데 212개 군에서 시위가 벌어져 200만 명이 넘는 사람들이 투쟁에 참가했으니, 가히 '거족적'이란 명칭이 어색하지 않을 정도였다. 국내의 투쟁 소식은 해외로도 전해져 용정 등 간도 지방 곳곳에서도 동조 시위가 전개되었다. 또 블라디보스토크, 필라델피아, 동경에서도 잇달아 시위가 벌어지는 등 세계 곳곳, 조선인이 있는 곳이라면 어디서나 독립을 향한 열정과 행동이 불타올랐다.

일제는 3월 중순까지만 해도 만세시위가 찻잔 속의 태풍으로 그칠 것이라 기대했다. 그러나 투쟁의 수위가 날로 높아지자 3월 26일 계엄령을 선포하고 본격적인 탄압에 돌입했다.

평화적인 만세운동에 대한 일제의 진압방식은 잔인하기 그지없었다. 일본도를 휘둘러 시위대를 난자하는가 하면 비무장 상태의 민간인들에게 거침없이 발포하여 수많은 인명을 살상했다. 또 감옥에 끌려간 사람들 역시 잔인한 고문 끝에 절명한 경우가 부지기수였다. 3.1운동 이후 조사된 바에 따르면 공식 사망자 7,645명, 부상 4만5,562명, 체포 4만9,811명, 가옥·교회·학교의 손실이 각각 725호·59개 교회·3개 교(1919년 3월부터 1920년 3월) 등 엄청난 인적, 물적 피해가 발생했다. 또 체포된 사람들 역시 주동자급은 10~15년의 중형을 선고받는 게 다반사였다. 민족 대표라 불리던 33인이 대부분 2~3년의 가벼운 형에 그친 것과는 대조적인 처벌이었다.

이런 상황에서 우드로 윌슨의 나라 미국 정부의 논평이 발표됐다. "일본이 특히 과도하게 잔인한 조치를 취하고 있다고 생각하지 않는다. 이 과장된 (피해)보도는 반일 감정을 선동하기 위해 유포되고 있다"는 내용이었다. 한국민의 기대를 송두리째 배반한 성명이었다. 민족자결주의에 대한 순진한 기대가 얼마나 허황된 것이었는지가 증명된 것이다.

일제의 잔인한 탄압에 견디다 못한 시위대도 마침내 무력투쟁에 나섰다. 투쟁이 후기로 접어들고 노동자, 농민 등 기층민중이 전면에 나서며 이런 상황은 더욱 빈발했다. 이들은 곡괭이와 쇠스랑을 들고 일제 헌병대와 면사무소, 친일 지주의 집을 습격하고 때로는 일제 관헌을 살해하는 등 격렬한 투쟁을 이어나갔다. 억눌려왔던 민중의 민족적·계급적 분노가 드디어 활화산처럼 분출된 것이다.

하지만 뜨겁게 전개됐던 3.1운동은 뚜렷한 결실을 맺지 못한 채 대단원의 막을 향해 달려갔다. 기대했던 파리강화회의는 끝내 조선의 상황을 외면했고, 민족자결주의를 주창했던 미국이 막상 일본을 지지한다는 사실이 명확해지자 투쟁의 열기는 급격히 식을 수밖에 없었다. 열강의 시혜에 기댄 외교 독립론의 한계였다. 3.1운동은 거대한 역사적 의의와 한계를 고스란히 드러낸 채 아쉽게 막을 내려야 했다.

민족해방운동의 좌표가 된 3.1운동

그럼 3.1운동이 남긴 교훈은 무엇인가? 3.1운동은 일제의 10년 치하에서도 독립을 향한 강인한 투쟁정신이 살아있음을 입증하는 계기였다. 우리 민족은 대규모 학살 앞에서도 무릎 꿇지 않았고, 이것은 조선과 비슷한 처지였던 수많은 피억압민족에게 용기와 감동을 선사했다. 또 3.1운동은 힘들 때마다 꺼내보는 거울이자 용기를 북돋는 전투나팔의 역할을 함으로써, 민족운동이 어떤 순간에도 잠들지 않을 수 있게 하는 밑거름이 되어주었다. 아울러 독립을 위한 유일한 방책이 강대국의 시혜가 아닌 민족 자신의 투쟁뿐이라는 사실이 명확해짐으로써 이후 민족운동은 더욱 비타협적인 투쟁을 벌여나갈 수 있게 되었다. 수많은 민중이 흘린 피로부터 얻은 비극적인 교훈이었다.

물론 3.1운동은 중차대한 과제도 남겼다. 수백만이 참여한 거족적 투쟁이 실패로 돌아간 건 무엇보다 통일적인 지휘부의 부재에 원인이 있었다. 산발적인 투쟁은 그 규모 여부와 무관하게 위력적일 수 없다는 사실이 드러난 것이다. 민족대표들의 투항적 자세가 아쉬웠던 건 바로 그 때문이었다. 이후 민족운동 세력이 독립운동의 구심점 마련을

3.1운동의 시기별 투쟁 형태

시기별	발생장소	투쟁형태		
		단순 시위	폭력 형태	
			일제와 충돌	일제의 발포
3.1 ~ 3.10	113	97	15	15
3.11 ~ 3.20	120	103	23	8
3.21 ~ 3.31	214	164	57	24
4.1 ~ 4.10	280	173	75	51
4.11 ~ 4.20	39	27	5	7
4.21 ~ 4.30	4	3	1	-
계	770(곳)	567(건)	176(건)	105(건)

위한 행동에 돌입하고, 임시정부 결성 움직임이 표출된 건 결코 우연이 아니었다

아울러 3.1운동이 국제 민족해방운동에 미친 파급력 역시 빼놓을 수 없는 부분이다. 중국의 5.4운동 세력은 3.1운동을 자신들의 모델로 적시했고, 인도를 비롯한 아시아 각국의 민족해방운동 세력 역시 3.1운동을 통해 크게 고무된 것이 사실이었기 때문이다. 이처럼 3.1운동은 국내뿐 아니라 국제적인 민족해방운동에까지 파급력을 미친 일대 사건이었다.

3.1운동 추진 세력은 대표적인 친일파인 이완용의 참여를 요청하는 등 민족의식 측면에서 불철저한 모습을 드러내고 있었다.

대한민국 임시정부,
민주공화제를 선포하다

대한민국 임시정부는 한국인의 힘으로 수립된 최초의 자주적이고
민주적인 정부였다.

임시정부 수립 논란의 본질은?

임시정부에 대한 논의는 사실 3.1운동 이전부터 시작되었다.
정부조직을 표방하며 1914년 연해주에서 조직된 대한광복군 정부,
1917년 신규식, 박은식, 조소앙 등이 독립의 전단계로 임시정부의 수
립이 필요함을 역설했던 대동단결선언이 그러했다. 그러나 임정 수립
을 향한 본격적인 움직임이 시작된 것은 역시 3.1운동 직후부터였다.

이 움직임은 러시아 연해주, 중국 상하이, 그리고 국내의 세 갈래로
나뉘어 전개됐다. 가장 먼저 정부를 수립한 것은 블라디보스토크의 대
한국민의회였다. 국민의회는 1919년 3월 17일 대통령에 손병희, 부통
령에 박영효, 국무총리에 이승만을 선임하며 출범했다. 이어 4월 13일
에는 상하이의 프랑스 조계 안에서 또 하나의 임시정부가 탄생했다.
상하이 임시정부는 국호를 대한민국으로 정하고 국무총리에 이승만,
내무총장에 안창호를 선임했다. 가장 나중에 모습을 드러낸 것은 4월
23일 수립된 국내의 한성임시정부로 이승만을 집정관 총재, 이동휘를
국무총리로 했다. 특히 한성정부는 국내 13도의 민족대표들이 일제의

3.1운동 직후 광복을 위해 중국 상하이에서 대한민국 임시정부가 설립되었다. 사진은 상하이의 임시정부 청사.

감시를 뚫고 국민대회를 거쳐 조직한 것이었다. '국내'라는 상징성과 나름의 거국적 절차를 거친 점 때문에 한성정부는 통합 논의에서 정통성을 인정받을 수 있는 유리한 위치에 섰다.

분열된 임시정부의 통합 문제는 곧 민족운동가들의 화두로 떠올랐다. 그러나 통합 작업은 그리 만만하지 않았다. 표면적인 대립은 임시정부의 위치를 어디에 둘 것이냐를 놓고 벌어졌지만 그 본질은 상이한 투쟁론 사이에서 벌어진 치열한 노선투쟁이었다. 연해주 혹은 만주를 주장하는 무장투쟁파와 상하이를 주장하는 외교투쟁파가 첨예하게 대립했던 것이다. 논란은 거의 반년 가까이나 계속되다가 9월이 되어 타협점이 찾아졌다. 한성정부의 법통을 인정하고 여기에서 임명된 각료들이 정부를 인계하되, 정부의 위치는 상하이로 한다는 절충안이 마련된 것이다. 이렇게 하여 9월 6일 이승만을 대통령, 이동휘를 국무총

대한민국 임시정부 수립 개념도

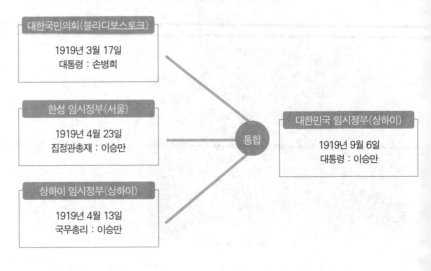

대한국민의회(블라디보스토크)
1919년 3월 17일
대통령 : 손병희

한성 임시정부(서울)
1919년 4월 23일
집정관총재 : 이승만

상하이 임시정부(상하이)
1919년 4월 13일
국무총리 : 이승만

통합

대한민국 임시정부(상하이)
1919년 9월 6일
대통령 : 이승만

대한민국 임시정부 활동상

군자금 조달	• 교통국: 정보 수집 · 분석 · 교환 · 연락 업무 • 연통제: 독립운동 자금 조달 • 이륭양행, 백산상회: 군자금, 정보 마련
군사 활동	• 육군 무관학교 설립, 비행사 양성소 설치 • 광복군 사령부 설치, 만주에 참의부 결성
외교 활동	• 초기 임시정부가 가장 주력했으나 성과 없음 • 파리강화회의에 대표단 파견(김규식) • 구미위원회 설치: 미주 지역에서 외교 활동 전개
문화 활동	• 사료편찬소 설치: 독립운동 관련 역사 정리 • 《독립신문》 발행: 임시정부의 기관지로 국내외 배포

리로 하는 대한민국 임시정부가 역사적인 출범을 하게 되었다. 외교파인 이승만과 무장투쟁파인 이동휘를 정, 부 수반으로 삼은 것 역시 외교독립론과 무장투쟁론 사이에서 절충을 꾀한 것이었다.

이로써 우리 민족은 망국 이후 10년 만에 다시금 정부를 갖게 됐다. 그러나 이 정부는 왕조 시대의 그것과는 근본적인 차이를 갖는 것이었다. 대한민국 임시정부는 입법(임시의정원), 사법(법원), 행정(국무원)의 3권분립에 기초한 역사상 최초의 민주공화제 정부였던 것이다. 대한민국 5,000년의 역사 속에 최초로 왕이 아니라 국민이 주권을 갖는 민주공화정이 탄생한 순간이었다. 물론 임시정부는 관할하는 영토와 국민이 없는, 말 그대로 임시적 기관에 불과했다. 그러나 한국인의 힘으로 수립된 최초의 자주적이고 민주적인 정부로서, 임시정부는 당대는 물론 광복 이후 수립된 정부의 법통에까지 영향을 미친 역사적 의의를 가지고 있다.

짧은 영광, 긴 암흑기

임시정부의 출발은 이처럼 화려했다. 무장투쟁론과 외교론, 실력양성론 등이 한 울타리에 포괄되어 단일한 투쟁방략을 고민하게 됐다는 점은 무엇보다 고무적인 일이었다. 임시정부는 의욕적으로 활동을 시작했다. 먼저 국무원령 1호로 연통제聯通制를 실시해 국내와의 연계 활동을 비밀리에 추진했다. 연통제는 임시정부의 법령과 공문 전달, 전쟁 발생시 군인과 군수품의 징발·수송, 군자금 모금 등을 위해 마련된 제도였다. 또 임시정부는 애국공채를 발행하거나 이륭양행(만주), 백산상회(부산) 등의 위장 사업체를 운영하는 등 독립자금을 모 으기 위한 활동에도 심혈을 기울였다. 이밖에도 『독립신문』을 발행하여 선전 활동에 주력하는가 하면 상하이에 육군무관학교, 미국에는 한인비행사 양성소를 세워 무장투쟁을 준비하는 일도 잊지 않았다. 하지만 임시정부가 무엇보다 역점을 둔 것은 바로 외교 활동이었다. 특히 구미열강을 상대로 외교 활동을 벌인 이승만의 구미위원회는 그 활동의 중심이었다. 이것은 열강의 외교관들이 모여 있는 조계 지역 상하이에 정부가 들어선 것에서부터 어느 정도 예견된 것이었다.

그런데 이처럼 의욕적인 활동에도 불구하고 임시정부가 거둔 성과는 보잘 것이 없었다. 1921년 일제의 검거로 연통제가 와해된 것은 어쩔 수 없었다. 그러나 정부 예산의 60퍼센트 이상을 쏟아 부으며 역점을 두었던 외교 활동의 실패는 임시정부의 위상을 추락시키는 결정적인 원인이 되었다. 파리강화회의에 파견되었다가 임시정부 수립 직후 외교총장으로 임명된 김규식은 본회의장 출입을 거부당했다. 1921년 워싱턴에서 개최된 태평양회의에 파견된 이승만과 서재필 역시 발언권조차 얻지 못하기는 마찬가지였다. 이처럼 외교론의 파탄으로 도드라지기 시작한 내부의 분열과 노선투쟁은 서서히 임시정부를 궁지로 몰아넣었다. 더욱이 1919년 2월 이승만이 미 국무부에 국제연맹에 의한 조선 위임통치를 청원하는 문서를 보낸 사실이 알려짐으로써 임시정부는 치명타를 맞고 말았다. 이승만은 '제2의 이완용'으로 불리며 격렬한 성토의 대상이 됐다. 숭미사대주의자로서 그의 면모가 여실히 드러난 순간이었다. 그러나 좌파 쪽에도 문제가 많긴 매한가지였다. 이들은 소련의 레닌이 조선의 독립운동에 쓰라며 보낸 160만 루블을 임정에 내놓지 않고 자기 파벌을 위해 착복했다는 의심을 받았다. 이 때문에 좌파 지도자 이동휘의 비서 김립이 암살되는 등 임정 안에 한 바탕 피바람이 몰아쳤다.

이념과 노선투쟁, 여기에 시대착오적인 당색과 지방색까지 얽혀들며 임시정부는 서서히 구제불능의 상태로 빠져들었다. 이런 상황 속에서 1923년 김창숙, 최동오 등 15인이 「아我 조선동포에게 고함」이라는 격문을 발표하고 국민대표대회를 열어 임정을 개혁할 것을 호소했다. 이 대회에서는 새로운 정부를 구성해 면모를 일신하자는 창조파와 임시정부의 개혁을 주장한 개조파가 격렬하게 대립했다. 그러나 갈등만이 더욱 두드러졌을 뿐 결론은 없었다. 이에 실망한 활동가들은 만주, 연해주, 미주 등으로 뿔뿔이 흩어져 독자적인 활동을 모색하기로 했다. 독립운동사에 큰 획을 그으며 영예롭게 등장한 임시정부는 이후 근 20년에 걸친 침체기를 통과해야 했다. 짧은 영광을 뒤로 한 기나긴 암흑기의 시작이었다.

이승만의 조선 위임통치 청원서 제출에 대해 신채호는 "없는 나라를 팔아먹으려는 것은 있는 나라를 팔아먹은 이완용보다 더한 역적이다"라고 일갈했다. 이 사건은 이승만이 임시정부 대통령직에서 탄핵되는 빌미로 작용했다.

민족운동의
백가쟁명 시대

3.1운동 이후 민족운동은 실력양성을 중심으로 하자는
민족주의 세력과 비타협적인 사회주의 세력으로 분화되었다.

타협이냐 비타협이냐

3.1운동의 좌절 이후 민족운동가들은 독립투쟁의 향방을 모색
하는 깊은 고민에 빠져들었다. 그런데 이 고민은 각자의 처지와 관점
이 깊게 녹아든 것이어서, 새로운 분화와 분열의 씨앗이 된 것이 사실
이었다. 여기에 1917년 러시아혁명의 성공 이후 전 세계로 전파된 사
회주의 사상의 영향으로 민족운동의 혼란은 더욱 커져만 갔다.

먼저 민족주의운동은 좌파와 우파로 급격히 분열되었다. 이것은 문
화 통치 하에서 일단의 민족주의 인사들이 자치론, 타협론 등으로 개
량화되면서 촉발되었다. 이들은 일본을 적대시하는 운동은 해외에서
나 가능한 것이며, 조선 내에서는 일제가 허용하는 범위 안에서 합법
적인 운동을 벌여나가는 것이 최선의 방책이라는 주장을 폈다. 『동아
일보』, 최린 등의 천도교 신파, 김성수 등의 상층 부르주아 세력이 이
들 우파의 본산이었다.

이들이 주된 논거로 삼았던 것은 한말 이래의 사회진화론이었다. 우
승열패, 약육강식의 법칙에 따라 조선은 아직 일제의 지배를 받을 수

밖에 없으며, 독립보다는 민족성을 개조하여 실력을 기르는 데 집중해야 한다는 논리였다. 자치론과 민족개조론, 실력양성운동은 크게 보아 모두 이런 논리에 기초를 둔 것이었다. 이들은 1921년 미국 워싱턴에서 열린 태평양회의에서도 조선 문제가 전혀 거론되지 않자 크게 실망한 채, '선실력 후독립'에 더욱 매진해야 한다는 결론에 이르렀다. 그러나 이들의 태도는 갈수록 타협으로 기울어 실력양성론이 가지고 있던 건강한 문제의식마저 갉아먹게 되었다.

이에 반발하는 전투적인 민족주의자들의 활동도 더욱 거세게 전개됐다. 이들은 『조선일보』, 천도교 구파 등을 세력 기반으로 하고 있었으며 안재홍, 이상재, 박인호 등이 그 중심인물이었다. 민족주의 좌파는 점점 일종의 문화운동 성격으로 흐르는 우파의 운동을 강하게 비판했다. "강도의 비위에 거슬리지 아니할 만한 언론이나 주창하여 이것을 문화발전의 과정으로 본다 하면 그 문화발전이 도리어 조선의 불행"(신채호, 『독립신문』)이라는 말은 이들의 생각을 잘 보여주는 것이었다.

이들은 일제에 대한 비타협적인 정치투쟁을 강조했으며, 우파와 달리 독립을 지금 당장 쟁취해야 할 최우선적인 과제로 설정했다.

1920년대는 민족운동의 전성기

민족주의 진영이 분열하며 지리멸렬한 상태를 보이자 사회주의 세력은 더욱 성장해나갔다. 외교독립론의 파산, 민족주의 세력의 개량화, 거기에 3.1운동 이후 본격화된 노동자·농민운동의 성장은 이들의 세력 확대에 중요한 자양분이 됐다.

1925년 4월 종로구 경운동 천도교기
념관에서 열린 조선기자대회를 계기
로 조선공산당이 설립됐다.

이들은 프롤레타리아가 중심이 되는 항일민족운동, 조선과 일본의
자본가에 대항하는 투쟁을 전개할 것을 주장했다. 또 국민의 직접·비
밀·보통·평등선거로 선출된 민주공화국 건설, 주 8시간 노동과 집회
·결사의 자유, 농민에 대한 토지분배 등도 아울러 주장했다.

민족주의 진영에 실망한 수많은 청년 학생과 지식인들은 이에 크게
호응했다. 사회주의의 발흥과 더불어 한때는 글줄이나 읽었다 하는 어
중이떠중이 지식분자들 사이에서 마르크스와 레닌이 아니면 대화가
이뤄지지 않을 정도였다. 그래서 사회주의는 사교와 입신의 방책, 곧
'처세의 상식'으로 불리기도 했다.

1925년 4월에는 서울에서 열린 조선기자대회를 계기로 조선공산당
이 건설됨으로써 사회주의운동과 독립운동사에 큰 획이 그어졌다. 그
러나 사회주의자들 역시 단일한 대오를 형성하지는 못했다. 화요파,
서울파, 북풍회파 등 수많은 그룹들로 갈려 치열한 암투를 벌였던 것
이다.

이처럼 1920년대의 민족운동은 민족주의 좌·우파, 사회주의 그룹
내의 분열과 상호투쟁이 맞물려 용광로처럼 끓고 있었다. 역사학자 정

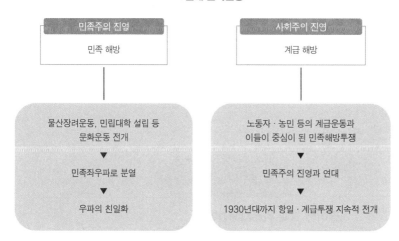

1920년대 민족운동

민족주의 진영	사회주의 진영
민족 해방	계급 해방

물산장려운동, 민립대학 설립 등
문화운동 전개
▼
민족좌우파로 분열
▼
우파의 친일화

노동자·농민 등의 계급운동과
이들이 중심이 된 민족해방투쟁
▼
민족주의 진영과 연대
▼
1930년대까지 항일·계급투쟁 지속적 전개

재정에 따르면 "이민족에 의한 식민지 지배라는 최악의 상황이었음에도 불구하고, 한국의 근현대사에서 1920년대처럼 다양한 사회·정치·경제운동이 전개된 적"이 드물 정도였다. 가히 민족운동의 백가쟁명 시대라 부를 만했던 것이다.

민족의 독립을 꿈꾸던 많은 사람들은 저마다의 이념과 행동방침 속에 단결하고 분열하며 격렬하게 투쟁해나갔다. 비록 분열과 대립이 가져온 폐해는 이루 말할 수 없이 컸지만, 이것은 민족이 가진 잠재력이 실현되는 과정이기도 했다. 이처럼 1920년대는 카오스 속에 이뤄진 민족운동의 전성기였다.

우리 역사 최초의 사회주의 정당은 1918년 이동휘가 소련의 하바로프스크에서 조직한 한인사회당이었다. 1021년 이동휘는 임정의 외교노선에 반발하여 이를 탈퇴하고 고려공산당을 조직했다.

좌우합작투쟁의 시발점,
6.10 만세운동

학생들이 중심이 된 6.10만세운동에서는 민족주의 진영과
사회주의 진영이 합작하여 공동투쟁을 벌였다.

하필이면 그때 위조지폐범이!

1926년 4월 25일 오전 6시 15분. 조선의 마지막 임금 순종이
52세를 일기로 눈을 감았다. 다시 한 번 망국의 한을 뼈저리게 느끼며
나라 전체가 비탄에 잠겼다. 그러나 민족운동가들은 '망국의 통한을
낭비할 것이 아니라 민족적 대단결 속에 투쟁할 것'을 다짐했다. 순종
의 죽음을 3.1운동과 같은 대규모 투쟁으로 발전시키자는 게 이들의
계획이었다.

그러나 3.1운동의 경험은 민족운동 진영만의 것이 아니었다. 일제
역시 거사계획을 눈치 채고 이를 적발하기 위해 혈안이 되어 있었다.
이들은 군대 1만여 명, 경찰 3,500여 명에다 헌병대까지 풀어 물샐틈
없는 경계를 펼쳤다. 이런 상황에서 6.10만세운동은 극도의 보안 속
에 준비되었다. 통일적인 지도부 없이 각개약진해온 당시 민족운동의
흐름상 거사는 몇 개의 그룹에 의해 개별적으로 준비되고 있었다.

가장 열성적으로 투쟁 준비에 나선 세력은 사회주의 진영이었다. 애
초 이들의 계획은 5월 1일 노동절을 국내 단체들과 함께 대중시위로

치른다는 것이었다. 그러나 순종의 죽음 이후 급하게 계획을 변경하여 6월 10일에 만세운동을 벌이기로 했다. 그런데 이들의 거사 준비 과정에서 또 하나의 세력이 합류했다. 천도교 구파 인사 일부가 사회주의 진영의 거사 정보를 입수하고 동참할 뜻을 전해온 것이다. 사회주의자들도 이들의 합류를 환영했다. 전국적인 조직망을 갖춘 천도교의 합세는 무엇보다 큰 힘이 될 수 있었기 때문이다.

천도교 구파는 자체의 조직망을 가동하여 지방 연락을 담당하는 한편, 격문 인쇄 등의 임무를 맡았다. 그런데 이 과정에서 뜻하지 않은 사건이 발생했다. 때마침 중국인 위조지폐범 하나가 서울로 잠입했던 것이다. 첩보를 입수한 일제는 인쇄소들을 탐문하기 시작했다. 그러다가 만세시위에 쓸 격문을 찾아냈다. 하필이면 때를 잘못 골라 터진 일이 거사계획에 초를 친 것이다. 이 일을 계기로 조선공산당 당원과 천도교 간부 수십 명이 체포되고 거사계획은 좌절됐다.

빛나는 6.10만세운동의 의미

가장 조직적으로 추진되던 계획이 좌초함으로써 투쟁은 기로에 섰다. 그런데 이런 암울한 상황을 뚫고 혜성같이 등장한 세력이 있었다. 역시 독자적으로 투쟁을 준비하고 있던 학생운동 진영이었다. 이들은 무산 위기에 놓인 투쟁의 맥을 이으며 꺼져가던 6.10만세운동의 불씨를 되살려놓았다.

학생들 내에서 만세운동을 준비한 것은 조선학생사회과학연구회(학과연)와 통동계通洞系 학생들이었다. 학과연은 각급 학생 대표 40여 명이

순종의 승하에서 촉발된 6·10만세운동은 일제 식민지통치
의 모순에 대항하며 3·1운동이후 성숙되어간 민족역량을 보
여준 만세운동이었다. 사진은 6.10만세운동에 참여한 시위자
들을 연행하는 일제 경찰들과 6.10만세운동공판 속보를 전
하는 신문기사. 6.10만세운동을 준비한 조선학생사회과학연
구회 학생들.

주축이 된 모임이었다. 이들은 투쟁 준비과정에서 통동계 학생들과도
연결되었다. 통동계는 뚜렷한 조직을 갖춘 모임이 아니라 거사를 모의
하던 학생들이 통동에서 자주 모였다 하여 붙여진 이름이었다. 우연히
같은 일을 하고 있음을 알게 된 이들은 이후 더욱 조직적으로 투쟁을
준비해나갔다.

6월 10일의 아침이 밝아왔다. 학생들은 장례행렬 속에서 격문을 뿌

리며 목청껏 만세를 외쳤다. 오전 8시 반 단성사 앞에서의 투쟁을 시작으로 관수교, 경성사범학교, 훈련원, 동대문 등지에서 이들의 만세소리는 끊이지 않고 이어졌다. 그러나 학생들의 헌신적인 투쟁에도 불구하고 만세시위는 좀처럼 불이 붙지 않았다. 수만 명의 군중이 운집해 있었지만 일제의 군경 역시 그만큼 집결해 있었다. 이 살벌한 분위기 속에서 시민들은 감히 투쟁에 동참할 용기를 내지 못했던 것이다. 그럼에도 학생들은 "2천만 동포여! 원수를 몰아내자. 피의 값은 자유이다. 대한독립 만세!"라고 쓰인 격문을 뿌리며 격렬하게 싸워나갔다. 이날 참가한 인원 500~600명 중 체포자만 210여 명에 이를 정도로 학생들의 피해는 컸다. 그러나 이들은 일제의 폭력적 탄압 앞에서도 결코 후퇴하지 않았다.

서울 학생들의 투쟁 소식은 지방으로도 퍼져갔다. 이에 따라 강화 길상보통학교를 비롯, 원주·김제·홍성·울산·나주 등지의 학생들이 동맹휴학을 벌이며 만세운동을 이어나갔다. 어른들의 참여는 고창과 인천에서 수십 명, 그 밖의 지역에서는 고작 몇 명의 참가자만을 기록했을 뿐이었다. 어린 학생들의 순수한 열정과 정의감, 헌신성이 돋보이는 순간이었다. 아울러 이것은 민족적 위기 때마다 앞장서 투쟁하던 학생운동의 전통이 다시 한 번 고개를 내민 순간이기도 했다.

거족적인 3.1운동과 비교해 볼 때 6.10만세운동의 양상은 실로 초라했다. 그러나 이 운동은 겉으로 드러난 규모만으로는 평가할 수 없는 큰 의미를 지니고 있었다. 우선 이제까지 대립, 갈등하던 민족·사회주의 양 진영이 일제라는 공통의 적 앞에서 함께 투쟁하고 함께 탄압받는 경험을 갖게 되었다. 이것이야말로 전민족적 통일전선체로 평가되는 신간회 결성에 산파 역할을 한 것이었다. 또 학생운동이라는 든든한 원군을 얻게 돼 민족해방운동이 새로운 활력 속에 전개될 수 있었던 것 역시 빼놓을 수 없는 의의였다. 6.10만세운동은 규모보다 의미가 빛났던 투쟁이었다.

1920년대의 학생단체는 조선학생회(민족주의), 신간회 학생부(중도), 조선학생사회과학연구회(사회주의) 등 세 갈래로 나뉘어져 있었다.

학생운동을 촉발시킨 일본인 학생의 성희롱 사건

광주에서 불붙은 학생들의 항일운동은
전국적으로 확산되었다.

조선인 교장마저 물러가라 요구한 학생들

6.10만세운동은 학생운동에 커다란 질적 변화를 가져왔다. 학내 문제에 대한 불만에서 비롯된 자연발생적 투쟁이 민족적 분노에 기초한 의식적이고 조직적인 투쟁으로 바뀐 것이다. 이런 변화는 학생들의 투쟁 요구에서도 잘 드러난다. 6.10만세운동 이전에는 무자격 교사의 배척, 일본인 학교에 비해 현격히 떨어지는 학교시설 확충 등 주로 교육 문제에 집중되어 있었다. 그러나 6.10운동 이후에는 달랐다. 보다 민족적이고 사회개혁적인 요구가 등장한 것이다. 예컨대 1927년 벌어진 보성·휘문·중앙 고등보통학교의 투쟁이 좋은 예였다. 세 학교의 학생들은 조선인 교장을 배척하는 운동을 벌였는데 그 이유는 교장이 민족교육적 입장을 명확히 밝히지 않는다는 것이었다. 일제하 사립학교의 다수는 조선인에 의해 건립되어 암암리에 민족의식을 강조하던 곳이었다. 그런 학교에서조차 교원의 민족의식 미비를 이유로 퇴진을 요구한 만큼 학생들의 의식은 보다 항일적인 것으로 바뀌어 있었던 것이다. (『우리민족 해방운동사』)

학생운동의 성장은 동맹휴학의 건수에서도 잘 드러난다. '맹휴'라고도 불린 동맹휴학은 학생들의 보편적인 투쟁방식이었다. 1921~1928년 사이 학생들의 맹휴 건수는 404건에 7,647명이 연루되었다. 또 퇴학 1,560명, 형을 언도받은 학생이 172명에 이르렀다. 학생운동이 전체 민족운동을 앞장서 이끌며 주축세력으로 발돋움하고 있었던 것이다. 광주학생항일운동은 이처럼 높아진 학생운동의 열기 속에서 폭발한 사건이었다.

조선의 '전통식(?)'이 문제?

일반적으로 광주학생운동은 광주-나주 간을 운행하는 통학열차 안에서 일어난 한일 양국 학생들의 시비가 발단이 된 것으로 알려져 있다. 광주중학생인 후쿠다 슈조가 광주여자고등보통학교 학생인 박기옥을 희롱하자 사촌동생인 박준채가 항의하다가 한일 학생들의 난투극으로 발전한 것이다. 그러나 역사학자 김호일에 따르면 한일 학생들의 충돌은 이미 4개월 전에 조짐을 보이고 있었다. 통학열차가 운암역을 지날 때 조선 농부들이 개를 잡아 불에 그슬리는 모습을 보고 일본인 학생이 "야만이다"라고 소리쳤다. 그러자 격분한 조선 학생들이 들고일어나면서 패싸움이 벌어졌다. 조선 관습에 대한 일본 학생들의 조롱이 조선 학생들의 민족적 울분을 자극하여 첫 충돌로 발전했던 것이다. 광주학생항일운동의 도화선이 된 통학열차 안에서의 시비와 난투극은 그 연장선에서 발생한 사건이었다.

1929년 10월 30일, 여학생 희롱사건으로 발생한 한일 학생들 사이

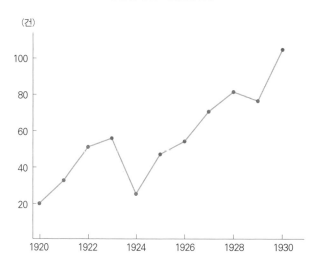

동맹휴학 연도별 발생건수

(건)

의 분란은 다음 날인 31일과 11월 1일에도 그치지 않았다. 그런데 싸움을 수습하는 과정에서 조선 학생들의 공분을 살 만한 일이 발생했다. 싸움을 말리는 교사와 경찰, 사건의 진실을 제대로 알려야 할 기자 등이 일방적으로 일본인 학생들을 편든 것이다. 이 과정에서 피해자인 조선 학생들은 부당하게 가해자로 낙인찍혀버렸다. 조선 학생들의 민족의식에 더욱 강한 불씨가 당겨지게 된 것이다

11월 3일에는 상황이 더욱 극적으로 고조되었다. 이날은 일본의 국경일인 메이지세쓰明治節로 음력으로는 조선의 개천절이기도 했다. 일본 천황을 기념하는 것도 억울한데 학생들의 울분을 돋울 일이 또 벌어졌다. 광주중학생 사이토가 기념식을 마치고 나오던 조선 학생의 얼굴을 단도로 찌른 것이다. 이로써 사태는 걷잡을 수 없이 커져버렸다. 피습 사실이 알려지자 광주고보, 광주농업학교, 광주사범학교, 광주여

1929년 11월 3일 통학열차 안에서 일본인 학생이 조선 여학생을 성희롱한 것이 발단이 되어 일어난 광주학생항일운동. 한일 학생 간의 충돌이 민족 감정으로 폭발한 사건으로 투쟁은 전국적으로 확대되어 학생과 시민이 합세한 3.1운동 이후 최대 규모의 항일운동이 되었다. 사진은 광주학생항일운동의 발단이 된 이광춘과 박기옥, 운동을 주도한 광주 지역의 학생 비밀결사였던 성진회.

고보의 학생들이 너나없이 거리로 쏟아져 나왔다. 그리고는 누구의 입에서 먼저인지 모르게 "대한독립 만세!"와 "식민지 노예교육 철폐!"라는 구호가 터져 나왔다. 드디어 광주학생항일운동이 발발한 것이다.

학생들은 편파보도를 일삼은 『광주일보』를 습격해 윤전기에 모래를 뿌려버렸다. 또 수백 명씩 떼지어 몰려나온 일본 학생들과 난투극을 벌였다. 때마침 광주에는 '전남 견산農産 600만 석 돌파'를 기념하는 축하회 때문에 많은 인파가 몰려 있었다. 이들이 거리로 나온 학생들에 호응하여 점차 시위대열에 합류했다. 민족차별에서 시작된 학생들의 투쟁은 군중과 함께 하는 대규모 시위로 발전해감 기미를 보이기 시작했다.

일개 지역의 학생운동이 아니었다

이처럼 사태가 악화되자 일제는 11월 9일까지 휴교령을 내렸다. 그런 한편 주모자 격인 70여 명의 학생을 구속했다. 반면 먼저 도발을 한 일본인 학생은 겨우 7명이 훈방 조치를 받았을 뿐이었다. 이 편파적인 처사는 학생들의 분노에 더욱 불을 지폈다. 학생들은 2차 시위에 돌입하여 "검거 학생 탈환!" "조선 민중의 궐기!" 등의 격문을 뿌리며 다시 한 번 가두투쟁에 나섰다.

광주 학생들의 격렬한 투쟁에 사회단체들도 하나둘씩 결합하기 시작했다. 특히 민족운동의 지도기관으로 떠오른 신간회는 이 과정에서 큰 활약을 보였다. 보도가 통제되던 광주학생항일운동의 진실을 알려 전국적인 확산에 기여하고 김병로, 허헌 등의 변호사를 파견하여 경찰 등 관계기관에 엄중 항의했던 것이다. 신간회는 또 구금된 학생의 구출과 포악한 경찰정치에 대한 항의를 슬로건으로 내걸고 대규모 민중대회를 준비했다. 그러나 이 대회는 개최 6시간 전 일제 경찰의 급습으로 91명이 검거되며 무산되고 말았다.

광주 학생들의 투쟁 소식이 알려지자 전국의 학생들도 호응하였다.

> 일제의 억압적인 정책 속에서도 교육을 향한 열망은 식지 않았다. 이런 열망이 학생운동의 성장에 자양분이 됐음은 주지의 사실이다. 1930년의 경우 학생운동의 주력으로 활약했던 중등 이상의 학생은 10만 명에 육박했다. 학생운동의 기반이 성숙해 있음을 알려주는 수치이다. 또 당시 보통학교의 취학 연령이 높았다는 점에서 이들 역시 학생운동의 주체로서 활약할 근거는 충분했다. 조동걸 국민대 교수의 연구에 따르면 1917년 3월 보통학교 최고 학년인 제4학년 학생들의 평균 연령은 만 15.5세, 최고령 학생은 27.1세, 최연소자는 10세였다.

광주학생항일운동이 파급된 도시

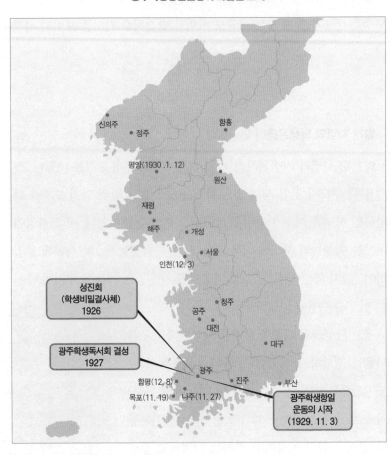

신의주
정주
함흥
평양(1930 .1. 12)
원산
재령
해주
개성
서울
인천(12. 3)

성진회
(학생비밀결사체)
1926

광주학생독서회 결성
1927

청주
공주
대전
대구

함평(12. 8)
목포(11. 19)
나주(11. 27)
광주
진주
부산

광주학생항일
운동의 시작
(1929. 11. 3)

광주학생항일운동 당시 피해자 수

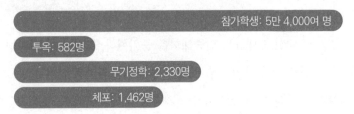

참가학생: 5만 4,000여 명

투옥: 582명

무기정학: 2,330명

체포: 1,462명

1930년까지 치열하게 전개된 봉기에 참여한 학교와 학생은 전국 194개 교(초등 54·중등 146·고등 4개교), 5만 4,000여 명에 이르렀다. 이에 따른 학생들의 피해도 막심해서 1, 2차에 걸친 광주 학생들의 투쟁으로 255명의 학생이 구속되고 1,000여 명이 퇴학당했다. 전국적으로는 투옥 582명, 무기정학 2,330명, 체포 1,462명 등 엄청난 피해가 발생했다.

이렇듯 광주학생항일운동은 그 명칭과 달리 일개 지역 단위의 투쟁이 아니었다. 전국적 규모에서 벌어진 3.1운동 이후 최대의 항일민족 투쟁이었던 것이다. 이 대규모 투쟁을 어린 학생들이 선도했다는 사실은 일제뿐 아니라 민족운동 세력에게도 큰 놀라움을 안겨주었다. 1910~20년대를 거치며 축적되어온 학생운동의 역량이 거대한 폭발을 보인 것이다.

'일제 타도'와 '식민교육 철폐'를 동시에 부르짖은 학생들의 투쟁은 식민지하 교육문제의 해결조차도 민족해방 없이는 불가능하다는 사실을 보여주었다. 또 6.10만세운동에 이어 학생들의 투쟁이 전체 민족해방운동을 선도한 것은 한국 학생운동의 전통과 관련해서도 중요한 의의를 갖고 있었다. 이 전통이야말로 1970~80년대의 학생운동으로 이어져 독재체제를 종식시키는 거대한 힘으로 작용했던 것이다. 광주학생항일운동이 일어난 11월 3일은 지금도 학생의 날로 기념되며 그 정신이 기려지고 있다.

민족운동이 본격화하기 이전 존재했던 주요 학생단체는 1896년 서재필의 도움으로 배재학당 학생들이 결성한 협성회協成會, 1919년 동경에서 2.8독립선언투쟁을 이끈 조선청년독립단 정도를 꼽을 수 있다.

최고의 현상금이 걸린 사나이, 김원봉

의열단과 한인애국단은 일제의 요인에게 직접적인 타격을
입히는 방식으로 민중의 지지와 호응을 이끌어냈다.

최고의 현상금이 목에 걸린 사나이

의열단 단장, 혁명간부학교 교장, 민족혁명당 당수이자 조선의
용대 대장, 한국광복군 부사령관, 임시정부 군무부장, 해방 후 민주주
의민족전선 의장, 북한 노동상, 최고인민회의 상임부위원장….

듣기만 해도 숨이 막혀올 듯한 이 엄청난 직책들을 두루 역임했던
인물이 있다. 약산 김원봉(1898~1958?). 보통 일제시대의 독립운동가
하면 백범 김구, 도산 안창호 등을 떠올리기 쉽지만 김원봉 역시 그들
못지않은 활약을 했던 독립운동계의 전설이었다. 그래서 사가들은 '우
파에는 김구, 좌파엔 김원봉'으로 각 계열의 대표인물을 꼽는 데 주저
하지 않는다. 다만 그의 유명세가 덜한 것은 좌파적 이미지와 해방 후
월북한 뒤 숙청당한 그의 이력 때문이었을 것이다.

일제에게 김원봉은 염라대왕 같은 인물이었다. 그는 일제가 가장 체
포하고 싶어 하는 1순위 인물이었다. 일본 외무대신은 "김원봉을 체포
하면 즉각 나가사키 형무소로 이송할 것이며, 소요경비는 외무성에서
직접 지출할 것"이라는 훈령을 하달하기도 했으며(김삼웅, 『약산 김원봉 평

1919년 만주에서 의열단을 조직하여 조선총독부와 일본 정부에 맞서 국내의 일제 수탈기관 파괴, 요인 암살 등을 주도하며 의열투쟁을 벌인 김원봉. 사진은 김원봉과 의열단 단원들.

전』), 실제로 김원봉의 목에는 일제시대 통틀어 최고의 현상금이 걸려 있었다.

그의 전설이 시작된 것은 1919년 11월, 만주 지린성(길림성)에서였다. 김원봉은 윤세주, 이성우 등 열혈청년 13인과 함께 의열단을 조직했다. 김원봉이 의열단을 조직한 것은 3.1운동에 대한 아쉬움과 반성에서였다. 평화적인 방법으로는 결코 독립을 쟁취할 수 없으리라는 게 그의 판단이었다. 물론 이런 생각은 그 말고도 많은 이들이 공유하고 있었다. 그래서 독립전쟁론이 힘을 얻고 무장투쟁을 위한 활발한 준비가 시작되었다. 그러나 그가 선택한 의열투쟁은 일반적인 무장투쟁과는 방법을 달리했다. 말 그대로 '의義'와 '열烈', 곧 정의와 폭력을 일체화시킨 하나의 투쟁론으로 승화된 것이었다. 똑같이 폭력에 의존하면서도 조직적인 군사적 투쟁이 아니라 개개인의 결단과 희생을 바탕으로 한다는 점에서 의열투쟁은 무장투쟁과는 궤를 달리했다.

폭력의 화신을 겨냥하다

창립 이후 의열단은 상하이에 비밀 폭탄제조공장 12개를 세워 무기를 조달하며 국내외에서 투쟁을 벌여나갔다. 이후 의열단이 터뜨린 총포 소리는 일제의 간담을 서늘케 하는 동시에 동포의 꽉 막힌 가슴을 뚫어주는 청량음이었다.

의열단이 벌인 대표적인 투쟁으로는 1920년 9월 박재혁 의사가 감행한 부산경찰서 폭탄 투척사건을 들 수 있다. 또 같은 해 12월에는 최

의사·열사들의 항일 활동상

구분	의사 및 열사	내용	소속	결과
1919년 9월	강우규	사이토 총독에게 폭탄 투척	신한촌노인단	실패/사형
1920년 9월	박재혁	부산경찰서 폭탄 투척	의열단	일본인 경찰서장 중상/옥사
12월	최수봉	밀양경찰서 폭탄 투척	의열단	실패/사형
1921년 9월	김익상	조선총독부에 폭탄 투척	의열단	부분 성공/암살
1922년 3월	오성륜 · 김익상	상하이 세관부두에서 일본 육군대장에게 폭탄 투척	의열단	실패/오성윤 탈출 김익상 암살
1923년 1월	김상옥	종로 경찰서 폭탄 투척	의열단	성공/순국
1924년 1월	김지섭	도쿄 궁성에 폭탄 투척 의거	의열단	실패/옥사
1926년 12월	나석주	동양척식주식회사 및 식산은행에 폭탄 투척	의열단	실패/순국
1932년 1월	이봉창	도쿄에서 히로히토 일본 천황 폭살 기도	한인애국단	실패/사형
1932년 4월	윤봉길	상하이 홍커우 공원에서 일본군 장성 및 고관들에게 폭탄 투척	한인애국단	성공/총살형

수봉 의사가 밀양경찰서에 폭탄을 투척했고, 1921년 9월에는 신입 단원 김익상이 조선총독부에 폭탄을 던졌으나 뜻을 이루지 못한 사건도 있었다. 해외에서도 의열단의 활약은 이어졌다. 1922년 3월에는 상하이에서 오성륜, 김익상, 이종암 등이 육군대장 다나카 기이치를 암살하려는 거사가 벌어졌다. 또 1924년에는 김지섭 의사가 일본 황궁에 폭탄 세 발을 투척하기도 했다. 현해탄을 건너는 동안 폭탄의 뇌관이 습기에 젖어 실패로 끝났지만 이 거사는 일본인이 신으로 여기는 천황을 공격목표로 삼았다는 점에서 일본 전역을 충격에 빠뜨렸다.

일제는 의열단의 투쟁을 격렬히 비난했다. 이들을 비열한 테러리스트로 낙인찍고 거액의 현상금을 걸어 체포하는 데 혈안이 되었다. 그러나 정작 가장 큰 폭력의 주체는 일제 자신이었다. 한일병합 이후, 아니 그 이전부터 일제야말로 수만에 이르는 조선인을 학살한 폭력의 화신 중 화신이었던 것이다. 이에 대항하는 민족운동의 폭력은 스스로를 지키기 위한 자위적 폭력으로서 일제가 시비할 거리조차 못되는 것이었다.

영웅적이었으나 한계도 뚜렷했다

일제의 선전과 달리 의열단은 무차별적인 살상행위를 저지르고 다닌 무식한 테러리스트 집단이 아니었다. 오히려 이들의 활동은 명확하고도 정치한 이론에 근거했다. 이들이 이론적 바탕으로 삼은 것은 단재 신채호가 기초한 「조선혁명선언」이었다. 신채호가 김원봉의 간곡한 부탁을 받고 쓴 '선언'은 "양병 10만이 폭탄을 한 번 던진 것만 못하며 억천 장 신문, 잡지가 한 차례 폭동만 못할지니라"고 밝히고 있다. 또 "외교, 준비 등의 미몽을 버리고 민중 직접 혁명의 수단을 취하는 것만이 독립의 유일한 방책"이라고 주장했다. 여기서 혁명의 수단이란 물론 '끊임없는 폭력─암살·파괴·폭동'을 의미하는 것이었다. 의열단은 「조선혁명선언」을 바탕으로 소수정예의 인원을 가동하여 일제를 두려움에 빠뜨린 수많은 투쟁을 벌여나갔다.

그러나 이처럼 영웅적인 투쟁에도 불구하고 의열단의 활동에는 큰 한계가 존재했다. 사회주의 민족운동가 김산의 생애를 다룬 『아리랑』에는 1924년까지 300여 명에 이르는 의열단원들이 희생되는 등 큰 피해가 발생했다고 언급되어 있다. 그런데 이처럼 막대한 희생을 치르고 얻은 투쟁의 효과는 생각만큼 크지 않았다. 가장 큰 문제는 테러 방식이 항일투쟁의 주체가 되어야 할 대중들을 오히려 구경꾼으로 전락시킨다는 점이었다. 이것은 애초 일반 민중에게까지 혁명의 기운을 불어넣는다는 취지와는 달랐다. 의열단의 투쟁 방식은 아무리 센세이션을 불러일으킨다 하더라도 일제에게 근본적인 타격을 가할 수 있는 방법은 아니었던 것이다.

이런 한계를 인식하면서 의열단의 투쟁노선에는 중대한 변화가 일어났다. 개별적인 테러 방식에서 대중을 조직하고 이를 군사행동과 결합시키는 무장투쟁노선으로 방침을 바꾼 것이다. 이리하여 의열단원들은 1925년 8월 중국 광저우(광주)로 건너가 국민당 정부가 세운 황포군관학교에 입교했다. 체계적인 군사 훈련과 간부 양성을 위해서였다. 이후 이들은 중국의 항일 세력과 연합하는 한편 중국내 독립운동 세력을 통합하는 민족유일당운동에도 역점을 쏟았다. 1937년 결성된

1930년대 의열투쟁을 주도한 한인애국단은 임시정부 직할로 결성되었다. 한인애국단 소속으로 상하이 홍커우 공원 거사를 일으킨 윤봉길 의사와 천황 폭살 시도를 한 이봉창 의사.

좌·우파 합작노선의 조선민족혁명당과 1938년 한커우(한구)에서 결성된 조선의용대는 이 같은 활동의 산물이었다.

중국의 백만 대군보다 나은 1인의 투쟁

1925년 이후 의열단의 활동이 잠잠해지자 이를 이어받은 것은 한인애국단이었다. 이 단체는 임시정부 직할로 결성된 것으로 1930년대의 의열투쟁을 주도한 조직이기도 했다. 임시정부가 한인애국단을 조직한 데는 피치 못할 이유가 있었다. 국민대표대회 이후 임정은 오랜 침체를 벗어나지 못했다. 1931년 만주사변이 발생하고 일제의 대륙 침략이 본격화되면서는 존폐의 위기감이 엄습해왔다. 이런 상황 속에서 임정의 국무령 김구는 결사대원 80여 명을 주축으로 한인애국단을 창설했다(1931년). 이들의 의열투쟁을 통해 침체된 임정 활동에 활기를 불어넣겠다는 구상이었다.

1932년 도쿄 사쿠라다몬 앞에서 일어난 이봉창 의사의 천황 폭살 시도는 그 첫 번째 거사였다. 비록 천황의 마차를 오인한 탓에 실패로 끝났지만 이 사건은 세상을 놀라게 하기에 충분했다. 특히 중국의 신문들은 "이봉창이 일왕을 저격했으나 불행히도 명중하지 않았다"고 애석해 하는 기사를 실었다. 일본은 이 기사를 꼬투리 삼아 상하이사변(1.28사변)을 일으키며 중국 침략의 발판으로 삼았다.

윤봉길 의사의 홍커우 공원 거사(1932년)는 상하이사변의 승리를 자축하는 전승축하식장을 아수라장으로 만들어버렸다. 이 사건으로 일본 거류민단장 카와바타가 즉사하고 상하이주둔군 총사령관 시라카와가 중상을 입는 등 7명의 고위 인사들이 살상되었다. 이 때문에 일본의 대륙 침략은 제동이 걸려 당분간 숨을 고를 수밖에 없는 처지가 되고 말았다. 중국인들은 이 사실을 높게 평가했다. 특히 국민당의 총통이던 장제스는 "중국의 1억 인구가 해내지 못한 일을 조선의 한 청년이 해냈다"고 극찬했다. 실로 중국의 백만대군이 해내지 못한 일을 24세의 청년 윤봉길이 혼자 몸으로 이룩한 것이다.

이봉창·윤봉길 의사의 거사 이후 중국과 조선의 항일운동 세력 사

의열투쟁을 가장 선도적으로 이끌었던 것은 1911년 11월 결성된 의열단이었다. 이 단체는 약산 김원봉이 열혈청년 13인과 뜻을 모아 중국 길림성에서 결성했다. 이들은 창단 당시부터 '7가살可殺 5당파當破'를 두어 투쟁 목표를 분명히 했다. 여기서 7가살이란 죽여야 할 7부류의 대상을 말하는 것으로, 조선총독과 관리 군지휘관 대만총독 매국노 친일파 거두 밀정 친일부호를 가리켰다. 또 5당파는 반드시 파괴해야 할 일제의 다섯 기관으로, 조선총독부 동양척식주식회사 매일신보 경찰서 기타일제의 주요 기관을 말하는 것이었다. 이처럼 타격 목표를 분명히 한 뒤 의열단은 창단 직후부터 맹렬하게 활동을 전개해나갔다.

이에는 긴밀한 협력관계가 맺어졌다. 국민당의 지원이 아니었다면 일제의 중국침략기에 임시정부는 더욱 큰 고난에 시달렸을 것이 분명했다. 아울러 수많은 인재들이 중국의 중앙육군군관학교에 입학하여 군사 훈련을 받음으로써 뒷날 한국광복군의 결성에도 귀중한 밑바탕이 마련되었다.

역사학자 김영범은 의열투쟁이 지닌 의미를 이렇게 얘기하고 있다.

"일제의 한반도 강점기에 수많은 한국인들이 식민지 체제를 완강히 거부하며 완전독립의 성취를 위해 줄기차게 싸웠다. 그 과정에서 가장 강도 높았고 일제에 가한 타격이 가장 컸으며 민중의 지지와 호응도 만세시위 못지않게 가장 많이 받았던 대일항쟁 방식이 의열투쟁이었다. 독립운동에서 의열투쟁의 비중과 의의가 그만큼 컸다는 뜻이다."

의열투쟁은 독립군의 무장투쟁과 함께 항일투쟁을 이끈 엔진이었다. 이들의 투쟁이 있었기에 조선인은 독립을 향한 열망을 잃지 않았고 세계인은 투쟁하는 조선인의 존재를 잊지 않았다.

1920년대 중반 일어난 민족운동세력의 통일운동을 민족유일당_{民族唯一黨}운동이라 한다. 때에 따라 민족협동전선운동, 민족통일전선운동, 좌우합작운동 등으로도 불렸다.

나르는 호랑이 홍범도
봉오동전투를 이끌다

봉오동전투의 승리 뒤 홍범도, 김좌진 장군이 이끄는 2천여 명의
독립군은 청산리에서 1만4천여 명의 일본군을 상대로 완승을 거두었다.

국내로 진공하는 독립군

3.1운동의 비폭력노선에 대한 반성은 무장투쟁론의 급격한 확
산을 불러왔다. 이에 따라 만주, 연해주 지역에서는 무장투쟁을 수행
하려 는 수십 개 부대들이 우후죽순처럼 생겨났다. 서북간도 일대에는
대종교·기독교 등의 종교 계열, 의병·유생 출신이 중심이 된 다양한

	이름	설립일	주요 인물
서간도	서로군정서(신민회 계열)	1919년 11월	신흥무관학교 출신자 중심. 지청천 등 3,500여 명.
	대한독립단(의병 계열)	1919년 3월	박장호, 조맹선 등 1,500여 명.
	광복군 총영(임정 직속)	1920년 9월	오동진, 조병준 등 3,700여 명.
북간도	북로군정서 (대한군정서. 대종교 계열)	1919년 12월	임정 직속. 서일, 김좌진 등 1,200여 명.
	대한국민군(기독교 계열)	1920년 초	대한국민회 산하(국민회는 홍범도의 대한독립군을 후원하기도 함). 안무 등 450여 명.
	대한독립군(의병 계열)	1919년 3월	홍범도 등 400여 명. (1920년 최진동의 대한군무도독부군과 안무의 대한국민회군과 연합부대 형성)

*** 이외 동북만주 지역에서 대한신민단, 한민회군, 의민단, 의군부, 광복단 등 여러 단체 활동.
*** 인원수는 대략적인 군세(軍勢).

독립군 부대들이 활동하고 있었다. 비록 통합된 상태는 아니었지만 이들에 의해 독립전쟁을 위한 기반은 착착 닦여지고 있었다.

그러던 중 1919년 8월과 10월, 홍범도 부대가 국내 진입작전을 개시했다. 특히 10월에는 압록강을 건너 강계와 만포진을 점령하고 70여 명의 일본군을 살상하는 전과를 올렸다.

하필이면 거기 홍범도가 있었더냐!

이 승리로 자신감을 얻은 독립군의 국내 진공작전은 그 뒤로 더욱 활발해졌다. 1920년 3월~6월 사이 독립군은 32차례의 작전을 시도해 일제관공서 34개소를 파괴했다. 6월 4일에는 대한신민단 소속의 30여 명이 함경북도 종성군 강양동에 주둔한 헌병순찰소대를 격파했다. 그러자 일본군 1개 중대와 순사 10여 명이 두만강을 건너 삼둔자를 공격했다. 삼둔자는 두만강 중류 북쪽 대안(북간도 화룡현 월신강)의 한 마을이었다. 일본군이 최초로 중국 영토를 불법 월경하여 토벌작전을 벌인 것이었다. 일본군은 분풀이로 마을 주민을 학살하는 만행을 저질렀다. 이 소식을 들은 독립군은 후퇴하던 발길을 돌려 이들을 공격, 섬멸해버렸다. 삼둔자승첩으로 독립군과 일제의 전투는 더욱 가열되기 시작했다.

삼둔자에서의 패배 이후 일본군은 대규모 토벌작전을 감행했다. 두만강을 수비하던 19사단 병력 일부로 월강추격대대를 편성해 화룡현 봉오동 방면으로 나아갔다. 그러나 봉오동에는 당시 대한독립군, 국민회군, 군무도독부군의 연합부대가 머물고 있었다. 홍범도가 지휘하

봉오동 전투에서 독립군 최대의 승전을 기록했던 대한독립군 총사령관 홍범도 장군. 이 전투에서 일본군의 피해는 전사자 157명, 부상 300여 명에 이르렀지만 독립군 측은 4명의 전사자에 2명의 중상자만 나왔다.

김좌진 장군의 북로군정서군은 청산리대첩의 대표적인 전투인 백운평, 천수평, 어랑촌 전투 등에서 큰 전승을 거두었다. 아래 사진은 청산리 대첩에서 승리한 김좌진 장군의 북로군정서군과 1,200명 이상의 병사가 사살되는 등 대참패를 겪고 패퇴하는 일본군.

는 이 부대는 봉오동에서 일본군 소좌 야스카와가 지휘하는 추격대를 섬멸해버렸다. 일본군의 피해는 전사자 157명, 부상 300여 명에 이르렀던 반면, 독립군은 전사 4명, 중상 2명에 그쳤을 뿐이다. 일본군에게는 큰 불행일 수밖에 없었던 것은 하필이면 독립군의 지휘자가 홍범도라는 사실이었다. 구한말 의병장 출신인 홍범도는 일본군조차 '날아다니는 호랑이' '축지법을 구사하는 신출귀몰한 명장'으로 두려워했던 불패의 맹장이었다.

봉오동에서의 대패 뒤 약이 오른 일본은 10월 7일, 1만 5,000여 명의 대부대를 동원해 독립군이 주둔하고 있던 삼도구 지역을 공격했다.

이 지역을 맡고 있던 독립군 주력은 김좌진 장군이 이끌던 북로 군정 서였다. 당시 북로군정서는 수류탄 780발과 기관총 7정 등을 보유한 독립군 최강의 부대였다. 이들은 홍범도가 이끌던 대한독립군을 비롯한 6개 부대와 합세해 2,000여 명의 병력으로 추격해 오는 일본군과 맞섰다.

처음 독립군은 전력의 열세를 감안, 전투를 회피하려 했다. 그러나 동포들을 학살하며 포위망을 좁혀오는 일본군과의 접전이 불가피하다고 판단, 마침내 결전을 준비했다. 10월 21일 시작된 전투는 26일까지 10여 차례에 걸쳐 격렬하게 전개됐다. 독립군은 지형지물을 이용한 매복전을 펼친 끝에 어랑촌 전투(일본군 300여 명 전사), 완루구 전투(일본군 400여 명 사상) 등에서 일본군을 패퇴시켰다. 이 전투를 통해 일본군은 1,200명 이상의 병사가 사살되는 등 대참패를 겪었다. 그러나 독립군은 전사 60명, 부상 90명 등 경미한 피해를 입는 데 그쳤다. 완벽한 승리였다. 독립군을 '비적匪賊'이라 멸시하던 일본에게는 고개를 들 수 없는 치욕이, 그러나 독립전쟁사 속에서는 빛나는 전설이 탄생한 순간이었다.

항일전쟁 중 러시아로 들어간 홍범도 장군은 1937년 스탈린의 강제 이주명령에 따라 카자흐스탄의 크슬오르다에 정착했다. 80루블의 연금과 극장 수위로 일하며 받은 월급 50루블로 제법 여유로운 말년을 보냈다고 전해진다.

자유시 참변을
딛고 서다

자유시 참변으로 심각한 타격을 받은 만주 지역의 독립군은 참의부,
정의부, 국민부 등 3개 세력을 형성하여 재기를 모색했다.

서일徐— , 스스로 숨을 멈추다

1921년 11월 15일, 『동아일보』에는 뜻밖의 기사 하나가 실렸
다. "배일排日 거두巨頭 서일 피살설"이라는 제목으로, 독립운동가인 서
일 (1881~1921)이 만주 마적단에 의해 목숨을 잃었다는 사실을 보도한
내용이었다. 그로부터 보름여 뒤인 12월 6일에는 임정 기관지 『독립
신문』에 보다 진전된 내용이 기사화되었다. 서일이 마적단에게 부하들
을 모두 잃은 뒤 죄책감에 시달리다 자진하여 목숨을 끊었다는 것이었
다. 실제로 그는 노만 국경에 자리한 밀산密山의 한 촌가에 머물다가 수
백 명의 마적단과 전투를 벌였고 이 와중에 12명의 부하를 잃은 바 있
었다. 그렇다면 그의 자결을 이 사건의 결과로 연결 짓는 것은 옳은 것
일까?

그렇지 않았다. 서일은 10여 년간 만주 일대를 누비던 독립운동계의
살아 있는 전설이었다. 1911년 조직된 대종교 계통의 항일단체 중 광
단, 3.1운동에 큰 영향을 끼친 1918년의 무오독립선언, 청산리대첩의
주력부대인 북로군정서의 조직 등이 모두 그의 직접적인 영향 아래서

이뤄진 결실이었다. 그는 이미 숱한 부하들을 잃었고 수많은 패배로 단련된 백전노장이었다. 12명의 부하장병을 잃은 건 가슴 아픈 일이 되, 사령관인 그가 자진하여 목숨을 끊을 정도의 일은 아니었다는 것이다. 그렇다면 그는 왜 자살한 것일까?

여기에는 약 반년 전인 1921년 6월에 일어난 '자유시 사변'이라는 배경이 있었다. 청산리승첩 이후 만주의 독립군은 일제의 토벌전을 피해 러시아령인 자유시(스보보드니)로 이동했다. 이때 독립군은 3,500여 명의 대한독립군단이라는 대부대를 형성했고 서일은 총재로 추대된 바 있었다. 독립군단은 자유시에서 큰 비극을 맞았다. 당시 자유시는 소련 공산당의 지원을 받는 이르쿠츠크파와 상해파 공산당이 각축을 벌이고 있었고 독립군단의 대부분은 상해파를 지지하고 있었 다. 소련 군은 이들의 무장해제를 요구하다가 거부당하자 장갑차와 기관총을 대동하여 대대적인 공격을 벌였다. 그 결과 3백여 명에 이르는 독립군이 죽고 9백여 명이 포로로 잡히는 엄청난 참극이 벌어졌다.

소수의 독립군들은 간신히 목숨을 부지하여 만주로 귀환했다. 그러나 만주에서 그들을 기다리는 현실 또한 녹록치 않았다. 청산리에서의 패배 직후 일제는 만주의 한인촌을 쑥밭으로 만들며 대규모 학살극을 벌였다(경신참변). 이 사건으로 3천 명이 넘는 동포가 살해되고, 독립군이 지난 10년 동안 심혈을 기울여 쌓아온 무력항쟁의 기반이 송두리째 뿌리뽑혀버렸다. 서일의 고뇌는 이런 상황 속에서 깊어진 것이었다. 풍찬노숙으로 점철된 지난 10년의 결과가 그리도 허망했다. 그 자신의 허망함이 문제가 아니라 수많은 전우와 동포의 피로 얼룩져버렸다. 서일은 '사죄'의 유언서를 남긴 뒤 자결하기로 결심하고 대종교의

봉오동 및 청산리 전투에서 대패한 일제는 이에 대한 보복으로 만주 한인촌을 대상으로 잔인한 학살극을 벌인다. 1920년의 간도참변(경신참변)으로 3~4개월 동안 계속된 일제의 만행으로 인해 비공식적으로 1만여 명에 이르는 조선인이 목숨을 잃었다.

수행법인 조식법調息法을 이용하여 스스로 숨을 멈췄다. 혹은 약을 먹고 조용히 숨을 거뒀다고도 한다. 그의 나이 41세 때의 일이었다.

파벌을 극복하고 통일군단을 만들자!

서일의 자결은 만주의 독립군이 맞이한 극한의 위기를 상징했다. 근거지는 파괴됐고 군세軍勢는 날개가 꺾였다. 이런 상황에서 각지에 고립, 산재하게 된 독립군의 대다수가 '뭉치면 살고 흩어지면 죽는다'는 절박감을 갖게 된 건 당연했다. 통일단결을 위한 본격적인 논의가 시작될 수밖에 없었다. 그리고 그 주요한 결실은 1922년 8월 30일남 만주 일대에서 서로군정서, 대한독립단, 대한광복군총영 등의 단체가 참여한 '대한통의부大韓統義府'의 결성으로 나타났다. 통의부는 1910년대 이래의 독립기지론을 계승하여 한인들의 자치활동과 무장투쟁을 겸

독립군 3부의 형성

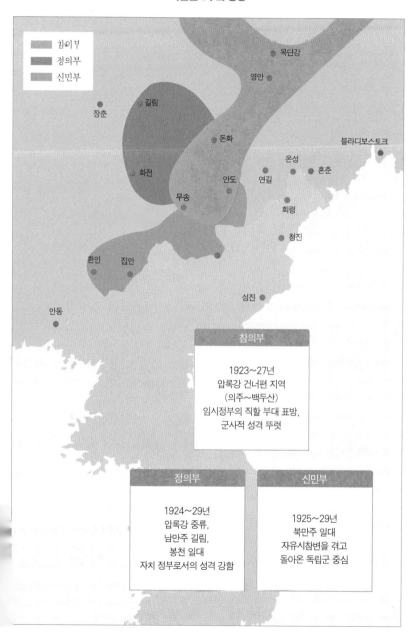

참의부
정의부
신민부

목단강
영안
장춘
길림
돈화
블라디보스토크
온성
화전
안도 연길 혼춘
무송
회령
청진
환인 집안
안동
성진

참의부

1923~27년
압록강 건너편 지역
(의주~백두산)
임시정부의 직할 부대 표방,
군사적 성격 뚜렷

정의부

1924~29년
압록강 중류,
남만주 길림,
봉천 일대
자치 정부로서의 성격 강함

신민부

1925~29년
북만주 일대
자유시참변을 겪고
돌아온 독립군 중심

한 조직이었다.

그러나 통의부는 그 의의에도 불구하고 중대한 한계를 드러냈다. 통합을 서두른 나머지 서로간의 이념적 차이를 간과하는 오류를 저지른 것이다. 이 때문에 통의부 안에서는 공화주의와 복벽주의를 신봉하는 파벌 간에 극한 대립이 펼쳐졌다. 그리고 이것은 통의부의 분열과 새로운 분화의 씨앗으로 작용했다. 두 파벌의 싸움에 넌더리가 난 일부 인사들이 임시정부와의 직접적인 교류 속에 새로운 조직을 결성하고자 나섰던 것이다. 1924년 1~5월 사이에 결성된 임시정부육군주만참의부大韓民國臨時政府陸軍駐滿參議府(약칭 참의부)는 그렇게 탄생했다.

참의부에 참여하지 않은 단체들의 통합 움직임도 가속화되었다. 남만주에서는 통의부 잔류인사 등 8개 단체가 주축이 되어 만주 내에서 가장 큰 규모의 자치 정부로 평가되던 정의부正義府를 결성했다. 일제 군경에 의한 피해가 상대적으로 적었던 북만주에서도 대한군정서, 대한독립군단을 위시한 여러 단체들이 힘을 모아 신민부新民府를 조직하였다. 이처럼 재만在滿 독립군의 통합 움직임은 성과와 한계를 동시에 내보인 3부의 결성으로 1차 마감되고 말았다. 따라서 이 불만족스러운 결과를 뛰어넘기 위한 또 한 번의 통합 논의가 시작된 건 자연스러운 흐름이었다.

1927년에 들어서자 임시정부를 비롯, 각계의 통합 요구가 더욱 거세졌다. 여기에는 당시 국내외적으로 활발히 불기 시작한 민족유일당 건설운동의 영향도 가세했다. 그러나 아쉽게도 3부 통합을 위한 논의는 일치된 흐름으로 나아가지 못했다. 투쟁의 성과를 축적하고 있던 제 단체의 연합체로 가야한다는 의견과 파벌주의에 깊게 물든 모든 단체를 해체하고 개인자격으로 통합조직을 건설하자는 의견이 나뉘었던 것이다. 결국 전자의 흐름은 조선혁명당과 주선혁명군을 포괄하는 국민부國民府의 결성(1929년 3월)으로 나아갔다. 또 후자는 한국독립당과 한국독립군을 포괄하는 혁신의회革新議會(1928년 12월)로 귀결되었다.

짧지만 강렬했던 승리의 기억 뒤편에 있던 것은 이처럼 큰 고난과 재기를 향한 치열한 몸부림이었다. 그러나 독립군은 숱한 고난 속에서도 쓰러지지 않았다. 불완전하나마 두 개의 조직으로 재편을 마친 뒤 30년대 무장투쟁으로 불굴의 투쟁정신을 이어가게 된 것이다.

임정 직속의 전투적인 단체 참의부를 비롯한 3부의 무장투쟁은 일제를 곤경으로 몰아넣었다. 일제는 만주군벌 장쭤린과 조선총독부 경무국장 미쓰야 사이에 협정을 맺어 독립군을 탄압했다(미쓰야 협정 1925.6). 독립군에 대한 공동토벌, 체포된 독립군의 일본 이양과 이에 대한 대가로 일본의 만주 출병을 자제한다는 협정을 맺은 것이다.

무장독립군, 중국군과 연대하다

만주 지역에서는 중국과 연합하여 무장 항일투쟁조직을 만들어
일본군과 게릴라전을 끊임없이 벌였다.

격변하는 만주 정세

1931년 일제는 만주사변을 일으켜 대륙침략의 구실로 삼았다.
9월 18일 남만주철도를 스스로 폭파하고 이를 중국군의 책임으로 돌
려 군사행동의 발판으로 삼은 것이다. 이어 1932년에는 관동군이 실
질적으로 지배하는 만주국을 건국하여 청조의 마지막 황제 푸이를 집
정으로 앉혔다. 푸이로서는 조상이 발원한 고향땅 만주에서 다시금 황
좌에 앉을 기회를 맞은 것이지만, 일제의 허수아비로 전락한 순간이기
도 했다.

늘 일제의 침략 움직임에 전전긍긍하던 중국에게는 마침내 원치 않
는 순간이 눈앞의 현실이 되었다. 독립군의 사정 역시 이전과는 달라
졌다. 지난 20년간을 지속했던 익숙한 투쟁 패턴이 하루아침에 종언
을 구하고, 이제 제2의 고향이던 만주를 무대로 일제의 정예군과 대규
모 혈전을 벌일 순간이 찾아왔기 때문이다. 무장투쟁의 양과 질이 모
두 달라진 것이다.

중국과의 연합전선이 출현하다

일제의 만주 침략 이후 항일무장투쟁의 가장 큰 변화는 중국 측과의 연합투쟁이 실현되었다는 점이었다. 이제 중국인들에게도 항일투쟁은 발등의 불이 되었고, 이는 한인 독립군과의 자연스러운 연합으로 발전했다. 독립군은 20년대 말 결성되었던 국민부의 조선혁명군과 혁신의회의 한국독립군을 중심으로 새롭게 조성된 상황에 대응해나갔다.

먼저 300~1000여 명의 군세를 자랑하던 남만주 일대의 조선혁명군은 '군신軍神'으로 불리던 양세봉 장군의 지휘 아래 일제를 경악시킨 가공할 전투력을 선보였다. 조선혁명군은 1929~1934년의 기간 동안 도합 80여 차례의 전투를 벌여 1,000여 명의 일본군을 살상하는 전과를 올렸다. 특히 1932년 3월에 벌어진 1, 2차 영릉가전투에서는 중국의용군과 합세하여 일본군 300여 명을 살상하고 많은 전리품을 노획하는 전과를 거두었다. 중국의용군은 중국 민중이 자발적으로 구성한 항일부대로 흥경성 전투에서도 조선혁명군과 손을 잡고 승리를 거두기도 했다. 이처럼 조선혁명군이 위세를 떨치자 일제는 밀정을 이용하여 양세봉을 유인, 살해하고 말았다. 아울러 수만 명의 일·만 연합군을 출동시켜 대대적인 토벌작전에 나섰다. 이로 인해 조선혁명군은 큰 타격을 입고 활동불능의 상태에 빠지고 말았다.

북만주 일대에서 활동하던 한국독립군의 활약도 눈부셨다. 지청천이 이끌던 이들은 만주사변이 항일투쟁의 좋은 계기가 될 것으로 판단, 중국 호로군과 연합하여 대대적인 작전을 펼쳤다. 호로군이란 중국의 관군官軍 격인 부대로서 만주사변 이후 항일투쟁에 나선 부대를 말하는 것이었다. 특히 1933년 6~7월, 한국독립군은 2,000여 명의 호

남만주 일대에서 항일투쟁을 벌였던 조선혁명군 총사령관 양세봉. 양세봉의 지휘 아래 조선혁명군은 1929~34년 80여 차례의 전투를 벌여 1,000여 명의 일본군을 살상했다.

로군 부대와 연합, 대전자령에서 독립전쟁 사상 최대의 전과를 올리기도 했다. 이때 노획한 전리품은 장갑차 2량, 박격포 등 각종 포 8문, 기관총 100여 자루, 소총 580자루, 탄약 300상자, 군용지도 2,000여 매 등 엄청난 것이었다. 그러나 전리품의 배분 문제 등을 놓고 호로군과 갈등이 생기고, 일제의 한·중 분열책동인 민생단 사건마저 터지자 한국독립군은 크게 위축될 수밖에 없었다. 결국 지청천은 임시정부의 제안을 받아들여 만주에서의 항쟁을 포기하고 중국 관내로 이동하기로 결정했다. 이때 이동한 한국독립군 부대는 훗날 임정 직할로 조직된 한국광복군의 모태가 되었다.

30년대 무장투쟁은 독립운동의 꽃이었다

한편 중국 관내에서도 무장투쟁을 위한 움직임이 활발하게 일어나고 있었다. 의열단을 이끌다가 무장투쟁으로 노선을 바꾸었던 김원봉은 조선의용대를 편성(1938년)하여 새로운 정세에 대응하고자 했다. 조

1938년 중국 한커우에서 김원봉이 창설한 독립무장부대인 조선의용대. 조선의열단의 후신인 조선의용대는 중국군의 지원 아래 항일전의 선전부대로 활동하게 된다.

선의용대는 국민당 정부의 후원 아래 중국 본토에서 창립된 최초의 한인 부대이기도 했다. 중국어, 일본어에 두루 능통한 엘리트 병사들을 다수 확보하고 있던 조선의용대는 중국 남방에 배치되어 큰 활약을 보였다. 일본군에 대한 각종 선무공작에 종사하며 이들의 양쯔강 이남 지역 진출을 저지하는 데 큰 공을 세운 것이다. 그러나 이후 전선이 소강상태를 보이자 후방에서의 지원활동에 만족할 수 없었던 많은 의용대원들이 화북으로 이동했다. 중국 공산당 산하 팔로군과 연합하여 본격적인 항일전에 나서기로 한 것이다.

조선혁명군과 한국독립군의 괴멸 이후 공백지대가 됐던 만주는 중국 공산당과 연합한 한인 공산주의자들의 투쟁으로 다시금 활기를 되

1930년대 독립군의 활동

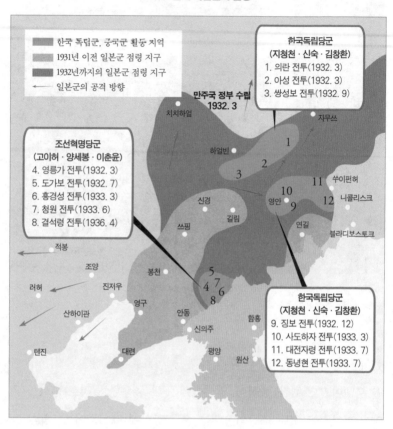

한국 독립군, 중국군 활동 지역
1931년 이전 일본군 점령 지구
1932년까지의 일본군 점령 지구
일본군의 공격 방향

한국독립당군
(지청천 · 신숙 · 김창환)
1. 의란 전투(1932. 3)
2. 아성 전투(1932. 3)
3. 쌍성보 전투(1932. 9)

만주국 정부 수립
1932. 3

조선혁명당군
(고이허 · 양세봉 · 이춘윤)
4. 영릉가 전투(1932. 3)
5. 도가보 전투(1932. 7)
6. 흥경성 전투(1933. 3)
7. 청원 전투(1933. 6)
8. 결석령 전투(1936. 4)

한국독립당군
(지청천 · 신숙 · 김창환)
9. 징보 전투(1932. 12)
10. 사도하자 전투(1933. 3)
11. 대전자령 전투(1933. 7)
12. 동녕현 전투(1933. 7)

치치하얼 · 하얼빈 · 자무쓰 · 신경 · 쓰핑 · 길림 · 영안 · 쑤이펀허 · 니콜리스크 · 연길 · 블라디보스토크 · 적봉 · 조양 · 봉천 · 러허 · 진저우 · 영구 · 안동 · 산하이관 · 신의주 · 함흥 · 텐진 · 대련 · 평양 · 원산

찾았다. 이들은 중국 공산당이 조직한 동북인민혁명군과 그 후신인 동북항일연군에 참여하여 일제에 대한 지속적인 타격전을 벌여나갔다. 특히 1936년에는 만주와 한반도 북부에 있던 많은 민족주의자들까지 광범위하게 묶은 조국광복회를 조직하여 항일전선을 강화하기도 했다. 또 1937년에는 김일성이 이끄는 동북항일연군 1군의 일부 병력이 함경북도 갑산군의 보천보를 타격하는 일명 보천보사건을 일으켰다.

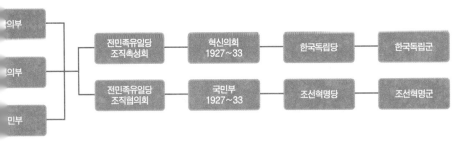

독립군의 변천과정

의부			
	전민족유일당 조직촉성회	혁신의회 1927~33	한국독립당 → 한국독립군
의부			
	전민족유일당 조직협의회	국민부 1927~33	조선혁명당 → 조선혁명군
민부			

이것은 일제의 대대적인 반격을 불러왔지만, 이때 소련으로 퇴각한 김일성 부대가 뒷날 북한 정권의 주축을 형성하는 계기가 되기도 했다.

이처럼 일제의 만주침략 이후 독립군은 변화한 정세에 능동적으로 대처하며 무장투쟁의 맥을 이어나갔다. 물론 어려움은 계속됐다. 중국 측과의 연합으로 대규모적인 독립혈전을 벌일 순간을 맞았지만 전력의 열세라는 한계는 여전히 꼬리표처럼 따라붙었다. 또 연합작전을 펼치는 순간에도 나라 잃은 부대라는 설움 속에 중국 측에 휘둘리는 아픔을 맛보기도 했다. 그럼에도 한인 독립군부대가 일제에 가한 타격은 적지 않았다. 항일유격대는 일제의 큰 골칫거리였고, 전면적인 대륙 침략을 기도하던 일본군의 발을 만주 지역에 묶는 데 어느 정도 성공했던 것이다.

역사학자 장세윤에 따르면 이 시기 만주 지역 무장투쟁은 확산되어 가던 패배주의와 개량주의 움직임에 못을 막고, 우리 민족의 자존심과 정체성을 살린 민족해방운동의 꽃이었다. 1910년대 이래 지속되어 온 독립투쟁의 주요 방략인 '독립전쟁'이 최고 정화였던 것이다. 이 올러 1945년의 광복을 주체적으로 준비하고 맞이할 수 있었다는 주장의 유력한 논리적 근거가 된다는 점에서 이 시기의 투쟁이 가진 중요성은 아무리 강조해도 지나치지 않다는 것이다.

북한은 조국광복회의 결성을 김일성이 주도했다고 하지만 실제로는 오성륜 등 재만 사회주의자의 공이 더 컸던 것으로 평가된다. 의열단의 핵심단원으로 김산의 『아리랑』에도 등장하는 오성륜은 1941년 일제에 항복하고 말았다. 이후 만주국에 부역하다가 47년 병사했다는 설이 전해진다.

1920년대에 홍범도가 있었다면
1930년대에는 양세봉이 있었다!

'소작농 장군'으로 알려진 양세봉(1896~1934년)은 1930년대 초반 남만주에서의 무장독립투쟁 지도자로 이름을 날린 인물이었다. 그는 3.1운동 직후 평안북도 천마산 일대를 배경으로 활동하던 국내 유격부대 천마산대에 들어감으로써 독립운동에 투신했다. 이후 남만주로 건너가 여러 독립군에서 활약한 뒤 조선혁명군 총사령관에 취임해 혁혁한 공을 세웠다.

양세봉은 적의 대부대와의 접전에서 귀신같은 작전으로 승리를 거둠으로써 한중 양국민에게 '군신軍神'으로 추앙받았다. 그러나 그는 이런 용장勇將적 측면과 아울러 덕장德將으로서의 면모를 함께 갖춘 인물로 전해진다. 그의 옛 부하는 『경향신문』에 실린 인터뷰에서 "아무리 성난 일을 저질러도 부하에게 욕하는 일이 없었으며 부하에게는 궐련을 사주면서 자신은 엽초를 주머니에 넣고 다니며 피웠다"고 말했다. 이런 따뜻한 인품이야말로 고난의 전쟁 속에서도 조선혁명군을 단결시킨 무기였다.

1934년 9월 일제는 밀정 박창해를 매수해 양세봉을 유인, 저격했다. 이때 온몸에 총탄을 맞은 양세봉은 간신히 자리를 피했지만 다음 날 숨을 거두고 말았다. 그러자 일제는 그의 무덤을 파 시신을 꺼낸 뒤 조선족 농부 김도선에게 목을 자르라고 명령했다. 김도선은 "내가 조선 사람으로서 어찌 우리 민족 사령의 목을 자른단 말인가"라고 거부하다가 결국 일제에 의해 살해되고 말았다. 양세봉의 시신은 1961년 북한으로 운구되었다가 1986년 애국열사릉에 안장되었다.

일본의 항복이 아쉬웠던 한국광복군

대한민국 임시정부는 연합군의 일원으로 대일전쟁을
수행하기 위해 광복군을 조직했다

삼균주의 깃발 아래 광복 준비에 나서다

윤봉길 의사의 의거 이후 임시정부는 서서히 활력을 되찾았다. 그러나 일제의 중국 침략은 전시 상황에 걸맞은 임정의 긴급한 대응을 촉구하고 있었다. 이런 상황 속에서 임정을 되살려 독립운동의 중추기관으로 세우기 위한 노력은 더욱 활발하게 전개됐다.

이 노력의 첫 번째 결과물은 1937년 8월 한국광복운동단체연합회의 출범이었다. 김구, 이동녕 등이 주도하던 한국국민당, 조소앙의 한국독립당(혁신의회가 재편되어 건설되었던 만주의 한국독립당과는 다른 조직이다), 지청천 등 만주에서 활동하던 인사들을 중심으로 했던 조선혁명당 등이 연합회에 참여한 주요 세력이었다. 이로써 중국 내 한인 독립운동 세력은 민족혁명당이 주도하던 조선민족전선연맹과 우익 세력의 결집체인 한국광복운동단체연합회로 나뉘게 되었다.

이후 광복운동단체연합회는 통합 노력을 더욱 가속화했다. '3당 해체 선언'을 통해 국민당, 한국독립당, 조선혁명당이 각각 해산하고 한국독립당을 창당한 것이다(1940년 5월). 한국독립당은 집행위원장 김구를 위시하여 조소앙, 지청천, 이시영, 홍진 등 대표적인 우익 인사들이 결집한 정당이었다. 한국독립당은 임정의 단일당을 표방함으로써 임정 내 여당이자 유일당의 지위를 누리게 되었다.

3당 합당 이후 자신감을 되찾은 임정은 1941년 대한민국 건국강령을 발표했다. 이것은 일제의 패망 이후 건설될 대한민국의 정체성과 원칙을 밝힌 것이었다. 임시정부 수립 이래 일관되게 밝혀온 민주공화제와 이를 실현할 구체적인 방안으로서 삼균주의三均主義를 천명한 것이다. 삼균주의는 조소앙이 제창한 정치·사회사상으로서 ●인균人均(개인과 개인 간의 평등) ●족균族均(민족 자결에 의한 민족 평등) ●국균國均(반제국주의와 반침략전쟁을 통한 국가 간 평등)을 말하는 것이었다. 이것은 이미 1920년대에 제출되어 1930년대에는 민족주의는 물론 좌파 계열에서도 폭넓게 수용된 것으로 건국강령으로 채택되는 데 무리가 없는 사상이었다.

1942년에는 김원봉이 이끄는 조선민족혁명당이 임시정부에 합류했다. 이로써 임시정부는 명실상부 중국 본토의 유일한 독립운동 통합세력이자 중추기관으로서의 위상을 회복해나갔다. 임정은 여세를 몰아 기존의 집단지도체제를 변경, 주석─부주석제를 골간으로 하는 단일지도체제로 전환했다. 이것은 전시 상황 속에서 임정이 보다 강력한 지도력을 발휘해야 할 필요성에 따른 것이었다. 아울러 주석에는 김구(한국독립당), 부주석에는 김규식(민족혁명당)을 임명하여 통합의 실질성을 담보하도록 했다. 이로써 독립운동 세력은 중국 본토의 임시정부(우파+중도파)와 화북 지역의 조선독립동맹(좌파) 등으로 새롭게 정립하게 되었다.

광복군을 조직하여 국내로 진공하자!

통합과 개편을 통해 환골탈태한 임정은 그러나 깊은 고난 속에 전시를 통과해야 했다. 본격화된 일제의 중국 침략으로 근거지를 옮겨 다니는 수난의 세월이 계속됐던 것이다. 상하이에 본부를 두었던 임시정부는 항저우(항주)→난징(남경)→류저우(유주)→구이양(귀양)→치장(처강) 등으로 피난의 길을 떠났다. 이후 임정은 1940년에야 국민당 정부를 따라 충칭(중경)에 자리를 잡게 되었다.

이런 어려움 속에서도 임정이 포기하지 않은 사업은 바로 광복군의 창건이었다. 이것은 직할 부대를 두고 싶어 했던 임정의 숙원사업 이상의 의미를 담고 있었다. 만주 침략 이래 일제의 패망은 예측 가능한 현실이었다. 이런 상황에서 임정은 본격적인 대일항전의 필요성을 절

1940년 대한민국 임시정부의 김구 주석은 중국 곳곳에서 독립전쟁을 벌이는 독립군을 바탕으로 한국광복군을 조직한다. 사진은 1940년 9월 17일, 충칭에서 개최된 한국광복군 총사령부 성립 전례식. 1930년 조직된 한국독립당은 민족주의 계열의 우익 인사들이 결집한 정당이었다. 특히 한국독립당 조소앙(사진)이 제창한 삼균주의는 한국국민당, 민족혁명당 등 좌·우익 정당의 정강·정책으로 채택됐고, 임시정부의 대한민국 건국강령에도 반영됐다.

임시정부와 광복군

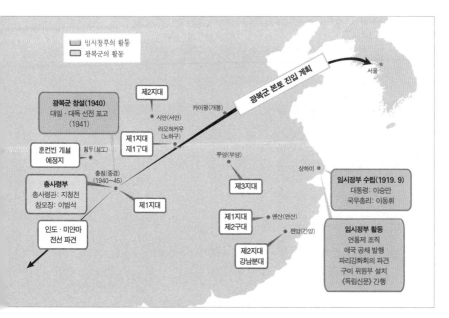

감했다. 조선이 연합군의 일원으로 참전하여 전승국으로서의 자격을 획득하는 것은 일제 패망 이후 민족의 운명에 결정적인 영향을 줄 수밖에 없었기 때문이다. 남이 시켜준 해방과 스스로 쟁취한 해방은 그 품격에서도, 국제 사회의 발언권에서도, 새로 태어난 국가의 모습에서도 현격하게 차이날 수밖에 없었다.

이에 따라 1940년 9월 한국광복군이 창설되었다. 호로군과의 갈등 때문에 중국 본토로 이동한 지청천과 휘하의 병력이 주축을 이룬 부대였다. 이후 김원봉이 이끌던 조선의용대 일부 세력이 합류했고, 이것은 광복군의 군세를 강화하는 데 큰 보탬이 되었다. 이렇게 되자 항일전선 강화의 필요성을 느끼던 중국 정부도 적극적인 자세로 나왔다.

이들은 광복군이 중국 군사위원회의 명령을 따른다는 조건으로 여러 가지 지원을 아끼지 않았다.

광복군은 태평양전쟁이 발발하자 즉시 대일선전포고를 하고 연합군의 일원으로 참전할 것을 결의했다. 또 동남아시아에서 일본군과 대적하고 있던 영국군의 요청에 따라 버마·인도 전선에도 파견되어 큰 활약을 보였다. 이들은 포로를 심문하고 한인 학도병과 일본 병사에 대한 심리전을 벌이는 등 여러 활동을 전개했다.

그러나 광복군이 꿈꾸던 최후의 전장은 바로 조선이었다. 특수군을 편성해 국내로 잠입한 뒤 일본군의 후방을 교란한다는 것이 광복군의 구상이었다. 이것은 일본군에 대한 실제적 타격보다는 전승국의 지위를 인정받기 위한 상징적인 투쟁의 성격을 지니고 있었다. 꿈에 부푼 광복군은 미국전략정보국(OSS)과의 협력 아래 국내 진공을 위한 준비를 진행시켰다. 그러나 이후 역사는 임정과 광복군의 희망과는 완전히 다른 방향으로 흘러갔다.

한국광복군은 임정이 조직했지만 오랜 기간 중국의 군대이기도 했다. 임시정부의 관여를 배제한다는 중국 국민당의 행동준승을 따라야 했던 것이다. 이준승은 1945년 5월이 되어서야 완전히 폐기되었다.

물산장려운동의
빛과 그림자

국산품을 애용해 민족기업을 키우려고 물산장려운동이 일어났지만
주목할 만한 성과를 내지 못했다.

독립운동을 하는 마음으로 조선 물품을 산다

물산장려운동은 1922년 6월 평양에서 조만식 등 70여 명의 유지들이 조선물산장려회를 설립함으로써 출발했다. 그러나 한 해 전인 1921년부터 이미 운동을 위한 분위기는 무르익고 있었다. 이 무렵 조선총독부는 산업조사위원회를 발족시켜 조선에서의 산업정책의 뼈대를 세우려 했다. 회사령 철폐 이후 일본 자본의 공세 앞에 곤란을 겪고 있던 토착자본은 이를 좋은 기회로 활용하고자 했다. 이들은 조선산업대회를 열어 총독부에게 '조선인 본위의 산업정책'을 세워줄 것을 청원했다. 친일파인 박영효까지 영입하여 총독부와의 교섭력을 높이려 하는 등 이 대회에 거는 토착자본가들의 기대는 자못 높았다. 그러나 이들의 기대는 곧 물거품이 되고 말았다. 총독부가 청원을 일언지하에 거절했던 것이다.

물산장려운동이 본격화된 결정적인 계기는 또 하나 있었다. 1923년 4월부터 조선과 일본 사이에 관세가 철폐되고 무역이 자유화되었던 것이다. 토착자본가들에겐 소나기 앞에 우산이 벗겨진 꼴이었다. 이때

1920년대에 일제의 경제적 수탈에 항거하여 전국적으로 경제자립운동인 물산장려운동이 전개되었다. 사진은 '우리가 만든 것을 우리가 쓰자'라는 표어를 내건 경성방직주식회사의 신문광고 및 선전 포스터.

부터 토착자본은 물산장려운동을 자구책으로 삼아 위기를 돌파하려는 움직임을 본격화하기 시작했다.

　세계 역사에 관심이 많은 사람이라면 한 장의 빛바랜 사진을 기억하고 있을 것이다. 인도 독립의 지도자 간디가 헐벗은 차림으로 물레를 돌리고 있는 사진. 이 사진은 인도인들을 감동시켜 인도판 국산품 애용운동인 스와데시(Swadeshi)의 광범위한 전개에 크게 기여했다. 그런데 이제 조선에서도 비슷한 장면들이 연출되기 시작했다. 잡지 『동

명』에는 설태희의 "가가호호 물레와 베틀을 다시 돌려라"는 글이 기
고되고, 조선청년연합회는 표어를 모집하여 "내 살림 내 것으로" "조
선 사람 조선 것"이라는 구호를 물산장려운동의 슬로건으로 선정 했
다. 1922년 말에는 연희전문학교에서 자작회自作會 가 결성되고, 1923
년에는 서울에서도 조선물산장려회가 설립됐다. 물산장려운동이 조직
적 운동으로도 분출된 것이다.

물산장려회는 "첫째, 조선 사람은 조선 사람이 지은 것을 사서 쓰고,
둘째, 조선 사람은 단결하여 그 쓰는 물건을 스스로 제작하여 공급하
기를 목적으로 하노라"고 운동이 가진 목표를 밝혔다. 아울러 금연, 금
주, 저축, 절약 등을 실천 강령으로 내세움으로써 물산장려운동이 생
활 속의 경제운동임을 밝혔다. 전국 곳곳에도 물산장려회, 토산장려회
등의 이름을 딴 단체들이 청년회 조직을 근간으로 우후죽순 모습을 드
러내는 등 이 운동은 광범위한 호응 속에 전개되었다.

물산장려운동의 영향으로 토착기업들은 뚜렷한 매출 신장세를 기록
했다. 예컨대 광목의 경우 "중국 상인들이 비단 제품의 거래 실종으로
재고 비축을 꺼려한다"는 기사가 나올 만큼 호황을 누렸다. 이처럼 조
선 제품 소비는 폭발적으로 증가했고, 소비자들은 독립운동에 참여하
는 마음으로 기꺼이 호주머니를 털었다.

6개월 만에 싸늘히 식은 열기

그러나 물산장려운동의 열기는 일장춘몽처럼 갑작스럽게 식어버렸
다. 운동이 본격화된 후 불과 6개월 만이었다. 초기의 폭발적인 열기에

물산장려운동이 일어난 도시

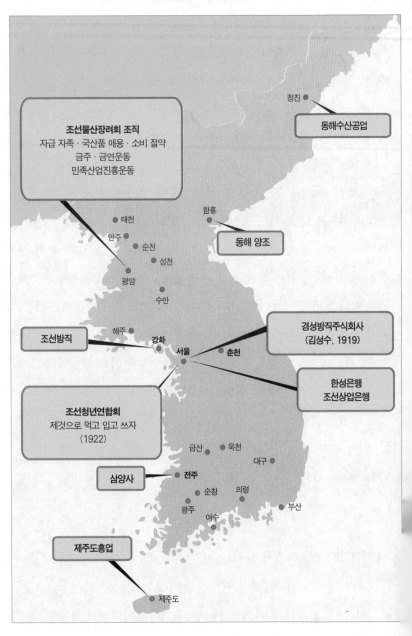

조선물산장려회 조직
자급 자족 · 국산품 애용 · 소비 절약
금주 · 금연운동
민족산업진흥운동

동해수산공업

청진

동해 양조

함흥

태천

안주
순천
성천

평양

수안

경성방직주식회사
(김성수, 1919)

조선방직

해주
강화
서울
춘천

한성은행
조선상업은행

조선청년연합회
제것으로 먹고 입고 쓰자
(1922)

금산
옥천
대구

삼양사

전주
순창
의령

광주
여수
부산

제주도흥업

제주도

비하면 허망한 결말이 아닐 수 없었다. 어떤 이유 때문이었을까?

먼저 늘어난 수요를 감당하지 못한 생산이 큰 문제였다. 토착자본은 국산품 소비를 주장하면서도 이에 대비한 생산시설 확충에는 관심을 기울이지 않았다. 수요가 늘면 생산도 따라서 늘어나야 했다. 그러니 생산 없는 수요의 증가가 상품가격의 앙등으로 이어질 것은 뻔했다. 이 때문에 중간상인들만 폭리에 가까운 이득을 취했다. 대중들이 물산장려운동에 곱지 않은 시선을 갖게 된 것은 당연했다.

게다가 운동을 추진하던 세력들이 보여준 타협적인 태도도 문제였다. 물산장려운동의 주요 논객 중 하나인 선우전은 물산장려운동이 "결코 배일排日운동이 아니다"는 점을 분명히 했다. 물산장려운동이 일본 제품 불매, 일본 자본 배척을 통한 근본적인 경제독립의 방책이 아니라는 점을 스스로 밝힌 것이다. 총독부가 물산장려운동을 큰 위협으로 받아들이지 않은 것은 결코 우연이 아니었다. 따라서 대중은 굳이 지갑을 열 필요가 없었다. 자본가와 중간상인들의 배만 불리는 운동이라는 인식 때문이었다.

'민족의 실력을 키우는 것이 독립을 위한 최선의 방책'

이렇듯 실패로 끝났지만 물산장려운동은 민족실력양성운동을 이끌어간 큰 줄기의 하나였다. 민족실력양성운동이란 민족의 정치적 약진이 불가능한 상황에서 우선 다방면의 실력을 키우는 일이 독립을 위한 최선의 방책이라는 공감대 속에 전개된 운동이었다.

물산장려운동은 바로 경제 분야에서 전개된 실력양성운동이었다.

독립을 위한 선결조건은 경제적 자립이며, 토산품 애용을 통한 민족자본의 양성으로 그 결실을 이뤄내자는 운동이었던 것이다. 그 치명적 한계에도 불구하고 물산장려운동은 1920년대를 수놓은 대표적 민족운동의 하나였다. 민족의 경제적 실력 향상과 자립 수단에 대한 진지한 고민 역시 빠져서는 안 될 독립운동의 과제이기 때문이었다.

실력양성운동론은 반제·반일적 성향과 함께 민족개량주의적 경향을 모두 지니고 있었다. 따라서 역사적으로 이에 대한 긍정적 평가와 부정적 평가가 동시에 나타난 것은 당연했다.

민족실력양성운동2: 교육적 실력양성운동

조선에도
대학을 세우자

교육과 실력양성운동의 일환으로 민립대학을 설립하려 했지만
일제의 탄압과 내부의 비판으로 인해 성공하지 못했다.

'조선인 1천만 인이 1인당 1원씩'

물산장려운동이 경제적 실력양성운동을 대표한다면, 민립대학 설립 운동은 교육적 실력양성운동을 대표하는 움직임이었다. 민립대학이란 민간이 주축이 된, 즉 '조선인에 의한, 조선인을 위한'대학을 의미했다. 당시 일제는 기껏해야 3년제 전문학교만을 허용하며 고등교육에 대한 조선인의 열망을 억압하고 있었다. 이런 상황에서 민족의식으로 무장한 뛰어난 인재를 양성하는 일은 민족의 생존을 위한 급선무로 인식되었다. "우리들의 생존을 유지하며 문화의 창조와 향상을 기도하려면 대학의 설립을 빼고는 다른 길이 없도다"라는 「민립대학 발기취지서」의 선언은 이 사실을 잘 드러내고 있다. 이것은 실력양성운동이 표방하던 신문화건설론과도 밀접한 관련을 맺고 있었다.

민립대학운동에 맞서 일제는 제2차 조선교육령(1922년) 속에 대학령을 두는 등 선제적인 조치에 들어갔다. 김을 빼자는 속셈이었다. 그러나 민족운동가들은 이에 굴하지 않고, 이상재·이승훈 등이 주축이 된 발기인 1,170명이 조선민립대학기성준비회를 발족시켰다. 3기 계획으

민립대학 설립운동은 교육적 실력양성운동을 대표하는 움직임이었다. 1922년 11월 이상재 등이 중심이 되어 발기된 조선민립대학 기성회. 기성회는 '조선인 1천만 인이 1인당 1원씩'이라는 모금 계획을 통해 민립대학 설립운동을 본격적으로 벌였다. 위는 조선민립대학기성회의 창립 기념사진. 한편 일제는 민립대학운동의 취지를 희석시키기 위해 경성제국대학(아래 사진)을 설립한다.

민립대학 설립운동

배경	조선교육회 → 총독부에 요구
전개	'조선인 1천만 인이 1인당 1원씩' 모금운동 민립대학설립기성회 결성(한규설, 이상재의 조선교육회 중심)
실패	일제의 탄압과 방해공작, 자연재해로 인한 재정난
결과	연희전문학교, 보성전문학교, 이화학당 → 대학 승격 노력 일제 방해-경성제국대학 설립(1924)

로 이뤄진 이 운동은 총 1,000여만 원의 비용이 드는 대사업이었다. 기성회 측은 국채보상운동 당시 무금된 600만 원을 설립기금으로 전환하기로 결정했다. 또 "조선인 1천만 인이 1인당 1원씩"이라는 의욕적인 모금 계획으로 최대의 난제인 재정 문제를 해결하고자 했다. 이에 따라 전국 100여 곳의 부·군에 기성회 지방부가 설치되는 등 민립대학 설립운동은 큰 성원 속에 추진되기 시작했다.

탄압과 내부의 비판 속에 좌초하다

그러나 민립대학 설립운동도 물산장려운동처럼 불과 1년여 만에 흐지부지되고 말았다. 왜였을까? 먼저 일제의 탄압과 방해공작으로 모금운동이 제대로 추진되지 못한 것이 문제였다. 일제는 운동의 중심인물들에 대한 집요한 미행·감시와 아울러 전국의 부호들을 협박해 사업추진을 위한 '돈줄'을 끊어버렸다. 모금운동의 대부분을 이들에게 의지했던 추진세력으로선 큰 타격이 아닐 수 없었다. 게다가 1924년부터 2년 연속 수해가 발생해 모금운동의 동력이 급격히 떨어진 것 역시 치명타였다. 가난한 조선 민중의 호주머니가 더욱 움츠러들었던 것이다. 사업의 태반을 차지하는 재정 문제가 이처럼 난관에 봉착하자 운동의 열기는 급격히 식을 수밖에 없었다.

일제의 관립대학(경성제국대학) 설립 움직임도 빼놓을 수 없는 원인이었다. "경성제국대학은 조선 땅에 있으면서도 조선의 대학이 아니"라는 『개벽』지의 말처럼 일제의 관립대학은 조선인의 염원과는 근본적으로 거리가 먼 것이었다. 예컨대 1926년 개교 당시 조선인과 일본인 교수 비율 5:57(명), 학생 비율 47:150(명)만으로도 이 대학이 누구를 위한 것인지는 분명히 드러난다. 또 식민통치를 위해 필요한 학부(법문학부, 의학부)만을 설치하고 조선인의 실력양성을 위해 꼭 필요한 이공·정치·경제학부를 배제한 것에서도 관립대학의 성격을 짐작할수 있다. 그러나 관립대학이 고등교육에 대한 조선인의 열망을 어느정도 흡수하면서 민립대학의 긴급한 필요성을 희석시킨 것만은 분명한 사실이었다.

이런 요인 외에도 민립대학 설립운동을 좌초하게 만든 원인은 또 있었다. 이 운동이 '가진 자만을 위한 것'이라는 내부의 비판이었다. 이것은 사실 설득력 있는 비판이었다. 1929년 조선 아동의 보통학교 취학률은 18퍼센트에 머물렀고 그나마 반수 정도는 스스로 학교를 그만두었다. 이처럼 가난한 조선 민중에게 대학교육이란 그저 '그림의 떡'일 수밖에 없었다. 초기에 운동에 동참했던 사회주의자들은 곧 비판적인 입장으로 돌아서 '민립대학 타도'를 부르짖기까지 했다. 운동의 주체들은 이 비판에 대한 설득력 있는 대응논리를 제시하지 못했다. 결국 민립대학 설립운동은 탄압과 내부의 비판이라는 이중고에 시달리다 종지부를 찍지 않을 수 없었다.

민족운동 세력이 물산장려운동과 함께 심혈을 기울였던 이 운동이 좌절된 뒤 그 후유증은 만만치 않았다. 패배주의와 회의주의가 만연하면서 자치론 등의 타협적, 개량주의적 움직임이 더욱 노골화된 것이다. 이광수, 최린, 김성수, 송진우 등 개량주의를 추종하던 세력은 결국 1930년대 이후 완전한 친일의 길을 걷기 시작했다.

"배우자, 가르치자, 브나로드!"

한편 정규 교육의 기회를 박탈당한 노동자, 농민, 부녀, 아동 등을 대상으로 한 문맹퇴치운동도 활발하게 전개되었다. 야학을 개설하여 이들에게 교육의 기회를 부여하고자 하는 것이 이 운동의 목표였다. 이에 따라 문맹자들에게 한글을 보급하고 의식 개혁, 생활 개조를 이루도록 돕자는 운동이 봇물처럼 터져 나왔다.

대표적인 문맹퇴치운동은 『조선일보』가 주도한 귀향남녀 문자보급운동, 『동아일보』의 브나로드v/narod운동이었다. 브나로드란 '민중 속으로'라는 러시아 말로 이 운동은 19세기 러시아 지식인들이 벌인 농촌계몽운동에 착안한 것이었다. 이들 운동에 참가한 학생들은 문자 보급

『동아일보』가 주축이 되어 일으킨 농촌계몽운동인 브나로드 운동.

동아일보사 브나로드운동의 성과

	1회 (1931)	2회 (1932)	3회 (1933)	4회 (1934)	합계
운동기간	62일	82일	81일	73일	298일
	(7.21~9.20)	(7.11~9.30)	(7.12~9.30)	(7.2~9.12)	
총개강일수	2,289일	8,182일	6,304일	3,962일	20,737일
계몽대원	423명	2,724명	1,506명	1,098명	5,751명
강습지	142처	592처	315처	271처	1,320처
				(만주 21, 일본 7)	
총수강생	9,492명	41,153명	27,352명	20,601명	98,598명
교재배부	30만 부	60만 부	60만 부	60만 부	210만 부
금지	11처	69처	67처	33처	180처
중지	-	10처	17처	26처	53처

출처 : 정진석, 『문자보급운동교재』, LG 상남 언론재단, 1999

과 아울러 미신 타파·금주·축첩제 배격 등 문화운동, 생활개조 운동을 맹렬히 벌여나갔다. 브나로드 운동의 경우 5,757명의 고등보통학교, 전문학교 학생들이 참여하여 4년간 9만 8,598명을 교육하는 등 그 성과가 매우 컸다.

그러나 이 운동에도 혹독한 비판이 뒤따랐다. 이 운동을 추진한 세력은 농촌의 비참함을 농민의 게으름과 무지, 이를 바로잡도록 돕지 못한 지식인의 책임으로 규정하고 있었다. 그런데 이들의 생각은 일제가 조선 농촌의 미개함을 조롱하며 댔던 이유와 궤를 같이하는 것이었다. 따라서 비판자들은 농촌 문제의 본질, 즉 일제의 혹독한 수탈과 식민지 지주제에서 눈을 돌리게 하는 또 하나의 민족개량주의사업이라고 비난했던 것이다.

그러나 이런 비판과 한계에도 불구하고 문맹퇴치운동은 민족운동의 하나로 당당하게 인정받을 자격이 있었다. 운동의 의도와 목표가 무엇이었든 학생들은 순수한 민족적 열정으로 운동을 이끌어갔고, 그 영향으로 현실에 눈뜬 수많은 민중이 탄생했기 때문이다. 이에 놀란 일제가 1935년 브나로드 운동을 금지시킨 것에서도 볼 수 있듯 이 운동이 지닌 파급과 영향력은 결코 작은 것이 아니었다.

1920년대 초반의 신문화건설운동은 세계개조의 흐름을 받아들여 조선에서도 봉건적 잔재를 청산하고 자본주의적 문명을 수립하자는 요구를 내걸었다.

민족협동전선운동

신간회가
분열되지 않았다면

민족주의 세력과 사회주의 세력이 합동하여 식민지 시대
최대 규모의 조직인 신간회가 탄생했다.

식민지 시대 최대의 항일사회운동단체

1927년 2월 15일 오후 7시. 서울 종로 기독교청년회관 대강당
에서는 신간회라 불리는 한 사회단체의 창립대회가 열리고 있었다. 회
원 250명에 방청인 1,000여 명이 빼곡히 자리를 메운 대규모 대회였
다. 규모도 규모지만 다른 면으로 봐도 대회장의 풍경은 자못 진기했
다. 이상재, 홍명희, 안재홍, 신석우, 허헌, 이종린…. 신문지상에서나
보던 민족운동의 거두들이 총출동했던 것이다. 너나없이 말쑥한 양복
과 한복 차림을 한 이들의 모습은 마치 명사들의 여유로운 회합인 듯
한 착각마저 안겨주었다. 그래서 이 대회를 두고 "투사의 모임에 있는
기분보다 신사의 다과회에 있는 기분"이라는 전언이 흘러나오기도 했
다. 하지만 이날의 대회는 그런 한가로운 표현과는 거리가 멀었다. 신
간회란 어떤 조직인가? 조선 사회의 대표적인 좌우 인사들이 결집한
식민지 시대 최대의 항일사회운동단체였다. 이상재·안재홍 등의 조선
일보계, 한용운의 불교계, 조만식의 기독교계, 이종린의 천도교계, 그
리고 사회주의계의 김준연·홍명희·한위건 등 비타협적인 민족주의

1927년 2월 15일	—— 신간회 창립
12월	—— 지회 100개 돌파 기념식
1928년 12월	—— 코민테른의 '12월 테제' 발표와 조선공산당의 해산
1929년 11월	—— 광주 학생항일운동 진상 조사
1929년 12월	—— 민중대회 계획. 이 사건으로 허헌을 비롯한 간부진이 일제에 대거 검거
1930년 11월	—— 집회 금지로 전체대회를 대신하는 중앙집행위원회 개최
1900년 12월	—— 부산시회를 비롯하여 신간회 해소를 결의하는 지방 지회가 속출
1931년 5월	—— 전체대회 개최 후 해산

좌파 진영과 사회주의 세력이 총망라되어 있었다. 뿐만 아니라 전국적으로는 220개의 군 가운데 143개 군에 지회가 설치되고 회원 수는 무려 4만에 이르렀던 매머드급 단체였다. 조선을 넘어 일본 도쿄와 오사카에도 지회가 설치되고 여성계의 근우회 같은 자매조직을 거느리는 등 신간회는 실로 '최대'라는 수식에 값하는 조직이었다.

엄혹한 식민지 조건 아래서 이런 대규모 조직의 탄생은 어떻게 가능했던 것일까? 또 신간회는 어떤 활동을 벌여나갔던 것일까?

민족 우파의 준동을 막아라!

신간회의 결성이 처음 논의된 것은 1926년 겨울이었다. 이때 평안북도 오산학교의 교사로 일하던 홍명희는 휴가를 맞아 경성의 최남선을 방문한 일이 있었다. 그런데 이날 최남선은 당시 민족 우파가 추신하던 자치론의 구상을 홍명희에게 들려주었다. 이 이야기를 듣고 충격

1927년 2월 결성된 민족협동
전선 신간회. 국내 민족유일당
운동의 구체적인 좌우합작 모
임이다. 사진은 신간회 창립행
사 및 신의주지회 회원들.

을 받은 홍명희는 그 길로 민족 좌파의 지도자인 안재홍, 신석우 등을
찾아가 대책을 논의했다. 그 결과 우파의 타협적인 망동에 대항해 민
족협동전선을 긴급히 조직해야 한다는 공감대가 이뤄졌다. 신간회 결
성의 첫 발이 떼어진 것이다.

홍명희가 사적인 방문길에 접한 이야기에도 화들짝 놀랄 만큼 우파
의 타협적인 움직임은 민족진영에 큰 우려를 주고 있는 상황이었다.
이미 이광수는 1924년 『동아일보』 지면을 빌어 「민족적 경륜」을 연재하며 '일제의 지배를 인정한 위에 조선의 자치를 추구하자'는 주장을 편 바 있었다. 또한 민족주의 우파인 송진우, 김성수, 최린, 최남선 등도 자치론에 적극 지지를 표명하고 있었다. 여기에 총독부는 자치론자들의 준동을 교묘히 조장함으로써 민족진영의 분열과 사상적 무장해제를 획책했다. 민족주의 우파의 준동 앞에서 민족주의 좌파와 사회주의 계열을 비롯한 전체 민족운동 진영은 공멸의 위기감을 느끼고 있던 상황이었다.

이런 상황에서 민족주의 좌파 진영이 사회주의자들과 합작을 모색하여 민족통일전선을 형성하려던 것은 자연스런 흐름이었다. 이미 경험과 모델도 있었다. 6.10만세운동 당시 천도교 구파와 사회주의자들 사이에서 일어난 합작의 움직임이 그것이었다. 또 1926년 여름 물산장려계의 민족주의 인사들과 사회주의자 일부가 연합하여 만든 조선민흥회도 있었다. 그렇듯 합작의 여건은 성숙되어 있었다.

또한 사회주의 진영 역시 민족주의 좌파와의 합작에 이견이 없는 상태였다. 이들은 중국에서 성공한 국공합작운동을 국내에서도 실현시키기 위해 여러 노력을 기울이던 중이었다. 이들의 움직임은 정우회 政友會 선언을 통해 표면화되었다. 정우회란 1926년 4월 서울에서 화요회, 북풍회, 조선노동당, 무산자동맹회 등 사회주의 진영의 주요 계열이 뭉쳐 만든 사상운동단체였다. 이들은 선언을 통해 '민족주의 세력이 타락하지 않는 한 적극적으로 제휴하여 싸워야 한다'는 입장을 밝히고 협동전선을 위해 스스로 해체하겠다는 결단을 내렸다. 이 선언을 계기로 신간회 결성은 새로운 전기를 맞았다. 민족협동전선 조직 신간회가 세상에 그 실체를 드러낼 기회를 맞은 것이다.

신간회란 '신간출고목(新幹出古木, 고목에서 새 줄기가 솟는다)'에서 취한 이름
이었다. 분열과 갈등의 옛 시대를 버리고 신간회란 새 조직으로 독립운
동의 새 장을 열어젖히겠다는 의지의 표현이었다. 또 신간회는 '●정치
적, 경제적 각성을 촉진함 ●단결을 공고히 함 ●기회주의를 일절 배
격함' 등의 강령을 채택했다. 합법운동을 염두에 둔 탓에 애매모호한
표현이었지만 신간회운동이 지향할 바를 3대 행동방침에 녹여낸 것이
다. 특히 기회주의에 대한 언급은 신간회의 창립 이유였던 민족 우파에
대한 견제의 의미를 담고 있는 것이었다.

창립 이후 신간회는 각지에 조직된 지회를 기반으로 활발한 활동을
벌여나갔다. 순회 강연회, 야학 개설 등의 민중계몽운동과 노동자·농
민운동을 비롯, 청년·여성·형평운동 등 각계각층의 투쟁에 대한 개입
과 지원 활동을 벌임으로써 민족운동의 지휘부로서의 위상에 걸맞은
투쟁을 벌여나갔다.

처음 열리는 전체대회가 마지막 대회가 되고 말았다

신간회 같은 대규모 조직의 출현에 일제는 어떤 반응을 보였을까?
예상과 달리 처음에는 일제가 신간회 활동에 어느 정도 관망하는 자
세를 취한 게 사실이었다. "배일선인排日鮮人 가운데 저명한 인물은 거의
가담했다"며 의심의 눈초리를 버리지 않았지만, 그렇다고 자신들에게
유리한 측면이 없지는 않다고도 생각했다. 음지에서 독버섯처럼 돋아
나는 잡다한 운동을 관리하기보다는 차라리 신간회처럼 한군데로 집
결할 때 일망타진하기 편하다는 점, 또 이전의 경험상 신간회 역시 내

신간회 도별 지회수

도명	도별 군 수	도별 신간회 지회 수
경상도	45	37
전라도	38	22
충청도	24	11
경기도	23	9
황해도	14	6
강원도	21	7
평안도	36	10
함경도	30	20

분으로 무너질 것이며 그럴 경우 오히려 민족운동에 돌이킬 수 없는 타격이 될 거라는 기대감에서였다. 그러나 막상 사회주의자들이 주축이 된 각 지부의 전투적인 활동이 폭발하자 일제는 당황할 수밖에 없었다. 이후 일제는 신간회가 개최하려는 모든 전체대회를 금지시키고, 신간회에 참여한 『조선일보』기자들의 탈퇴를 강요하는 등 본격적인 탄압에 들어갔다.

이런 탄압에도 불구하고 꿋꿋이 버티던 신간회에 결정적인 타격을 가한 사건이 발생했다. 광주학생항일운동을 지원하기 위해 개최하려던 민중대회가 발각되고 허헌 집행위원장을 포함한 90여 명이 검거된 것이다. 전투적인 지휘부가 대거 검거됨으로써 타격을 받았지만 신간회는 오히려 회원 수가 증가하는 등 굳건하게 유지됐다. 그러나 문제는 지도부였다. 허헌을 이어 집행위원장이 된 김병로가 자치론자들과 제휴를 모색하는 등 타협적인 노선을 취한 것이다. 이것은 강경파가 우세하던 여러 지회들의 분노를 사 신간회 해소론이 등장하는 계기가 되었다.

더욱이 신간회의 주축을 이루던 사회주의 진영의 태도도 신간회의 몰락을 부채질하기는 마찬가지였다. 이 무렵 국제공산주의운동 진영은 종래의 민족통일전선운동 방침을 폐기하고 있었다. 1927년 벌어진 중국 국민당 장제스의 쿠데타로 국공합작이 결렬되고 사회주의자들이 막대한 피해를 입은 것이다. 이것이 '타협적인 민족개량주의자들에게는 기대할 것이 없다'는 분위기를 만들었고, 결국 코민테른은 12월 테제(1928년)를 통해 '민족혁명운동에서 계급투쟁의 원칙을 더욱 강조한다'는 방침으로 민족협동전선 노선을 폐기하기에 이른 것이다. 조선에서도 신간회의 우경화에 실망하고 12월 테제에 영향 받은 사회주의자들이 신간회 해소운동을 적극적으로 벌여나가게 되었다.

1930년 부산 지회를 통해 처음으로 제기된 해소론은 이후 여러 지회를 통해 우후죽순 등장했다. 결국 신간회는 탄생 4년 만인 1931년 5월, 창립대회 이후 최초로 열린 전체대회를 통해 해소를 결의하고 말았다. 결성 이후 첫 번째로 치른 전체대회가 마지막 대회였다는 진기록을 남긴 채 역사 속으로 사라진 것이다.

신간회가 해체되지 않았다면?

신간회는 분열과 반목이 횡행하던 민족운동의 역사 속에 '합작'과 '공동투쟁'이라는 새롭고 신선한 경험을 안겨주었다. 그것만으로도 신간회 활동이 가진 역사적 의의는 높이 평가받을 만했다. 그러나 의의가 큰 만큼 아쉬움도 짙게 남았다. 신간회 해소가 크나큰 오류였음이 이후 역사를 통해 드러난 것이다.

신간회 해소 이후 전투성을 잃지 않았던 민족주의 세력은 사분오열되었고 이것은 오히려 민족주의 우파 인사들이 적극적인 친일로 돌아서는 계기가 되었다. 반대로 안재홍 등 지조를 잃지 않았던 민족주의 인사들은 이후 개인적인 차원의 저항에 그침으로써 민족운동의 약화는 돌이킬 수 없는 흐름이 되었다. 지하로 들어간 사회주의자들 역시 마찬가지였다. 이들은 조선공산당 재건운동에 몰두했지만, 물을 떠난 물고기처럼 대중에 대한 영향력을 잃은 채 자기만족적인 투쟁에 멈추고 만 것이다. 조선의 현실과 맞지 않는 코민테른의 결정을 맹종한 결과였다.

만약 신간회가 해체되지 않았다면 어떤 일이 생겼을까? 1930년대를 횡행하던 변절과 개량주의의 확산은 어느 정도 제어됐을 것이다. 또 민족운동의 건강성이 유지된 채 1930년대의 혁명적 농민조합, 노동조합운동이 결합함으로써 민족해방운동의 양과 질은 더욱 발전했을지도 모른다. 그렇다면 일제의 민족말살 통치는 좀 더 심각한 저항에 부딪쳤을 것이고, 우리 민족이 입은 피해의 규모도 보다 축소되었을지 모른다. 이 모든 것이 부질없는 상상이지만, 신간회의 좌절은 여러 모로 아쉬움을 남긴 것이 사실이다.

일제는 신간회 해산 뒤 안재홍 등이 재만동포옹호동맹의 의연금을 횡령했다는 누명을 씌웠다. 국채보상운동 당시의 양기탁처럼 민족운동의 도덕성을 짓밟으려는 시도였다.

노동운동, 민족운동의
암흑기를 밝히다

식민지 시대 최대 규모의 파업투쟁인 원산총파업이 일어나
성장하는 노동자의 투쟁력과 단결력을 보여주었다.

눈을 뜬 노동의 거인

일제의 지배 아래서 조선은 싫든 좋든 자본주의 사회로 발전
해가지 않을 수 없었다. 일제의 선의가 아니라 그것이 자본운동의 논
리였기 때문이다. 그리고 이 자본주의의 발전은 필연적으로 노동자 계
급의 출현을 수반했다. 1920년대 중후반 조선의 노동자 수는 100만여
명에 달했다. 이 가운데 공업노동자는 10만 명에 육박했다. 전투적인
노동운동을 위한 기반이 부지불식간에 닦이고 있었던 것이다.

1920년 결성된 조선노동공제회의 등장은 조선에서 본격적인 노동
운동이 등장했음을 알리는 신호탄이었다. 이후 노동운동은 농민운동
과 연계하여 조선노농총동맹 결성으로 나아갔다. 1927년 이 단체는
다시 조선노동총동맹과 조선농민총동맹으로 분리되었다. 노동자, 농
민운동의 발전이 각기 독자적인 조직의 출현을 요구했던 것이다. 이후
노동운동의 발전은 눈부시게 진행되었다. 일제는 치안유지법을 발동
하여 노동운동의 성장을 막으려 했지만 한번 눈 뜬 노동의 거인을 예
전의 감옥으로 되돌려 보낼 수는 없었다.

대륙 침략을 눈앞에 둔 일제와 조선 노동자의 총력 대결

1929년 1월 22일. 함경남도의 공업도시 원산에서는 2,000여 명의 노동자가 참여한 총파업이 벌어졌다. 원산은 일찍부터 수륙교통중심지였으며 상공업이 발달한 도시였다. 노동운동 역시 일찍부터 시작돼 원산노동연합회(원산노련)라는 강력한 지역노동조합이 활동했다.

원산총파업의 계기가 된 것은 영국인 소유의 라이징썬Rising Sun 이라는 석유회사에서 일본인 관리자가 조선인 노동자를 모욕, 폭행한 사건이었다. 그러자 200여 명의 노동자들이 일본인 관리자의 파면과 노동조건 개선 요구를 내걸고 파업에 돌입한 것이다. 회사 측은 요구 조건의 수용을 차일피일 미루며 노조를 파괴하기 위한 활동에 골몰하는 등 기만으로 일관했다.

원산노련은 회사 측의 이러한 작태를 규탄하며 산하의 운수노조 및 기타 노동자들에게 동정파업을 지시했다. 그러나 이에 대한 자본 측의 대응은 운수노조 소속 노동자 450여 명을 전원 해고하는 것이었다. 마침내 원산노련은 1월 22일 산하의 모든 노동단체와 함께 총파업을 단행하기로 결정했다. 이 방침에 따라 해륙, 운반, 중사, 제면노동조합 등은 물론, 원산노련에 소속되지 않은 자유노동자들까지 파업에 참여하게 되었다. 노동운동의 역사상 기념비가 될 노동자들의 대규모 총파업 투쟁이 발발한 것이다.

일제와 자본 측도 총력 대응에 나섰다. 함남의 경찰부는 무장경관과 기마헌병을 동원해 치안유지에 나섰고, 일본 19사단의 일부 병력도 출동준비를 완료, 원산은 사실상 준전시 상태 혹은 계엄 상태로 들이섰다. 이와 함께 자본가들의 단체인 원산상업회의소는 함남노동회, 국수

1929년 1월 22일부터 4월 6일까지 4개월간 원산에서는 2,000여 명의 노동자가 참여해 총파업을 벌였다. 원산노련이 주도한 원산 총파업은 일제강점기 최대 규모의 노동쟁의였다

회國粹會, 위력단威力團이라는 어용·폭력단체를 만들어 공공연한 백색 테러를 자행하며 파업을 깨기 위해 노력했다.

그러나 노동자들은 흔들리지 않았다. 이들은 5개월분의 비상식량과 파업기금을 마련해 장기전을 준비했다. 또 규찰대를 활용한 새로운 파업전술을 마련해 투쟁대오를 더욱 공고히 했다. 규찰대는 일종의 전투부대로 파업노동자의 자위自衛와 내부의 질서유지를 위한 조직이었다. 이와 함께 국내는 물론 소련, 일본, 중국 및 유럽 각국 노동자들의 지지와 연대파업도 잇달았다.

이처럼 파업투쟁이 확산일로를 걷자 일제는 마침내 최후의 칼을 빼들었다. 원산노련을 침탈하여 김경식 위원장을 비롯한 다수의 지도부를 검거한 것이다. 이후 노련에는 김태영을 위원장으로 하는 새로운 지도부가 구성되었다. 그러나 신임 지도부는 원산경찰서장 등 일본 관리와 자본가들을 찾아다니며 문제 해결을 청원하는 등 투항적인 자세를 보였다. 파업기금이 고갈되고 내부의 분열 조짐이 일어나는 등 악재가 겹친 상황에서 지도부의 배신은 파업투쟁에 치명타를 가했다. 위기의식을 느낀 일부 노동자들은 함남노동회를 습격하여 파괴하는 등 투쟁의 불씨를 되살리기 위해 안간힘을 썼다. 그러나 이 사건은 오히려 탄압의 빌미로 작용해 수많은 노동자들이 검거됨으로써 총파업은 대단원의 막을 내리지 않을 수 없었다.

전시 체제 아래서도 노동운동은 잠들지 않았다

한 도시를 사실상 마비시키며 준계엄적 상황을 만들어낸 원산 파업은 1920년대를 통해 성장한 노동운동의 총결산적 성격을 지니고 있었다. 또 단결된 노동자의 위력이 얼마나 강한 것인지를 여지없이 실증해냈다. 일제가 군대까지 동원한 총력 대응에 나선 것은 어쩔 수 없는 선택이었다. 노동운동을 방치할 경우 식민지 통치체제 전반이 흔들릴 수 있다는 위기감이 엄습한 것이다. 더구나 대륙 침략을 눈앞에 둔 상황에서 전투적인 노동운동의 손발을 묶는 것은 반드시 선결해야 할 과제였다. 원산총파업이 일제와 조선 노동자의 총력대결의 양상을 띠게 된 건 이 때문이었다.

현상적으로 원산에서의 결전은 조선 노동자의 패배로 끝났다. 그러나 역설적으로 이 패배는 식민지 노동운동의 새로운 지평을 열어주는 계기이기도 했다. 원산총파업을 기점으로 노동운동의 지역분산적인 한계를 극복하는 산업별 노조 결성 움직임이 나타나고, 민족말살통치

소작·노동쟁의 현황

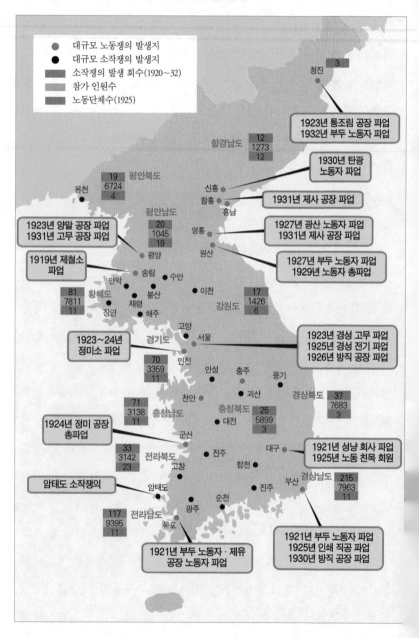

의 탄압으로부터 운동의 전투성을 유지하기 위한 방법이 강구된 것은 그 좋은 예였다. 이런 움직임은 사회주의운동과의 연계 아래 조직노선의 변화로 표출되었다. 1930년대의 노동운동이 비합법적인 '혁명적 노동조합'을 바탕으로 이뤄지게 된 것이다.

1930년대 노동운동이 여타의 민족운동에서 찾아볼 수 없는 독특한 특징을 갖게 된 것은 이런 요인들이 작용한 결과였다. 일제의 대륙 침략 이후 대부분의 민족운동은 극심한 침체를 면치 못했다. 그러나 노동운동은 새로운 조직노선 아래 지속적인 투쟁을 벌여나갔다. 비록 일제의 탄압이 극렬해지는 1936년 이후 눈에 띄는 투쟁은 사라져갔지만, 노동운동의 전투성은 1940년대까지도 그 맥을 이어갔다. 이때 노동운동의 일부 세력은 일제 패망을 염두에 두며 무장봉기를 준비했다고 전해지기도 한다. 뒤늦게 시작된 노동운동이 농민운동과 함께 1930년대 민족운동의 구심으로 자리 잡았던 것이다.

노동운동에 대해 일제와 자본 측은 총력 대응에 나섰다. 자본 측은 어용단체를 통해 공공연한 백색테러를 자행하며 노동운동을 방해했고, 일제는 공권력을 동원해 노동자를 검거했다.

농민운동의 성장과 발전

생존권투쟁에서
반제 민족운동으로

일제와 대지주의 가혹한 착취에 반발해 일어난 농민운동은 소작료 불납운동 등
비타협적인 투쟁을 벌이며 전시체제에서도 전투성을 잃지 않았다.

농사를 짓지 않겠다!

토지조사사업의 완결 이후 몰락한 농민들의 삶은 산미증식계
획으로 더욱 피폐해졌다. 최고 80퍼센트에 이르는 살인적인 소작료도
모자라 지세, 호세, 시장세, 주세, 수리조합비 등 이름을 나열하기조차
힘든 각종 세금이 농민의 어깨 위에 떠넘겨졌다. 이런 상황에서도 농
민들은 변변한 저항조차 할 수 없었다. 일제는 토지의 소유권은 보장
하면서도 소작권은 전혀 보장해주지 않는 모순적인 정책을 밀고 나갔
다. 토지조사사업 이후 대부분의 소작농이 경작권을 잃고 계약 소작농
이 된 상태라 지주의 말 한마디면 소작농은 하루아침에 소작지를 박탈
당할 수도 있었다.

일본인 및 친일 지주들은 이런 상황을 악용하여 소작농을 노예처럼
부리려 들었다.

소작인은 지주나 마름의 지휘에 절대 복종해야 한다. 관청이나 지
주의 명령에 따르지 않으면 소작지를 박탈한다. 가족과 함께 농장 또

농민운동 단체의 추이

연도	농민단체				비고
	단체수		단체인수		
1926	119		-		코민테른 12월 테제 발표
1928	307		-		전조선농민조합 조직
1930	943		-		신간회 해소
1931	1,759		112,103		농촌진흥운동 전개
1932	1,394		110,963		
1933	공산주의	106	공산주의	18,826	관제농민단체 29,303개
	민족(공산)주의	1,096	민족(공산)주의	49,544	
	온건단체	149	온건단체	19,213	
		1,351		87,282	

출처: 김정명, 『조선독립운동 5』

는 농장 가까운 곳에 살며 농사에만 종사해야 한다. 지정 기일 안에
소작료를 내지 않으면 지주는 소작인의 재산을 마음대로 처분할 수
있다. 지주의 허락 없이 자기 땅을 짓거나 다른 지주의 소작인이 될
수 없다. 소작쟁의 단체에 가입하거나 부당한 요구 또는 반항적 언사
를 하면 즉시 농장퇴거를 명한다.

-이이화, 『한국사 이야기』에서 재인용

지주들이 만들어 서로에게 권장하기까지 했다는 '소작 규정'의 내용
이다. 이것은 유럽 중세시대 장원의 농노와도 다르지 않은 대우였다.
농민들은 더 이상 이렇게는 살 수 없었다. 농민들은 '소작료는 생산의
절반으로 할 것, 아무 잘못 없는 소작인들의 소작지를 빼앗지 말 것'
등을 요구하며 투쟁에 나섰다. 이때 농민들은 일종의 농사파업인 불
경동맹不耕同盟, 소작료 불납동맹不納同盟, 아사동맹餓死同盟 등을 맺어 격렬

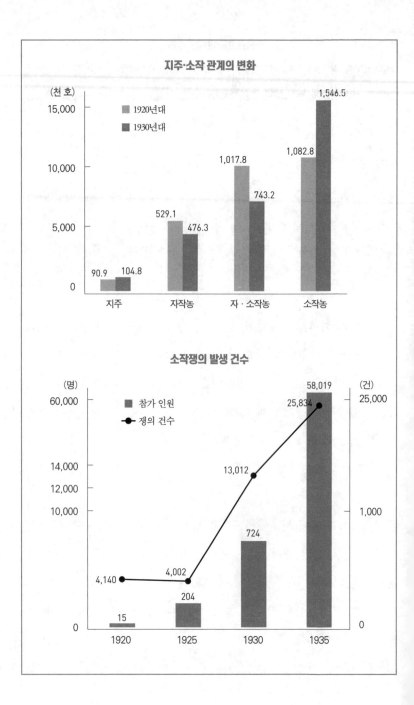

지주·소작 관계의 변화

(천 호)

■ 1920년대
■ 1930년대

| 지주 | 자작농 | 자 · 소작농 | 소작농 |

90.9 / 104.8 · 529.1 / 476.3 · 1,017.8 / 743.2 · 1,082.8 / 1,546.5

소작쟁의 발생 건수

(명)

■ 참가 인원
●─ 쟁의 건수

(건)

15 / 204 / 724 / 58,019

4,140 / 4,002 / 13,012 / 25,834

1920 · 1925 · 1930 · 1935

하게 싸워나갔다. 농사짓는 농민들이 '농사를 짓지 않겠다不耕는 동맹' '굶어죽겠다餓死는 동맹'까지 맺고 투쟁에 나선 것은 이들의 생존권적 요구가 얼마나 절박한 것인지를 드러낸 것이었다.

일제의 민족말살통치를 떨게 하다

투쟁이 전개되며 농민들의 조직에도 변화가 왔다. 1920년대 초반 농민투쟁은 주로 소작인조합이 주도했다. 그러나 투쟁에 동참하는 자작농이 증가하면서 점차 일반 농민 전체를 포괄하는 농민조합으로 개편해야 한다는 목소리가 높아졌다. 처음 남부 지방을 중심으로 결성됐던 농민조합은 폭발적인 투쟁 열기에 힘입어 동부, 북부 등 전 지역으로 확산되었다. 농민들은 한 발 더 나아가 전국적인 농민조직 결성을 계획했다. 처음에는 노동단체와 연합하여 노동공제회 산하의 농민부, 소작인부에 결합했지만 이후 노동운동과 분리된 조선농민총동맹(1927

토지조사사업으로 몰락한 농민들의 삶은 산미증식계획으로 더욱 피폐해졌다. 농민투쟁은 폭발적으로 증가해 1920년 15건에서 1924년에는 164건으로 늘어났다. 사진은 일제시대 대표적 농민항쟁인 암태도 소작쟁의를 보도한 『동아일보』 1932년 4월 6일자 기사.

년)을 결성하기에 이르렀다. 농민투쟁도 폭발적으로 증가해 1920년 15건에서 1924년에는 164건으로 늘어났다. 농민들의 거센 저항이 일제의 농촌 수탈에 큰 걸림돌로 작용하게 될 상황이었다.

농민들이 대부분 일인 지주 혹은 친일 지주와 싸워야 한다는 조건, 또 이들을 비호하는 일제 총독부와의 격렬한 대립이 불가피하다는 상황은 농민투쟁의 성격에 점차 변화를 불러왔다. 생존권 확보를 위한 투쟁을 넘어 항일민족운동으로의 성격을 짙게 띠어간 것이다. 농민들의 요구 속에 "일제 타도!"의 목소리가 높아진 건 이 때문이었다. 여기에 기층민중의 해방을 주장하는 사회주의 사상과의 결합으로 계급운동적 성격 역시 분명해졌다. "토지를 농민에게!"라는 슬로건은 이 같은 사회주의의 영향 하에 등장한 것이었다.

1930년대 일제의 대륙 침략 이후 농민운동은 노동운동처럼 지하로 들어가지 않을 수 없었다. 이때 농민들은 혁명적 농민조합을 결성하여 음으로 양으로 투쟁을 계속해나갔다. 또 1930년대 전시체제하에서도 그 활발함과 전투성을 잃지 않은 것 역시 노동운동과 유사한 모습이었다. 대부분의 민족운동이 숨죽이고 있던 때 농민들은 일제 식민통치기관, 일인과 친일 지주, 경찰서 등을 습격하면서 오히려 일제의 민족말살통치를 공포에 떨게 만든 것이다.

이에 놀란 일제는 소작료통제령(1939년)을 내려 농민들을 회유하려 했다. 지주의 횡포를 일정하게 제어해 분쟁의 싹을 잘라내는 대신 그럼에도 발생하는 투쟁에는 엄격하게 대처하려 한 것이다. 이후 투쟁은 어느 정도 진정되어 갔지만, 농민들은 1940년대까지 지속적인 투쟁을 전개해나갔다. 이 같은 농민투쟁의 전통이야말로 1949년 이승만 정부가 농지개혁에 나서지 않을 수 없도록 강제한 요인이었다. 또 해방공간에서 짧으나마 민중의 자발적인 권력기관으로 등장했던 인민위원회는 일제하의 혁명적 농민조합을 뿌리로 한 것이기도 했다. '무지'와 '게으름'의 대명사로 부당하게 낙인찍혔던 농민들의 투쟁은 이처럼 혁혁했다.

1940년대 농민들은 징용 등 일제의 강제연행에 치열하게 저항했다. 경북 경산에서 27명의 청장년 결사대가 산에 올라가 서서랑, 낫 등으로 3일간 무력저항한 것은 대표적인 사건이었다.

발명된 말
'청년'과 '어린이'

전국적인 규모의 통일조직을 갖춘 청년운동 세력은
민족운동의 주력으로 활약했다.

발견된 인간, 발명된 이름

청년이란 '발명'된 이름이었다. 이전까지 청년은 젊은이란 명칭으로 불리고 있었다. 그러던 것이 1893년 도쿄에서 조선청년애국회가 결성되고, 이어서 1903년 YMCA의 전신인 황성기독교청년회가 설립되자 전 사회적인 인기 유행어가 되었다.

왜 청년이었을까? 암울한 민족의 현실에서 미래의 희망을 담아낼 수 있는 가장 알맞은 용기가 바로 이 '푸른 그릇'이었기 때문이다. 이처럼 청년에 대한 기대가 높은 가운데 각종 청년단체들도 우후죽순처럼 탄생했다. 천도교청년회, 기독교청년회, 여자청년회, 지역청년회, 청소년수양회, 청년구락부 등이 모두 청년을 간판으로 한 조직들이었다. 이런 조직은 1920년만 해도 250여 개에 이를 정도로 대성황을 누렸다.

이들의 움직임에 촉각을 곤두세운 건 일제도 마찬가지였다. 청년운동이 항일운동으로 발전하지는 않을 것인지가 초미의 관심사였던 것이다. 이에 따라 한편으로는 청년단체의 결성을 눈감아주면서도, 자신

1920년대 초반의 청년운동은 민족주의적 성격과 사회주의적 성격이 혼재하고 있었지만 1924년 민족유일당운동의 영향 아래 조선청년총동맹으로 통합되게 된다. 왼쪽 사진은 조선청년총동맹 창립총회 기사. '10년 뒤의 조선을 생각하라'는 구호 아래 방정환이 주도한 어린이운동은 어린이들이 독립의 새로운 주역이 되어주길 바라는 간절한 마음이 담겨져 있다. 위쪽 사진은 어린이 잡지 『어린이』

들의 용인 범위에서 벗어나는 활동에 대해서는 가차 없는 탄압을 가했다. 이런 현실을 고려하여 청년운동도 겉으로는 비정치적인 운동을 표방했다. 청년의 품성 계발, 체육 강화, 미신 타파, 풍속 개량 등 계몽운동적 성격을 분명히 했던 것이다. 그러나 안으로는 민족의식 고취와 실력양성에 주력함으로써 청년운동이 독립운동을 지향하고 있음을 분명히 했다.

　각지에 산재한 청년단체들은 곧 통합의 흐름을 만들어가기 시작했다. 1920년 전국의 161개 청년단체를 포괄하며 통합조직으로 출발한 것은 민족주의계의 조선청년연합회였다. 그러나 3.1운동 이후 급속도로 확산된 사회주의 진영도 이 히트상품을 외면할 리 없었다. 사회주의 청년들은 처음에는 민족주의자와 함께 조선청년연합회에 참여했다. 그러나 곧 조직을 탈퇴하고 서울청년회를 결성함으로써 그 독자성을 분명히 했다. 이후 청년운동은 민족주의, 사회주의 양 진영으로 나뉘어 경쟁하다가 민족유일당운동의 영향 아래 조선청년총동맹(1924년)으로 통합하게 되었다.

이로써 전국적인 규모의 통일조직을 갖추게 된 청년운동은 민족운동의 주력으로 활약했다. 노동운동, 농민운동 등 각 부문과 지역의 운동을 지원하는 한편, 민족교육을 위한 투쟁에도 앞장서기 시작했던 것이다. 이들의 투쟁은 민족운동의 고양과 확산에 큰 역할을 담당했다.

10년 뒤의 조선을 생각하라!

청년운동과 함께 빼놓을 수 없는 것은 바로 어린이운동이었다. 최남선이 '어린 이'란 말을 사용한 이래 격식을 갖춰 높여 부른 '어린이'를 발명한 것은 소파 방정환이었다.

방정환은 천도교소년회를 조직해 어린이운동을 본격적으로 전개했다. "어린아이도 한울님을 모셨으니 아이를 때리는 것은 한울님을 때리는 것"이라는 2대 교주 최시형의 말은 천도교가 어린이를 바라보는 관점을 잘 드러내고 있었다. 방정환 역시 천도교의 3대 교주 손병희의 사위로서 이런 전통에 뿌리를 내리고 있던 인물이었다.

방정환과 천도교소년회는 1922년 5월 1일 첫 번째 어린이날 행사를 열어 어린이운동의 출범을 알렸다. 자동차와 창가대를 이용하여 가두

1920년대 청년운동과 소년운동

청년운동	조선청년총동맹(1924)	청년 품선 도야, 지식 계발, 체육 장려, 풍속 개량과 미신 타파. 민족의 생활과 역강 향상 ·지주 독립의 기초 마련
어린이 · 소년운동	조선소년운동협회(1922) → 조선소년연합회(1927)	어린이날 제정 및 기념행사 거행

선전에 나선 이들은 '10년 뒤의 조선을 생각하라'는 전단지를 뿌렸다. '10년 뒤의 조선'이란 말 속에는 바르고 건강한 민족의식 속에 자라난 어린이들이 독립의 새 주역이 되어주길 바라는 간절한 마음이 담겨 있었다. 또한 민족운동의 분열과 암투에 지친 방정환이 어른들을 포기하고 새로이 어린이운동에서 희망을 찾겠다는 의지이기도 했다.

이후 어린이운동은 눈부신 발전을 거듭했다. 1923년 5월 1일에는 도쿄에서 방정환, 강영호, 손진태 등 8인에 의해 색동회가 조직됐고 대표적인 어린이 잡지 『어린이』도 간행되었다. 이런 움직임 속에서 1925년의 어린이날 행사는 전국적으로 30만 명의 어린이들이 참여하는 대성황 속에서 열리기도 했다. 한편 사회주의 사상의 영향 속에 무산 아동의 해방을 목표로 하는 사회주의 소년운동도 활발하게 전개됐다. 이들이 조직한 운동단체는 1925년의 오월회였다. 이들 민족·사회주의 양 진영의 어린이운동은 1927년 민족유일당 운동의 바람 속에 조선소년연합회로 통합되었다.

그러나 1928년 사회주의 진영의 탈퇴로 다시 한 번 조직이 분열되

> 방정환은 노동절인 메이데이에 맞춰 어린이날을 5월 1일로 정했다. 그러다가 1927년부터는 5월 첫째 일요일에 행사를 진행하게 되었다. 이후 어린이날은 일제의 탄압으로 중지되었다가 광복 이후 어린이를 존중하는 마음을 살리자는 취지로 1946년에 부활되었다. 오늘날 기념하고 있는 5월 5일은 이때 제정되었는데, 1946년의 첫째 일요일이 5월 5일이었기 때문이다.

고 방정환 등의 민족주의 계열 인사들은 조직운동에서 손을 떼게 되었다. 이후 어린이운동은 일제의 탄압 속에 어렵게 명맥을 유지하다가, 1937년 중일전쟁 뒤 어린이날 행사와 소년단체 운영이 금지되는 등 결정적인 타격을 입은 채 잦아들고 말았다.

1990년대 초반 유행한 〈신인류의 사랑〉이라는 노래는 사회주의권 몰락 이후 한국 사회에 등장한 새로운 인간 유형을 노래한 것이었다. 이와 유사하게 '청년'과 '어린이'는 일제시대의 새로운 인간형을 상징하는 이름이었다. 비록 내부의 분열과 일제의 탄압으로 어려움을 겪었지만, 청년운동과 소년운동은 분명 민족운동에 불어온 새로운 바람이었다. 청년과 어린이는 식민지 조선의 민족운동이 발견한 최대의 히트상품이었던 것이다.

당시 청년들 가운데 마약중독과 자살이 많았던 것도 식민지 상황과 관련이 깊었다. 1924년의 자살자 1,487명 가운데 30세 미만 청년이 40퍼센트에 이르렀다. 자살의 주요 원인 중 하나는 정신착란이었다.

모던 걸,
모단 걸

이중의 악조건에 놓여 있던 식민지 여성들은 스스로 여성운동단체를 조직하여
여성해방과 민족해방을 위한 투쟁에 나섰다.

겹겹이 쌓인 구시대의 유물과 현대적 고통

　전체 민족운동이 활발하게 전개된 1920년대는 '신여성'들의
약진 역시 두드러지게 눈에 띈 시대였다. '모던 걸(modern girl)'이란 용
어에서 따온 '못된 걸' '모단毛斷 걸' 등이 모두 이런 현상을 나타낸 말
들이었다. 모단 걸이란 머리를 짧게 자르고 장옷을 벗어던진 이들의
혁명적(?)인 차림새를 가리키는 용어였다. 김명순, 나혜석, 김원주 등
으로 대표되는 신여성들은 인습의 굴레를 벗어난 자유연애, 동등한 배
움의 기회를 통한 여성의 사회 참여와 해방을 부르짖었다.

　그러나 이런 주장은 서구 문화를 적극적으로 수용한 일부 유학파 여
성들에 국한된 것이었다. 대부분의 여성들은 여전히 봉건 구습의 굴레
에서 벗어나지 못했다. 이제 여성도 중등교육을 받을 수 있었으나 교
육의 주 내용은 가사, 재봉, 수예와 같은 '양처현모용'이었다. 사회에
나가서도 여성들은 취업과 임금 등 노동조건에서 남성보다 훨씬 가혹
한 착취에 시달리어 했음은 물론이었다. 여기에 일제는 구시대적 여성
억압을 폐기하는 데는 전혀 관심이 없었다.' 부녀자를 지배해야 전체

사회를 지배할 수 있다' '여성들을 무지렁이 부엌데기로 만들어야 그 자식들까지 부리기 쉬운 노예로 만들 수 있다'는 게 여성을 대하는 그들의 논리였기 때문이다.

이처럼 일제하의 여성문제는 전통적인 성차별과 착취, 민족문제 등이 이중삼중으로 얽혀 있는 것이었다. 1927년 창립된 근우회의 선언문에 나오는 것처럼 "미처 청산되지 못한 구시대의 유물이 남아 있는 그 우에 현대적 고통이 겹겹이" 쌓인 모습이었다.

민족이 흥하려면 암탉이

이런 상황 속에서도 여성들은 주눅 들지 않고 투쟁해나갔다. 이미 여성들은 3.1운동 이전부터 민족운동의 최전선에서 싸운 경험을 축적하고 있었다. 각종 단체를 조직하여 독립운동에 쓰일 군자금을 모집하고, 감옥에 간 독립지사나 그 가족들을 후원하는 활동을 벌였던 것이다. 평양 숭의여학교의 송죽회, 대한민국애국부인회, 대한애국부인회, 하와이와 미주에서 활동한 대한여자애국단 등은 그 대표적인 단체들이었다. 이들은 항일 비밀결사로 활동했던 여성운동의 유형을 대표하고 있었다.

기독교 계통의 인사들에 의해 주도된 여성운동도 활발하게 전개됐다. 이들은 문맹 퇴치, 구습 타파, 생활 개조 등 여성계몽운동을 적극적으로 펼친 그룹이었다. 차미리사가 중심이 된 조선여자교육회, 손정규·임영신의 조선여자청년회, 조선여자기독교청년회(YWCA) 등은 대표적인 여성계몽운동단체였다. 이들은 순회강연, 야학, 여성의 경제적

1920년대 여성운동은 '암탉이 울어야 민족이 흥할 수 있다'는 사실을 온몸으로 보여주며 여성의 지위향상과 민족운동의 부흥을 위해 힘썼다. 사진은 일제 강점기 여성계몽운동의 선구자였던 차미리사와 대표적인 항일여성운동 단체인 근우회 창립총회 모습.

자립, 물산장려운동 등 한말 이래의 애국계몽적 활동을 계승한 우파적 여성운동의 흐름을 대표했다.

1920년대에는 사회주의 여성운동의 바람도 불었다. 사회주의자들은 여성운동을 계급해방의 관점에서 바라보는 한편, 일제와의 관계에서도 무산 여성이 중심이 된 비타협적인 투쟁을 주장했다. 1924년 조직된 조선여성동우회는 이런 경향 속에 활동하던 대표적인 사회주의 여성단체였다. 특히 이 단체의 중심인물은 주세죽·허정숙·박원희 등으로, 이들은 각각 조선공산주의운동의 지도자인 박헌영·임원근·김사국의 아내들이기도 했다.

1920년대 여성운동을 대표하던 세 유형의 단체들은 서로 경쟁하며 협력하는 가운데, 여성의 지위 향상과 민족운동의 부흥을 위해 힘썼다. '암탉이 울면 집안이 망한다'는 전통적인 여성비하 의식을 뒤집어 '암탉이 울어야 민족이 흥할 수 있다'는 사실을 온몸으로 보여주고자 했다.

통합과 침체의 길을 걸어가다

1920년대 중후반, 민족유일당운동의 바람이 불자 여성운동 내에서도 통합의 기운이 높아지기 시작했다. 민족주의와 사회주의 계열의 여성 운동이 통합하여 운동을 획기적으로 강화하자는 공통의 인식 때문이었다. 이 논의는 신간회 결성과 비슷한 시기 창립한 근우회로 결실을 맺었다. 1927년 5월 27일, 차미리사·김활란·정칠성·주세죽·박원희·최은희 등 당대 여성 지도자들이 총망라되어 근우회를 창립했다.

근우회는 ●여성에 대한 사회적·법률적 차별 철폐 ●인신매매 및 공창제公娼制 폐지 ●농민 부인의 경제적 옹호 ●부인 노동의 임금차별 철폐 등을 강령으로 내걸며 일제하 여성운동에 새로운 이정표를 제시했다.

일제의 감시와 탄압 속에서도 발전을 거듭한 근우회는 전국 60여 개 지회를 거느린 대규모 조직으로 성장했다. 그러나 민족·사회주의 진영의 대립과 일제의 탄압, 이로 인한 신간회의 해소는 그 누이조직으로 불리던 근우회의 존립마저 위협하기 시작했다. 결국 근우회는 신간회의 해체 1년 뒤 자연스레 그 뒤를 따르고 말았다.

여성운동의 거의 모든 역량이 결집되었던 근우회의 해체는 여성운동에 큰 타격을 안겨준 사건이었다. 이후 1930년대 내내 여성운동은 깊은 침체기를 벗어나지 못했다. 그러나 지난 20여 년의 세월동안 축적된 여성운동의 경험과 역량이 하루아침에 스러진 것

> 제주잠녀항쟁은 일제하에서 벌어진 최대의 항쟁 중 하나로 일제의 경찰마저 벌벌 떨게 했던 투쟁이었다. 이투쟁은 강관순, 부춘화, 김옥련 등 사회주의 계열의 청년지식인에게 교육받은 여성투사들이 주도했다.

은 아니었다. 1930~40년대 전시체제하에서도 여성들은 각종 노동투쟁과 농민투쟁, 제주 잠녀들의 항쟁 등에 결합하여 자신의 존재가치를 빛내는 한편, 민족운동의 발전에도 큰 기여를 했던 것이다.

> 신여성이란 용어는 1894년 영국의 『애틀랜틱 리뷰』에 나온 사라 그랜드의 글로부터 유래되었다. 우리의 경우 개벽사의 『부인』이란 잡지가 1923년 『신여성』이라는 제호로 바꾸면서 일반용어로 자리잡았다.

죽어서도 상여를 타지 못하는 백정들의 해방운동

전근대조선에서나 식민지에서나 인간 이하의 천대를 받던 백정들은
형평사운동을 통해 신분차별의 고리를 끊어내고자 투쟁했다.

천형天刑 같은 붉은 낙인

장지필은 일본의 명문인 메이지대학 유학파였다. 대부분의 조
선 학생들이 전문학교를 끝으로 고등교육을 마치던 상황에 비춰보면
그는 대단한 엘리트였다. 그러나 고국에 들어온 그는 애써 배운 지식
을 써먹을 수 없었다. 총독부에 취직하려 했지만 속된 말로 물을 먹었
다. 이유는 간단했다. 그는 백정의 아들이었던 것이다.

진주 지역의 부유한 백정 이학찬의 경우는 자식 교육이 문제였다.
당시 백정들은 자식 교육에 많은 관심을 쏟았다. 천한 신분을 벗어나
는 길은 오직 교육밖에 없다고 믿은 것이다. 그러나 대부분의 백정 자
식들은 학교에 다닐 수 없었다. 천한 신분을 이유로 학교마다 퇴짜를
맞는가 하면, 용케 입학해도 동급생의 놀림 탓에 중도에 그만두는 경
우가 많았기 때문이다. 이학찬은 학교에 기부금도 내고 수하의 백정들
을 동원하여 학교 신축공사도 돕는 등 무진 애를 쏟았다. 그러나 돌아
온 대답은 마찬가지였다. 학교에 입학시킬 수 없다는 것이었다. 울분
에 치를 떨었지만 어쩔 수가 없었다. 이학찬이 겪은 이 일은 한국사의

마지막 신분차별 철폐운동인 형평운동의 도화선이 되었다.

1894년 갑오개혁으로 백정들에 대한 공식적인 신분차별은 사라졌지만 관습상의 차별은 여전히 사라지지 않았다. 백정들은 말 대신 소를 타고 가마 대신 널빤지에 실려 결혼식을 치렀다. 죽어서는 상여조차 탈 수 없었다. 일반인 아이들이 나이 많은 백정에게 반말을 하는 게 예사였다. 옷차림은 물론 집안 치장, 심지어 이름마저도 일반인과 같으면 안 되었다.

민족의 분열을 획책했던 일제 역시 이런 차별을 철폐하지 않았다. 오히려 백정들의 민적民籍에는 이름 앞에 붉은 점을 찍거나 백정을 나타내는 '도한屠漢'이라는 낱말을 적어 차별을 제도화했다. 장지필이 총독부로부터 물을 먹은 것은 바로 민적에 찍힌 붉은 점 때문이었다. 천형과도 같은 신분의 굴레는 여전했고, 백정들에게 찍힌 붉은 낙인 역시 이전 시대와 다를 바가 없었다.

백정도 조선 민족 2천만의 1인이다!

이학찬이 억울한 사정을 언론계 인사들에 호소하면서 형평운동은 본격적인 막을 올렸다. 장지필, 이학찬과 같은 백정 출신 인사들은 물론 양반 출신 천석꾼의 자제이자 『동아일보』 진주 지국장인 강상호 등 비백정 출신 선각자들이 적극 호응했던 것이다. 이렇게 하여 모인 80여 명의 인사들은 1923년 4월 25일, 진주 대안동에서 대회를 열어 형평사를 창립했다.

'형衡'이란 고기 근을 재는 저울을 뜻하는 말이다. 즉 평형을 이룬 저울처럼 인간의 권리와 존엄성에는 차별을 두어서는 안 된다는 의미를 가진 것이 형평사란 이름의 유래였다. 이들의 뜻은 형평사 창립대회에서 밝힌 주지主늡에도 잘 드러나 있다.

> 공평은 사회의 근본이며 애정은 인류의 본량本良이다. 그러므로 우리는 계급을 타파하고 모욕적 칭호를 폐지하며 교육을 장려하여 우리도 참사람이 되기를 기期함이 본사의 주지이다. 우리도 조선 민족 2천 만의 1인이라. 애정으로 서로 도와 생활의 안정을 꾀하며 공동의 존영存榮을 기하고자 이에 40여 만이 단결하여 본사의 목적과 그 주지를 간명히 표방코자 한다.

이로써 시작된 한국사 최후의 신분타파운동은 뜨거운 성원 속에 전개되었다. 5월 13일 진주좌(진주극장)에서 열린 축하식에 부산, 밀양, 김해, 대구, 논산, 대전, 옥천 등에서 온 400여 명이 참석한 이래 1년 만에 12개의 지사, 군·읍에 67개의 분사가 조직됐던 것이다.

그러나 이에 대한 반발인 '반형평운동'도 거세게 일어났다. 형평운동의 메카인 진주에서 2,000여 명의 농민이 우육불매동맹을 맺고, 1925년 경북 예천에서는 수백여 명이 형평사 지사를 습격하여 많은 부상자가 발생하는 일이 발생했다. 조선총독부의 자료에 따르면 1923~1935년 사이 백정 출신과 일반인 사이에서 벌어진 크고 작은 충돌은 457건에 이를 정도였다. 이처럼 오랜 세월 굳어온 전통과 인습의 굴레는 쉽게 깨지지 않았다.

이런 반발 속에서도 형평운동의 전진은 멈추지 않았다. 1935년까지

1894년 갑오개혁으로 백정들에 대한 공식적인 신분차별은 사라졌지만 실질적으로는 그대로 존속되고 있었다. 이에 따라 백정들의 신분에 대한 불만은 형평사 조직(1923)을 통해 구체화되었고 한국사 최후의 신분타파운동인 형평사운동으로 이어졌다. 사진은 순서대로 형평사 전국대회 포스터, 형평사운동을 주도한 장지필과 조기용, 형평사 발기문.

의 활동기간 동안 전국적으로 약 200여 개의 지사, 분사가 활동하고 형평청년회·형평학우회·형평여성회 등 자매조직이 결성되는 등 인간해방을 향한 움직임은 더욱 거세게 일어났다.

특기할 것은 형평운동이 백정들의 신분해방 등 권익운동에 그치지 않고 항일민족운동으로까지 영역을 넓혀갔다는 점이다. '백정도 조선민족 2천만의 1인'이라는 선언에 비춰보면 이것은 당연한 일이기도 했다. 당시 사회적 최약자인 백정들의 형평운동에는 사회주의자를 비롯한 많은 민족운동 인사들의 적극적인 지지와 지원이 잇따랐다. 이들의 영향 아래서 형평사 안에는 백정의 권익을 넘어 전체 사회운동과 결합하려는 움직임이 서서히 일어나기 시작했다. 일부 형평사원들이 각종 파업과 소작쟁의에 적극적으로 참여하는 등 활발한 실천운동에 나선 것은 이 때문이었다.

제휴냐 균등이냐

형평운동이 사회운동화 하면서 형평사 내부에서도 점차 치열한 노선 대립 현상이 나타났다. 이 대립은 1924년 부산에서 개최된 형평사 조선임시총회를 계기로 전면에 드러나기 시작했다. 진주에 있던 형평사 본부를 서울로 이전하자는 장지필 등 북파北派와 그대로 진주에 두자는 강상호 등 남파南派의 주장이 팽팽히 맞섰다. 그런데 사실 이것은 형평운동이 사회운동 전반, 특히 사회주의운동과 긴밀히 결합해야 한다고 주장하는 급진파와 종래의 신분차별 철폐운동에 집중하자는 온건파의 대립이었다. 즉 사회운동과의 '제휴'냐, 평등한 신분을 쟁취하는 데 역점을 두는 '균등'이냐의 치열한 노선투쟁이었던 것이다.

북파와 남파는 각각 형평사혁신동맹과 형평사연맹총본부를 설립하며 분열되었다. 두 갈래의 움직임은 1925년 4월 형평사중앙총본부로 통합되었다가 1929년 다시 분열하고 말았다. 이처럼 갈등이 심화되자 1931년에는 해소론이 등장하기도 했다. 여기에 급진세력을 박멸하기 위해 일제가 조작한 형평청년전위동맹사건은 형평운동을 위축시키는 결정타가 되고 말았다. 이후 형평사는 끝내 위기를 극복하지못하고

1935년 해산하고 말았다.

이처럼 아쉬움을 남기기는 했지만 형평운동이 일궈낸 성과와 역사적 의의는 적지 않았다. 형평운동은 백정들의 자기해방 선언이자 신분차별을 척결하기 위한 위대한 인권운동이었다. 1930년대 이후 백정들이 점차 하나의 인간으로 대접받을 수 있게 된 데에는 형평사의 활약이 결정적인 역할을 했다. 아울러 형평사는 신간회 해소 이후까지 살아남은 일제하 최장수 항일단체로서 천대받던 백정들의 투쟁을 역사 속에 뚜렷이 각인시켜 놓았다.

형평사는 1935년 대동사로 이름을 바꾸고 백정들의 권익운동에 나섰다가 급격히 친일화되었다. 특히 1938년에는 '대동호'라는 비행기와 기관총 대금을 헌납하기까지 했다.

민족문화수호운동

'최선最善한 차선책'으로서의
문화운동

민족정신마저 말살하려는 일제에 맞서 교육과 언어, 종교 등 문화의
각 부문에서 민족의 고유성을 지키려는 운동이 활발히 일어났다.

민족교육을 이끈 트로이카

천황의 'ㅊ' 자만 들려도 기립 부동하는 충성스런 신민. '텐노
헤이카(천황폐하)'의 말씀 한마디면 지옥 끝까지라도 달려가 초개같이
목숨을 버릴 수 있는 착한 백성. 일제가 꿈꾸는 '충량忠良'한 식민지 백
성의 모습은 그것이었다. 우민화와 황국신민화는 그런 백성을 양산하
기 위한 일제의 교육방책이었다.

이에 대항한 민족교육운동도 활발하게 전개되었다. 이 운동을 이끈
것은 각종 사립학교, 개량서당, 야학들로 이들은 민족교육운동의 트로
이카라 불릴 만했다. 구한말 이래 사학은 애국애족적인 교육을 펼쳐왔
고 이것은 식민체제가 본격화된 이후에도 마찬가지였다. 이에 대해 일
제는 사립학교규칙(1911년)을 제정하여 반일애국적인 사학을 폐교하
는 등 탄압책으로 맞섰다. 그 결과 1910년 1,973개에 이르던 사립학교
는 1919년 690개로 줄어들고 말았다. 그럼에도 민족교육을 지향하는
사학의 노력이 완전히 시든 것은 아니었다. 『한국교육사』에 따르면 3.1
운동 당시 6월 30일의 투옥자 1,729명중 972명(56퍼센트)이 학생이었

고, 276명(16퍼센트)이 교사였다(「일제하 독립운동의 상징인 미션스쿨의 가치」에서 재인용). 이것은 사립학교들의 민족교육의 성과가 상당히 축적돼 있었음을 알려주는 수치다.

일제의 식민교육 체제 아래서 서당도 화려하게 부활했다. 단 이때의 서당은 종래의 봉건적 교육기관이 아닌, 근대적 학제를 가지고 민족교육을 실시하던 개량서당이었다. 사학 탄압이 가중되는 조건 속에서 서당의 부활은 자연스러운 흐름이기도 했다. 민족운동가들이 민중 교육기관으로서 서당이 지닌 가치를 재발견했던 것이다. 한때 서당의 생도 수가 26만여 명으로 늘어나는 등 폭발적인 신장세를 보이자 일제는 이에 대한 대응에도 나섰다. 서당 개설 시 도지사의 인가, 총독부가 편찬한 교과서 이용, 금고형 이상의 처벌을 받은 자의 교사자격 박탈 등을 골자로 하는 서당규칙(1918년)을 제정한 것이다. 이 결과 서당의 영향력은 현저하게 줄어들 수밖에 없었다.

야학은 서당과 함께 비정규적 영역에서 민족적 대중교육을 이끈 쌍두마차였다. 1907년 마산을 시작으로 야학은 노동야학, 농민야학, 부인야학, 종교 계통의 야학 등으로 분화되며 활발한 활동을 보였다. 조선인들의 유별난 교육열과 3.1운동 이후 활성화된 민중 계몽, 문맹퇴치운동 등은 야학의 성장에 큰 밑거름이 된 것이 사실이었다. 그러나 일제의 탄압 속에서도 지속적으로 발전해가던 야학은 1930년대 들어 존폐의 기로에 섰다. 대륙 침략과 함께 강화된 황국신민화교육으로 급격히 설 자리를 잃어간 것이다. 일제는 태평양전쟁이 본격화된 1940년대에는 청년훈련소, 특별훈련 양성소 등 강제 교육 기관을 설치하기도 했다. 이는 야학의 입지를 더욱 축소시키는 결과를 가져왔다.

조선교육령

시행 시기		교육정책	주요 내용
1910년 8월 ~1922년 2월	제1차 조선교육령	무단통치기 식민체제 주입 교육	일본어 학습 강요, 사립학교와 서당 억제
1922년 2월 ~ 1938년 3월	제2차 조선교육령	문화통치기 민족분열 교육	일본어 및 실업 교육 강화
1938년 3월 ~1943년 3월	제3차 조선교육령	병참기지화정책기 민족말살 교육	국사 교육 금지, 조선어 교육 선택과목 전락
1943년 3월 ~1945년 8월	제4차 조선교육령	태평양전쟁기 강제동원 체제 교육	조선어 교육 완전 폐지

악조건 속에서도 민족자주의식의 고양과 민중적 각성을 위해 노력 해왔던 민족교육기관은 민족운동을 이끈 인재들의 산실이었다. 그러 나 오랜 세월 집중된 견제와 전시체제하에서의 탄압으로 아쉽게도 그 영향력을 잃어가고 말았다.

조선의 얼이 우리 손에 달려 있다, 국학운동

교육과 함께 일제의 민족말살정책이 두드러지게 나타난 분야는 역 사였다. 조선인들의 민족적 정체성을 지우기 위한 가장 효과적인 방법 이 역사를 장악하는 것이라는 사실을 간파한 것이다. 1916년 조선반 도사편찬위원회를 만든 이래, 조선사편찬위원회(1922년), 조선사편수 회(1925영) 등으로 이름을 바꿔가며 일제가 조선사 왜곡, 날조에 앞장 섰던 건 그런 노력의 일환이었다. 또한 그 결과 탄생한 것이 바로 '식 민사관'과 그에 기초한 '식민사학'이었다. 조선의 역사학계는 연구 역 량을 총동원해 식민사학을 극복하기 위한 노력을 펼쳐나갔다. 이런 노

일제는 4차에 걸친 조선교육령을 통해 등 조선의 민족교육을 탄압했다. 우민화와 황국식민화를 내세워 우리 민족의 사상을 일본화 또는 말살하고자 했다. 특히 4차 교육령에서는 조선어 교육을 완전 폐지시켰다

력은 대체로 민족사학, 사회경제사학, 실증사학의 세 갈래 흐름으로 모아졌다.

민족사학은 박은식, 신채호 등 한말 이래 민족사를 연구해온 연구자들이 이끈 흐름이었다. "역사란 아我와 비아非我의 투쟁(『조선상고사』 서문)"이라는 신채호의 말 그대로 민족사관은 철저히 민족 본위, 민족 중심의 역사관이었다. 이들은 '민족혼'과 같은 정신적 가치의 중요성을 유독 강조했다. 현실의 민족국가는 물리적 강점 하에 있었고, 그것을 돌파할 유일한 길은 민족적 의지와 정신력을 이끌어내는 것이라 보았던 것이다. 이들의 활약은 식민사학에 대한 대항과 그 논파에 큰 역할을 담당했다. 그러나 지나친 관념주의와 과도한 민족의식으로 객관성을 잃은 학문이라는 비판을 불러일으킨 것도 사실이었다.

1920년대에 사회주의 사상이 확산되며 역사학에서도 유물사관을 도입한 학파가 등장했다. 연희전문학교 상과 교수 출신인 백남운과 이청원 등이 주도한 사회경제사학파가 그것이었다. 이들은 조선사 역시 부편적인 세계사의 발전법칙 속에 있으며, 조선이 스스로 자본주의 사회로 발전하고 있었음을 논증했다. 이로써 식민사학의 대표적인 논리

일제의 식민사관

이론	주장
정체성론	한국사가 10세기 이후에는 발전이 없다
타율성론	한국사는 외세의 간섭과 압력에 의해 진행되었다 → 임나일본부설의 근거
일선동조론	일본과 조선의 조상은 같다
당파성론	조선의 붕당처럼 조선 민족은 단결할 줄 모른다
반도론	조선은 반도에 위치해 항상 중국 등 외세의 지배를 받아왔다

인 조선사의 타율성론과 정체성론을 논파하는 성과를 거두게 되었다. 그러나 이들 역시 마르크스 유물사관의 기계적 적용이라는 비판을 피할 수 없었고, 해방 이후에는 중심인물들이 대거 월북함으로써 남한에서는 맥이 끊기고 말았다.

1920~30년대에 근대적 역사학을 공부한 일단의 학자들이 중심이 된 실증사학 역시 새로운 흐름의 하나였다. 이 학파를 이끈 인물은 일본 와세다대학 출신으로 조선사편수회에서 근무했던 이병도였다. 실증사학파는 일본인 학자들이 중심이 되어 1930년에 결성된 청구학회에 자극받아 진단학회를 결성하여 활동했다. 이들의 입장은 한마디로 "증거 없는 역사는 역사가 아니다"는 것이었다. 따라서 실증적인 방법을 통해 한국사를 객관적으로 연구하는 데 주력했다. 실증사학의 이런 태도는 한국사 연구를 근대적인 역사학으로 정립시키는 데 크게 기여했다. 그러나 "민족의 저항의식을 고취시킨다는 사명감에서보다는 한국사 연구에 종사하는 것 자체가 민족적이라는 생각에… 만족하고 있었다"는 비판(최기영)대로, 학문의 완성 그 자체에 매몰된 듯한 경향을 보였다.

민족의 말과 글을 수호하라!

한편 국어 연구와 한글의 보급 역시 국학운동에서 큰 비중을 차지하고 있었다. 말과 글은 민족문화를 구성하는 1차적 재료로서 그 중요성은 재론할 필요가 없었다. 일제강점기 한글운동에 나선 대표적인 인물은 이윤재, 최현배, 장지영, 이병기 등 주시경 선생의 제자들이었다. 이들은 1921년 조선어연구회를 조직한 뒤 훈민정음 반포 480주년을 맞아 가갸날을 제정하고, 잡지『한글』을 간행하는 등 많은 활동을 전개했다. 이후 1931년에는 조선어연구회를 재편하여 조선어학회를 조직했다. 조선어학회는 한글맞춤법 통일안을 제정하고『조선말 큰사전』의 편찬에도 나섰다. 그러나 이 기념비적인 작업은 1942년 벌어진 조선어학회사건으로 중단되었다. 이 사건은 황국신민화작업이 기승을

1921년 12월 3일, 우리말과 글의 연구를 목적으로 조직된 조선어학회는 한글맞춤법 통일안을 제정하고『조선말 큰사전』 편찬에 나섰다. 그러나 1942년 일제는『조선말 큰사전』 편찬사업을 주도한 조선어학회 학자들을 민족의식을 고양했다는 죄목으로 탄압하고 투옥한다.

부리는 가운데 일제가 민족운동 박멸을 위해 조작한 사건이었다. 그 결과 이윤재, 한징이 옥사하고 나머지 인사들은 징역 2~6년의 실형을 선고받는 등 한글운동은 철퇴를 맞고 말았다. 또한 2만 6,500여 장에 이르는 『큰사전』의 원고 역시 기약 없이 떠돌다가 1945년 9월 서울역 운송부 창고에서 발견됨으로써 간신히 세상의 빛을 보는 우여곡절을 겪기도 했다.

3.1운동의 좌절 이후 민족운동의 '정치적 약진'의 길은 봉쇄되었다. 이런 상황 속에서 국어, 역사, 민속 등의 분야에서 민족문화를 수호하고 일제의 민족말살정책에 저항하려는 움직임이 바로 국학운동이었다. 이것은 "최선最善한 차선책'으로서의 문화운동(최기영)"으로, 불가불 일제의 탄압을 불러올 수밖에 없는 활동이기도 했다.

과학운동과 종교계의 활동

식민지배 체제 아래서 과학 분야 역시 자주적인 발전의 길이 억압되었음은 물론이다. 그러나 민족생활의 개선을 위해 과학기술을 발전시키자는 주장이 힘을 얻으며 서서히 과학대중화운동이 뿌리를 내리기 시작했다. 이 운동을 이끈 것은 경성고등공업학교 출신으로 일본 유학파이기도 했던 김용관이었다. 김용관은 1924년 발명학회를 만들어 본격적인 과학 대중화의 길을 열었고, 1933년에는 『과학조선』 간행, 이 듬해에는 '과학데이'를 제정하는 등 과학의 보급과 생활화를 위해 많은 노력을 기울였다. 그러나 보다 절박한 민족적 과제에 집중해야 한다는 민족운동의 현실과 날로 가혹해지는 일제의 탄압 속에서 과학운동은 아쉽게도 더 이상 꽃을 피우지 못했다.

식민지배 전 기간에 걸쳐 전개된 종교 세력의 활동도 눈에 띄는 것이었다. 이미 3.1운동을 주도한 바 있었던 이들은 이후로도 민중계몽과 민족운동에 대한 지원 등으로 자신의 역할을 이어나갔다. 이에 대해 일제는 사찰령(불교), 경학원 규정(유림) 등의 종교탄압법을 제정하고, 기독교 계통에 대해서는 선교사들을 회유·탄압하는 등 활동을 방해하기 위한 여러 가지 노력을 펼쳐나갔다. 또 천도교와 대종교 등 민족종교에 대해서는 사이비 종교라는 낙인을 찍고 음양으로 탄압을 지속했다.

이에 맞서 종교계는 국외로 나가 무장투쟁에 나서는 등 민족운동의 최전선에 서기 위한 노력을 멈추지 않았다. 청산리대첩에 참여한 대종교 계통의 북로군정서, 천주교의 의민단 등은 종교단체가 주도한 대표적인 무장단체였다. 그러나 일제의 대륙침략과 황국신민화가 본격화되는 1930년대 들어 종교계는 끝내 식민 체제에 순응하는 길로 접어들지 않을 수 없었다. 끝까지 신사참배를 거부하던 기독교계 일부 인사들의 저항을 마지막으로 친일화의 길로 빠르게 달려간 것이다.

"우리 일본은 조선인에게 총과 대포보다 무서운 식민교육을 심어놓았다. …… (조선은) 결국 식민교육의 노예로 전락할 것이다."(일제의 마지막 총독 아베가 일본으로 돌아가며 남긴 말). 모욕적이지만 이후 전개된 역사는 그의 장담이 그저 허언만은 아니었음을 보여주었는지도 모른다.

민족문화수호2

예술적 성취와 현실적 굴종 사이, 식민지 문화예술

카프를 중심으로 민족해방과 민중해방에 기여하려는
사회주의 문화운동이 식민지시대 예술운동의 중심이 되었다.

카프 · 문학의 융성 그리고 친일의 길

1910년대의 조선 문학은 「해海에게서 소년에게」, 『무정』으로 대표되는 최남선, 이광수의 '2인 문단 시대'였다. 그러나 이들은 근대 문학의 효시가 되었다는 의의에도 불구하고 지나친 계몽성과 초보적인 언문일치 수준 등으로 높은 문학성을 인정받지는 못했다.

1920년대의 문학은 이에 대한 비판과 함께 시작되었다. '문학에는 문학 자체의 목적'이 있음을 주장하며 예술 본연의 임무를 추구한 문학동인이 등장한 것이다. 『창조創造』 『폐허廢墟』 『백조白潮』는 1920년대 전반기를 수놓았던 동인지 3인방이었다. 이들은 각기 자연주의(『창조』), 퇴폐주의(『폐허』), 낭만주의(『백조』)의 사조를 바탕으로 하는 등 나름의 예술이론에 기초하고 있었다. 그러나 이들의 전반적인 분위기는 3.1운동 실패의 영향으로 현실도피와 감상적 낭만주의 성향을 짙게 드러내고 있었다.

이런 한계를 극복하기 위하여 출현한 것이 카프(KAPF, 조선프롤레타리아예술가동맹, 1925년) 등 신경향파 문학가들이었다. 카프는 박영희, 이기

1920년대 사회주의 예술운동을 주도했던 카프(조선프롤레타리아예술가동맹). 카프는 퇴폐적인 경향과 파편화된 문단의 흐름을 투쟁적이고 조직적인 항일 및 계급운동의 차원으로 끌어올렸다. 사진은 카프의 중심인물 임화

영, 한설야, 주요섭, 임화 등 우리의 귀에도 익숙한 작가, 시인들을 망라한 조직이었다. 이들은 현실을 외면한 탐미적 경향을 강력하게 비판하고, 충실한 현실 재현과 아울러 투쟁의 방향까지 제시하는 문학예술의 임무를 역설했다. '도구로서의 예술관'을 짙게 드러낸 것이다. 사회주의 이념에 입각한 이들의 활동은 문화예술의 지형을 단박에 바꿔놓았다. 퇴폐적 경향과 파편화된 문단의 흐름을 투쟁적이고 조직적인 항일·계급운동의 차원으로 끌어올렸던 것이다.

그러나 이들이 내세운 지나친 이념성은 예술을 위한 독으로 작용했다. 계급주의 문학론의 기계적인 적용은 오히려 올바른 현실 재현을 가로막았고, 도식적인 작품 내용은 독자들을 멀어지게 만들었다. 1934년 카프의 중심인물이던 박영희가 "얻은 건 이데올로기요, 잃은 건 예술이다"라고 말했던 건 이들이 직면했던 딜레마를 압축적으로 드러낸 것이었다. 이처럼 조직 내외의 비판이 밀려들고, 일제의 탄압이라는 외부적 요인까지 겹치자 카프는 급격히 흔들릴 수밖에 없었다. 결국 카프는 1935년 자의 반 타의 반 해산의 길을 걸어야 했다.

카프가 해체된 이후 문학은 오히려 융성기를 맞이했다. 이념에서 놓여난 채 모더니즘, 생명파, 인생파 등 다양한 사조를 바탕으로 한 작품들이 창작된 것이다. 이런 흐름은 무엇보다 예술로서 문학 본연의 목적을 추구한다는 공통점을 지니고 있었다. 박태원, 채만식, 이태준, 유진오, 이무영, 김유정, 이상, 김영랑, 서정주, 조지훈, 박목월 등 1930년대의 문단은 양적으로나 질적으로나 조선 문학의 전성기라 할 만큼 풍성함을 보이고 있었다. 그러나 이런 풍성함이 일제와의 대결을 외면하는 현실도피적 경향으로 흘러간 것은 짙은 아쉬움으로 남을 수밖에 없었다.

문학의 짧은 전성기도 일제의 탄압을 빗겨날 수는 없었다. 대륙 침략의 본격화 속에서 각종 신문, 잡지들이 폐간되며 발표지면이 사라졌다. 문학의 재료인 한글에 대한 탄압 역시 문학가들에겐 큰 재앙이었다. 태평양전쟁 이후 1940년대의 문학은 유례없는 암흑 속에 빠졌다. 1930년대를 수놓았던 대부분의 문인들이 친일의 소용돌이 속으로 빨려들었고, 이들의 친일 활동은 민족문학사에 지울 수 없는 생채기를 남겼다.

운동으로서의 노래, 그리고 근대미술의 태동

일제의 침략 이후 우리 음악계에도 뚜렷한 변화가 펼쳐졌다. 1910년대에는 민족 전통음악이 침체된 가운데, 민족의 현실을 반영한 창가 등의 노래가 득세했다. "(1910년대의 노래들은) 애국계몽운동과 의병 항쟁기 노래의 줄기를 받아 민족적 울분과 반일독립운동 노래로 발전해 나갔다"는 노동은 목원대 교수의 말처럼, 이 시기의 음악들은 무엇보다 '운동으로서의 노래'라는 성격을 뚜렷이 드러내고 있었다.

이런 경향은 3.1운동 이후 질적으로 더욱 발전해나갔다. 민족문화의 부흥이라는 목표 아래 동요와 신민요가 창작되고 근대 서양음악을 전공한 작곡가들이 가곡을 통해 민족정서를 드러내기 시작한 것이다. 현제명의 〈고향생각〉, 김동진의 〈가고파〉, 홍난파의 〈봉선화〉 등은 이 시기에 창작되어 조선 민중에 의해 널리 애창되던 곡들이다. 또한 전통 음악계에서는 1938년 거문고 명인 박석기와 명창 박동실이 유관순·안중근·이준·윤봉길 등 민족지사와 김유신·이순신 장군 등을 소재로 한 창작판소리 마당을 엮는 성과를 거두기도 했다.

미술계의 변화 역시 뚜렷했다. 음악과 마찬가지로 전통화법畫法이 쇠퇴하는 가운데 고희동, 김관호, 나혜석 등 일본 유학파에 의해 근대 서양미술이 도입되었다. 그러나 1920년대까지 근대미술은 서양화풍을 모방하는 단계를 벗어나지 못했고, 1930년대에 이르러서야 김관호, 나혜석 등에 의해 개성적인 화풍이 드러나기 시작했다.

음악과 미술 역시 식민 체제의 짙은 그늘에서 벗어날 수 없었다. 문화통치기를 통해 왕성한 발전을 보이던 음악은 전시 체제의 등장 이후 '황음화皇音化 정책'의 희생양이 되고 말았다. '황음화'란 황국신민화의 음악판을 말하는 것이었다. 미술의 경우도 보국報國에 기여하는 작품을 창작한 것을 강요받으며 자유로운 창작정신은 급격히 질식되어 갔다. 이에 따라 수많은 음악·미술가들이 친일 음악, 친일 미술의 길을 걸어

1926년 개봉된 영화 〈아리랑〉은 일
제하 암울한 민족현실을 고발한 내용
으로 폭발적인 인기를 모았다. 사진은
〈아리랑〉출연진들과 영화 속 주인공
인 나운규와 신일선.

1922년 박승희, 이서구, 김기진 등이
연극단체인 토월회를 창립한다. 토월
회는 '현실土을 도외시하지 않으며 이
상月을 좇는다'는 뜻으로, 근대적 신
극운동의 효시가 되었다.

간 것은 문학의 경우와 다르지 않았다.

한편 무용에서는 숙명여고 출신인 최승희, 보성전문학교 출신인 주택원이 국내뿐 아니라 국제적으로도 명성을 날리며 조선 무용의 우수성을 알리기도 했다.

매일 밤 1만 명이 즐기던 연극과 '팔딱 사진'의 활약

식민지 시대 문학예술에서 연극과 영화 장르의 발전을 빼놓을 수 없다. 먼저 연극의 경우 1910년대는 판소리, 창극 등 전통연희와 신파극의 발흥으로 특징지을 수 있다. 전통극은 기생이라는 강력한(?) 배우 집단들을 바탕으로 인기를 이어갔으며 일본으로부터 도입된 신파극 역시 경성좌, 어성좌 등의 극장을 통해 대중들의 큰 인기를 모았다.

그러나 3.1운동 이후 신파극은 일본 아류로 낙인찍혀 점차 인기를 잃어갔다. 이 빈자리를 메운 것은 일본 유학파들을 중심으로 한 새로운 근대극 집단이었다. 특히 〈사의 찬미〉를 부른 윤심덕과의 정사로 유명한 김우진은 극예술협회를 조직, 전국을 돌며 민족의식을 고취하는 연극을 선보이기도 했다. 이 같은 청년 연극인들의 활약은 1923년 토월회土月會의 창립으로 이어졌다. 토월회는 '현실土을 도외시하지 않으며 이상月을 좇는다'는 뜻으로, 근대적 신극운동의 효시 역할을 했다. 그러나 수준 높은 근대연극으로 발돋움하지 못한 채 낭만극운동에 머문 한계도 뚜렷했다.

1930년대에는 본격적인 근대연극 집단인 극예술연구회(1931년)가 조직됐다. 유치진, 이하윤, 이헌구 등 10여 명의 일본 유학파가 중심이 된 극예술연구회는 한국 근대극운동의 전환점을 마련한 것으로 평가된다. 특히 이들은 영국의 식민지였던 아일랜드의 문예부흥운동을 조선에 변용할 것을 목적으로 삼기도 했는데, 이것은 일제의 경각심을 불러일으키는 결과를 가져왔다. 결국 극예술연구회는 만 7년의 활동을 끝으로 1939년 해산당하고 말았다. 이후 연극계는 다른 예술 장르와 마찬가지로 황국신민화운동에 부역하는 도구 신세로 전락하고 말았다.

1903년 영미 연초회사의 담배광고용 활동사진으로 출발한 영화의 발전상도 눈부셨다. 기술적 한계가 뚜렷했던 〈의리적 구투義理的 仇鬪〉(1919년, 김도산 감독)를 넘어 1923년에는 최초의 창작 무성영화인 〈월하의 맹세〉(윤백남 감독)가 선보임으로써 본격적인 영화의 시대가 개막했다. 특히 1926년에는 나운규의 〈아리랑〉이 개봉됨으로써 한국 영화사상 기념비적인 한 페이지가 장식되었다. 일제하 암울한 민족 현실을 고발한 〈아리랑〉은 상영관이 모자라 가설극장을 설치해야 할 정도로 폭발적인 인기를 모았다. 도입 초기 '팔딱 사진'이라고 낮추어 불렸던 영화가 가장 영향력 있는 민족예술의 장르로 자리매김될 수 있음을 보여준 것이다.

이런 영화의 위력은 일제로 하여금 조선 영화를 탄압하고 그들의 의도에 맞는 작품을 생산하도록 강요하는 구실이 되었다. 1940년 일제는 조선영화령을 제정했다. 조선의 모든 영화사를 폐쇄한 채 조선영화주식회사를 만들어 친일 어용영화만을 제작하도록 했던 것이다. 이후 민족적 색채를 드러낸 영화는 완전히 사라졌고 오직 일제를 찬양하고 충실한 전쟁기계가 될 것을 세뇌시키는 선전영화만이 판을 치게 되었다.

영화평론가 김소희에 따르면 1938년의 경우 연극과 영화를 보러 다니는 관객은 경성 시내에서만 하룻저녁 1만 명이 되었다고 한다. 관객의 시청각을 사로잡는 연극과 영화 매체의 흡인력은 그만큼 강했다. 하지만 영향력이 강한 만큼 탄압도 강할 수밖에 없었다. 일제 36년은 이 땅의 공연, 영상 매체에게 암흑과 서광을 동시에 보여주었다. 억압과 발전의 장이 공존했던 것이다. 이에 따라 고난과 왜곡은 필연이었으며 예술인들 역시 이 위태로운 줄타기 끝에 성공과 몰락을 동시에 경험해야 했다.

이이화에 따르면 일제시대 주요 작가들의 친일 경력은 김동인(9), 김동환(23), 김기진(17), 노천명(14), 모윤숙(12), 박영희(18), 서정주(11), 유치진(12), 이광수(103), 정비석(9), 주요한(9), 채만식(13), 최남선(7), 최재서(26) 등이었다(괄호 안은 친일 작품 발표 건수).

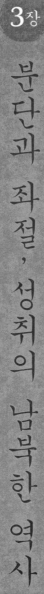

3장

분단과 좌절, 성취의 남북한 역사

미증유의 참화를 낳은 제2차 세계대전의 종막은 냉전(cold war)의 개막을 알리는 신호탄이기도 했다. 1949년 소련이 핵무기 개발에 성공하고 중국 본토에서 중화인민공화국이 수립되자, 자본·사회주의 양 진영의 냉전은 더욱 국제적인 규모로 전개되었다. 해방 조선의 운명 역시 안타깝게도 냉전의 사슬을 벗어나지 못했다.

일본군의 무장 해제를 구실로 미·소 양국이 그은 38선은 한반도에서의 냉전과 분단을 알리는 상징이었다. 이후 점령군으로서 진주한 미·소 양군은 각기 자신의 체제를 남북한에 이식하는 일에 몰두했다. 자주적 민족국가 수립에 매진해야 할 해방공간의 정치세력들은 이를 막아내지 못했고, 오히려 좌우이념대립의 수렁으로 깊숙이 빠져들었다. 1945년 모스크바 3상회의를 통해 구체화된 신탁통치안이 제기되자 찬탁과 반탁으로 입장이 갈려 대규모 충돌을 빚은 것이다. 결국 1948년 8월 15일 이승만 정권 수립, 9월 9일의 북조선인민민주주의공화국의 탄생으로 남북 분단은 기정사실이 되었고, 한국전쟁도 피할 수 없는 현실이 되고 말았다.

전쟁 이후에도 어려움은 계속되었다. 전후 복구가 지지부진한 가운데 이승만 정권은 3.15 부정선거를 통해 장기집권을 획책했다. 이것은 미완의 혁명 4.19의 도화선이 되었고 이승만 정권을 몰락시킨 직접적인 계기가 되었다. 그러나 혁명 이후 수습되지 못한 혼란은 군부세력에게 쿠데타의 빌미를 제공하고 말았다. 1961년 박정희를 위시한 소장파 군인들은 5.16쿠데타를 통해 정권을 장악했고, 이후 한국 사회는 장장 18년에 걸친 군사독재 체제를 경험해야 했다.

'한강의 기적'이라 불리는 경제성공에도 불구하고 박정희의 유신체제는 인권 유린과 공포 정치, 국민에 대한 가혹한 수탈을 기반으로 하지 않을 수 없었다. 이것은 국민들의 광범위한 저항을 불러와 1970년대 기간 동안 민주화운동이 끊이지 않았다. 결국 누적된 국민들의 저항과 체제의 모순 속에 유신정권은 박정희의 피살을 계기로 무너지지 않을 수 없었다. 이후 12.12쿠데타, 5.18광주학살을 통해 신군부 세력이 정권을 장악했지만, 민주화운동 세력과 국민들은 지속적이고도 헌신적인 투쟁을 멈추지 않았다. 신군부 정권은 1987년 6월 항쟁을 통해 민주주의 절차 마련에 착수한다는 양보를 하지 않을 수 없었다. 이것은 1993년 이래 등장한 민선민간 정부의 배경으로 작용하였다. 이후 한국사회는 대립과 갈등, 그리고 여러 부침 속에서도 민주주의의 길로 뚜렷이 전진하고 있다.

광복과 통일국가 수립운동

8.15, 광복의 오늘

태평양전쟁에 연합군의 일원으로 참가하지 못한 채 갑작스런 해방을 맞이한 한국은 미국과 소련 양국의 압도적인 영향력 아래 놓이게 되었다.

칼을 가는 동안에 죽은 적

1945년 8월 6일, 히로시마에 원자폭탄이 투하된 이후 한반도를 둘러싼 정세는 급박하게 돌아갔다. '시간과의 전쟁'이 시작된 것이다. 태평양전쟁을 일으킨 일본의 패전이 카운트다운에 들어가고, 참전 시기를 저울질하던 소련은 8월 8일 대일 선전포고를 한 뒤 파죽지세로 관동군을 밀어붙이기 시작했다. 미국도 소련군의 한반도 입성이 미칠 파장을 염려하며 부산하게 대응책을 마련하고 있었다. 그러나 누구보다 발등에 불이 떨어진 것은 바로 조선의 독립운동 세력이었다. 특히 광복군을 국내에 잠입시키기 위해 노심초사했던 임시정부의 입장에서는 하루하루가 피를 말리는 상황이었을 것이다. 국내 진공작전 자체가 일제에 대한 직접적 타격보다 종전 이후의 국제적 발언권을 노린 측면이 강했다. 그런데 원폭이라는 압도적인 무력이 모든 노력을 수포로 돌아가게 할 위기였던 것이다.

결국 시간은 임정 편이 아닌 것으로 판명됐다. 8월 9일 나가사키에 두 번째 원자폭탄이 떨어지고, 10일에는 일본이 항복 의사를 밝혔다.

1945년 8월 9일 나가사키에 두 번째 원자폭탄이 떨어지자 일본은 연합군에 항복 의사를 밝혔고 8월 15일 조선은 일제로부터 해방되었다. 맨위 왼쪽 사진은 조선총독 아베 노부유키(가운데 앉은 사람)가 미군의 하지 중장과 킨케이드 제독이 지켜보는 가운데 항복문서에 서명하고 있다. 조선총독부 광장에서 미군들이 지켜보는 가운데 일본의 국기인 히노마루가 내려지고 있다. 히노마루가 내려진 자리에는 성조기가 펄럭였다.(아래 사진)

이 소식을 들은 김구는 "하늘이 무너지는 듯했다"고 당시의 심경을 술회했다. 대다수 조선인들은 해방이 '도둑처럼 찾아왔다'고 표현했지만, 김구 및 임정 인사들에게는 '항복조차 날강도처럼 해치우는' 일본에 대한 통분의 심정이 끓어올랐을 것이다. 김구의 비서였던 선우진은 이런 정황을 빗대 "칼을 가는 동안에 적이 죽은 꼴이 되었다"고 했다. 이후 죽은 적이 흘려야 할 피조차 고스란히 우리 민족의 몫이 되었다는 건 분명 역사의 아이러니였다.

자주적인 민족국가 수립을 향하여

어찌 되었든 해방은 해방이었다. 8월 15일 일왕 히로히토가 "시대의 소명과 피할 수 없는 운명적 요인을 참고 받아들여서… 다음 세대에 평화의 길을 열어주고자 한다"고 선언한 순간 해방은 기정사실이 되었다. 온 세상에 기쁨과 환희가 가득했다. 이제 우리 민족에게 필요한 것은 민족적 총의를 모아 자주적인 민족국가 수립을 향해 나아가는 일이었다.

사실 이를 위한 모색은 수년 전부터 시작되었다. 1941년 임정은 대한민국 건국강령을 제정했었고, 조선독립동맹에서도 반제반봉건 민주혁명노선을 기초로 한 민주공화국 건설론을 제기한 바 있었다. 그러나 신국가 건설을 위한 실제적인 움직임은 국내에서 먼저 구체화되었다. 총독부로부터 권한을 이양 받은 여운형이 건국준비위원회(이하 건준)를 결성하기 위해 분주히 움직이고 있었던 것이다.

건준 조직 작업은 시쳇말로 '번갯불에 콩 볶아 먹듯' 전개되었다. 광복 이틀 뒤인 17일 벌써 중도좌파인 여운형을 위원장, 중도우파인 안재홍을 부위원장으로 하는 조직의 뼈대가 갖춰졌다. 그로부터 열흘이 되기 전에 '●완전한 독립국가 건설 ●민주주의 정권 수립 ●대중생활의 확보'를 골자로 하는 강령도 발표되었다. 이처럼 건준 조직에 박차를 가할 수 있었던 것은 여운형이 해방 1년 전인 1944년 8월 10일 결성한 건국동맹의 힘이 컸다. 건국동맹은 당시 국내에 존재하던 유일한 건국 준비세력으로 전국적으로 약 7만 명의 맹원을 가진 단체였다. 동맹의 골격과 구성원이 신속하게 건준으로 전환함으로써 해방정국에 대한 발 빠른 대처가 가능했던 것이다. 이것이 건준에 대한 일반 국민의 광범위한 지지를 불러온 주된 요인이었다. 건준은 8월 22일 총무·조직·재정·식량·서기국 등 12부 1국 체제를 갖추었고 8월 말에는 145개의 지방 지부까지 마련했다. 가히 준정부적인 조직으로 거듭난 것이다.

예고되는 좌우대립

불안요소가 없는 것은 아니었다. 무엇보다 반민족·반민주 세력을 제외한 모든 계급·계층과 정치 세력이 연합한다는 취지에도 불구하고 실제적인 연대는 제대로 이뤄지지 않았다. 송진우, 김성수 등 민족 우파 세력은 처음부터 좌익세가 강한 건준에 비판적이었으며, 임시정부와의 합작을 통한 우익의 주도권을 꿈꿨다. 결국 이들은 건준 참여를 거부한 채 한국민주당(한민당)의 창당으로 나아갔다. 건준 내부의 분열도 심각했다. 박헌영의 조선공산당 계열이 집요하게 건준의 주도권

8·15광복 직후 여운형이 중심이 되어 조직한 건국준비위원회는 9월 조선인민공화국을 선포했으나 우익 진영의 반대와 미군정의 불인정으로 해산되고 만다. 사진은 광복 직후 조직된 건국준비위원회에서의 여운형.

을 추구하자 안재홍 등 민족주의자들과의 갈등이 첨예하게 나타난 것이다. 결국 안재홍은 건준을 탈퇴하고 국민당을 창당하고 말았다.

이 같은 분열이 이어지는 역사에 미친 영향은 지대했다. 김구의 우려대로 한국은 전승에 관한 한 별다른 지분을 갖지 못했고 발언권도 약화된 상태였다. 전 국민의 총의를 모아 국가 수립의 의지를 과시해도 민족의 이익이 도모될까 말까 하는 절박한 상황이었던 것이다. 결국 이 역사적 과업에 실패함으로써 앞날의 먹구름은 기정사실이 되고 말았다. 당장 눈앞에 다가온 미군의 남한 진주에 어떻게 대처할 것인가가 문제였다. 만신창이가 된 건준은 이에 대응하기 위한 마지막 몸부림을 보였다. 미군정에 대처하기 위해서는 하나의 통일된 정부가 필요하다고 역설한 것이다.

건준은 9월 6일 전국인민대표자회의를 열어 조선인민공화국(인공)을 선포하고 중앙인민위원회를 구성하는 한편 각 지역에도 지방인민위원회를 조직해나갔다. 그러나 이 역시 '좌파 조직'에 불과하다는 비난을 피할 수 없었다. 여운형은 "한민당, 국민당, 건준 등이 손을 잡고 총력을 다해 집결해야 한다"고 호소했지만 큰 반향은 없었다. 결국 인공은 수립된 지 48시간도 되지 않아 해산 명령을 받았다. 일본을 대신한 점령군으로 인천에 상륙한 미군이 "38선 이남의 조선 땅에는 오직 미군 정부가 있을 뿐이고 그 외에 다른 정부는 있을 수 없다"는 입장을 선포한 것이다.

좌우를 망라한 모든 세력의 통일·단결을 통한 정부 수립의 실패. 그 후폭풍은 거셌다. 미연에 방지할 수도 있었던 좌우대립이 격화되었고, 이것은 결국 남북한 단독정부의 수립, 유례를 찾아보기 힘든 동족상잔의 비극으로까지 나아갔던 것이다.

건국동맹은 중국 공산당의 한인 지도자이자 독립동맹을 이끌던 무정과의 긴밀한 교감 아래 조직되었다고 알려져 있다. 무정이 두 차례 밀사를 파견하고 여운형이 이에 화답하면서 결성되었다는 것이다.

38선과 민족분단, 그리고 미소 군정

남북한을 각기 점령한 미소 양국의 군정은 자국의 이해관계를 대변해줄
정치세력을 선택했고, 한국인의 자주권은 심대한 타격을 받게 되었다.

코리아에 웬 분단?

아직 제2차 세계대전이 한창이던 1943년, 미·영·중 수뇌부
는 이집트의 수도 카이로에 모여 전쟁의 수행과 전후 세계질서의 구축
에 관한 회의를 개최한 바 있었다. 이른바 카이로 회담이다. 전후 조선
이 맞이할 운명 역시 이 자리를 통해 윤곽을 드러냈다. 세 정상은 조선
에 관한 결의에서 "적절한 절차를 통해 조선을 자유 독립시킨다"는 원
칙에 합의했던 것이다(이 원칙은 뒤에 열린 포츠담 회담에서도 재차 확인되었다).
그런데 '적절한 절차'라는 이 애매모호한 표현이 문제였다. 강대국의
입맛에 따라 조선인의 열망이 얼마든지 왜곡될 수 있음을 시사하고 있
었기 때문이다.

1945년 2월에 열린 얄타 회담은 그런 불길한 전조를 극명하게 드
러냈다. 일본군의 전력을 과대평가한 미국은 소련의 참전을 요청했다.
소련은 이에 화답하여 '180일 이내 참전'을 약속했고, 실제로 정확히
180일째가 되던 8월 8일에 대일본 선전포고를 했다. 그리고는 12일
웅기와 나남, 16일 청진, 22일 원산에 도착하여 평양 입성을 코앞에 두

한반도의 중앙부를 가로지르는 38도선. 제2차 세계대전 후 한반도에 진주한 미소 점령군의 군사분할선이다.

었다. 미국은 전광석화와 같은 소련군의 움직임에 경악했다. 1,000킬로미터 떨어진 오키나와에 주둔하고 있던 미군은 소련군의 한반도 점령을 속수무책 바라봐야 할 처지였다. 다급해진 미국은 북위 38도 선을 경계로 한 한반도 분할 점령과 일본군의 무장해제를 제안했다. 소련이 군말 없이 이 제안을 받아들임으로써 38선이라는 운명의 분할선이 확정되게 되었다.

그런데 이 분단은 원래 우리의 몫이 아니었다. 얄타 회담에서는 패전국 독일의 동·서 분단을 결정했었다. 만약 아시아에서 분단될 나라가 있다면 그것은 우리나라가 아니라 전범국가 일본이었다. 그러나 대소 봉쇄전략에서 일본의 가치를 인정한 미국은 조선을 희생양으로 선택했다. 미국의 심기를 거스르지 않는 조용한 확대전략을 추진하던 소련 역시 이에 대해 이의가 없었다. 일본이 맞아야 할 매를 조선이 대신 맞았던 것이다.

왜곡되어 가는 해방 정국

이런 상황에서 미군이 점령군으로 등장한 것은 그리 이상한 일이 아니었다. 벌써 미군의 인천 상륙 당일 발생한 군중 발포사건이 앞날의 불길함을 예고했다. 9월 9일 오후 4시에는 항복조인식이 열려 총독부 건물에 히노마루 대신 성조기가 펄럭였다.

남한에서의 미국의 전략은 미군정 주도로 반공체제를 갖추고 우익에 의한 정부 수립으로 나아간다는 것이었다. 이에 따라 미국은 10월과 12월, 두 차례의 성명을 통해 인민공화국을 부인하고 불법화했다. 마찬가지 이유로 미군정은 중경 임시정부의 정부 자격 승인을 거부했다. 임정 요인들은 해방 3개월이 지난 11월에야 개인 자격으로 귀국길에 오를 수 있었다. 물론 미군정은 이들에 대해 조선인민 공화국과 같은 적대감을 보이진 않았다. 정부 자격은 인정할 수 없지만 이들의 명성을 이용하여 우익 세력의 결집을 꾀한다는 계획이었다. 이때 귀국한 임정 주석 김구는 한국독립당을 통해 해방정국에 대응해나갔다.

미군정을 맞아 살판을 만난 것은 한민당 세력이었다. 미군정을 이끈 하지 중장의 정치고문 베닝호프는 당시의 정국을 분석하면서 "유일하게 고무적인 요소는 서울의 나이 들고 교육받은 사람 중에 보수분자 수백 명이 있다는 사실이다"라고 말했다. 고등교육을 받고 영어를 할 줄 아는 이들 '수백 명'이야말로 숙청 1순위로 꼽히던 친일배들이었다. 그러나 통치의 효율성을 꾀하던 미군정에게 이들의 친일 경력은 문제되지 않았다. 이들은 대거 미군정의 고문직에 취임했고, 그 주위로는 살 길을 찾아 헤매던 수많은 친일파와 기회주의자들이 몰려들었다. 그 가운데는 조선인들의 가장 큰 원한의 대상이었던 친일 경찰도 들어 있

해방정국의 세 주역 이승만, 김구, 하지 미군정 중장. 미군정은 친미파 이승만을 남한의 지도자로 부각시 켰다.

었다. 이들 친일파의 기사회생으로 청산되지 못한 과거는 두고두고 한 국의 목을 죄게 되었다.

이런 가운데 또 하나의 인물이 해방정국에 등장했다. 이승만이었다. 프린스턴대학 박사 출신인 친미파 이승만만큼 미국의 구미에 맞는 인 물은 없었다. 또 그만큼 해방정국에서 높은 명망을 가진 인물도 없었 다. 심지어 인공마저 임정과의 경쟁을 고려하여 극우파인 그를 주석으 로 추대했을 정도였다.

하지 중장의 극진한 대접을 받으며 귀국한 이승만은 한민당과 거리 를 두고 좌우파가 함께 참여한 독립촉성중앙협의회(독촉)를 결성했다. 이후 좌익계가 탈퇴했지만 독촉의 존재는 이승만이 자신을 정점으로 정계를 개편하겠다는 의도를 분명히 드러낸 것이었다. 이후 역사의 흐 름이 보여주듯 그는 해방정국의 향방을 가른 '태풍의 눈'이었다.

본질은 같았던 소련의 북한 점령

한편 8월 24일 평양에 입성한 소련군은 점령군 사령부를 설치하고 각 지역에도 지역 사령부를 구성했다. 이들은 미군과 달리 직접 통치

방식을 취하지는 않았다. 각지에 설립된 인민위원회에 치안권과 행정권을 넘겨준 것이다. 그러나 그 이면에서는 친소 공산주의자에 의한 북한 장악을 은밀히 추진했다. 소련은 이를 담당할 적임자로 극동군 산하 88특별여단의 대위인 33세의 김일성을 지목했다. 항일투쟁 경력으로 민중들의 지지를 받고 있으며, 소련군의 영향력 내에 있었다는 점에서 볼 때 가장 신뢰할 수 있는 인물이라 보았던 것이다.

김일성에 대한 신뢰는 조선공산당과의 관계 정립에도 영향을 미쳤다. 박헌영은 코민테른의 1국 1당 원칙에 따라 북한에 독자적인 공산당 조직을 두는 것에 반대했다. 그러나 김일성은 소련의 지지 아래 조선공산당 북조선분국을 조직했다. '분국分局'이라고는 하지만 사실상 독자적인 조직과 다름없었다. 또 소련이라는 막강한 존재로 보아 앞으로 두 당의 관계가 어떻게 변할지는 뻔했다. 실제로 같은 해 12월 김일성은 조선공산당 북조선분국을 공산당 북조선조직위원회로 격상시키고 자신은 책임비서로 취임했다. 이 역시 소련의 계획에 따른 것이었다.

이후 소련은 김일성을 정점으로 한 공산 정권의 기반을 착실히 닦아나갔다. 소련의 북한 장악 역시 그 본질상 미군정과 다를 바가 없었던 것이다. 더구나 점령 초기에 저질러진 광범위한 약탈과 강간, 학살 등으로 볼 때 소련의 점령군 행세 역시 미국 못지않았던 게 사실이다.

미군의 인천 상륙 당일, 일경이 환영 나온 인파에게 총질을 해 2명이 사망하고 14명이 중경상을 입는 사건이 발생했다. 자신들을 환영하는 인파였음에도 미군은 가해자인 일경을 두둔했다.

남북 분단의 갈림길, 친탁이냐 반탁이냐

모스크바3상회의의 결정이 왜곡보도 된 이후 신탁통치를 둘러싼
좌우 세력 간 대립이 극심해졌다.

현대사를 뒤흔든 왜곡보도

마침내 돌덩이가 던져졌다. 안 그래도 격랑의 기미를 보이던
해방정국을 더욱 휘저어놓을 거대한 돌덩이였다. 1945년 12월 16일
모스크바에서 열린 미·영·소 외무장관회의(모스크바3상회의)를 통해 한
국을 일정 기간 강대국의 통치 아래 둔다는 신탁통치안이 결의된 것이
다. 카이로 회담이 언급한 '적절한 절차'가 그 실체를 드러낸 순간이었
다. 결의의 내용은 다음과 같았다.

- 조선에 민주주의 임시정부를 수립한다.
- 임시정부 수립을 위한 미소공동위원회를 설치한다.
- 임시정부와의 협의 후 5년 이내 기한으로 미·영·중·소 4대국
  의 신탁통치를 실시한다.
- 미소 양국 사령부 대표회의를 개최하여 조선의 긴급한 문제를
  해결한다.

36년간의 식민지배 경험을 가진 조선민족으로서는 감당하기 힘든 내용이었다. 그 합리성 여부를 떠나 일단 정서적으로 강한 거부감이 들 수밖에 없었다. 그런데 이런 감정에 더욱 불을 지핀 사건이 터졌다. 현대사를 뒤흔든 『동아일보』의 왜곡보도였다.

『동아일보』의 1945년 12월 27일자에는 모스크바3상회의와 관련한 다음과 같은 기사가 실렸다.

> "소련은 신탁통치 주장, 소련의 구실은 38선 분할 점령, 미국은 즉시 독립 주장."

공식적인3상회의 결과 발표가 12월 28일에 나왔으니 발표되지도 않은 내용이 하루 전에 기사화된 것이다. 게다가 그 내용 또한 심각하게 왜곡된 것이었다. 애초에 신탁통치를 주장한 것은 미국이었다. 그 기간도 최장 10년에 이르는 것이었다. 오히려 조선을 빠른 시일 내에 독립국가로 만들 것을 주장한 것은 소련이었다. 좌익세가 강한 남북한 정세를 볼 때 조선의 빠른 독립이 불리하지 않다고 본 것이다. 『동아일보』의 이 왜곡보도는 우익에 의한 격렬한 반탁운동을 낳았고, 화약고 같던 좌우대립에 불씨를 당기고야 말았다. 이후 해방정국에서의 모든 논의는 좌우 대립이라는 블랙홀 속으로 빨려들었다.

뒤바뀐 민족과 반민족

조선인은 좌우를 가리지 않고 울분을 쏟아냈다. 좌우익은 합동으로

1945년 《동아일보》는 12월 27일자 신문에서 '모스크바3상회의에서 소련은 신탁통치를 주장하고 미국은 즉각 독립을 주장했다'는 사실과 다른 오보를 게재한다(왼쪽 맨위 사진). 이 왜곡 보도로 인해 한반도는 순식간에 신탁과 반탁, 나아가 좌우대립이라는 블랙홀 속으로 빨려들었다.

신탁통치 반대 국민총동원위원회를 구성했다. 위원회는 "5,000년의 유구한 역사를 가진 민족으로서 도저히 4개국 관리 하의 신탁통치를 받지 못함을 미·영·중·소 원수에게 통고한다"는 강경한 성명서를 발표했다. 수만 명이 모인 반탁 집회도 계획됐다.

그러나 공동보조를 맞추어 가던 반탁운동의 흐름은 이내 급변했다. 좌익 측이 돌연 '찬탁' 입장으로 선회한 것이다. 3상회의의 내용이 상세히 알려지면서 신탁통치안의 합리적 핵심을 수용해야 한다는 주장이 득세한 결과였다. 이처럼 상황이 바뀌면서 1946년 1월 3일, 반탁 집회로 예정됐던 민족통일 자주독립 촉성 시민대회는 찬탁 집회로 바뀌었다. 또 이틀 뒤인 5일에는 조선공산당 당수 박헌영이 모스크바3상회의 결정을 지지한다는 기자회견을 열었다. 우익은 좌익을 매국노라

성토하며 격렬하게 반발했다.

그럼 당시의 정세 속에서 통일민족국가 수립을 위한 보다 효율적인 방안은 무엇이었을까? 객관적인 시각으로 볼 때 모스크바3상회의의 결의를 수용하는 것이 옳았다는 게 대다수 연구자들의 판단이다. 결의에 따르면 최대 논란거리인 신탁통치는 미소공위와 조선 임시정부 사이에 협의를 거쳐 실시하게 되어 있었다. 임시정부가 신탁통치를 강력하게 반대할 때는 실시하지 않을 수도 있었던 것이다. 5년이라는 기한이 문제될 수 있지만, 이 또한 4대국에 의한 신탁통치임을 감안할 때 남북 분단의 소지를 없앨 수 있는 장점도 있었다. 그러나 이런 합리성은 전혀 고려되지 못했다. 오직 '반대냐 찬성이냐'는 1차원적인 대립만이 난무함으로써 자주적 민족국가 수립을 위한 보다 진지한 고민들은 설 자리를 잃어 버렸다.

더욱이 문제는 반탁운동의 순수성이었다. 반탁운동을 주도한 우익에는 음양으로 일제에 협력해온 친일 세력이 다수를 형성하고 있었다. 이들은 반탁운동에 적극적으로 참여함으로써 자신을 민족 세력으로 둔갑시켰다. '반일이냐 친일이냐'로 갈라지던 민족-반민족의 경계가 '반탁이냐 찬탁이냐'로 바뀌어버린 것이다. 반탁운동을 친일 경력을 세탁할 절호의 계기로 활용한 것이었다. 놀라운 변신술이 아닐 수 없었다.

찬탁 진영을 무차별적으로 공격하는 우익의 전략도 주효했다. 이들의 주장이 조선인 대다수에게 받아들여지면서 해방정국의 주도권은 급격히 우익 진영으로 넘어갔다. "반탁 소동으로 좌익과 우익이 균형

> 신탁통치안이 발표되자 김구는 "임정을 중심으로 한 과도정권을 수립한 후 국민대표회의를 소집하여 헌법을 제정하고 정식 정부를 구성하여 신탁통치를 배격한다"는 성명서를 발표했다(1946.1.4). 임정 확대·개편론에 따라 정부 구성 절차에 착수한다는 계획이었다.

찬탁·반탁운동 전개 일지

1945년 8월 15일	8월 15일, 광복
	▼
	12월 27일, 《동아일보》 모스크바 3상회의에서 조선 신탁통치 결정 보도
	▼
	12월 31일, 신탁통치 반대 국민총동원위원회 조직, 반탁 시위 전개
	▼
1946년 1월 3일	1월 3일, 좌익 진영, 신탁통치 찬성으로 입장 선회
	▼
	1월 4일, 우익 진영, 반탁운동 시작
	▼
1947년 1월 24일	1월 24일, 김구를 중심으로 반탁독립투쟁위원회 결성
	▼
	6월 1일, 이승만·김구 반탁 성명 발표
	▼
	6월 23일, 전국적인 규모로 반탁운동 전개

을 이뤘다"는 하지 중장의 말은 이런 사정을 드러내고 있었다. 여운형이 근로인민당을 창당하여 좌우합작운동을 벌였지만, 좌·우파의 협공속에 큰 힘을 발휘하지 못했다.

1, 2차 미소공위의 결렬, 분단으로 향하는 한반도

반탁·친탁 진영의 대립이 유혈충돌로까지 발전한 가운데, 1946년 3월 20일 1차 미소공위가 덕수궁 석조전에서 열렸다. 그러나 회의는 난항을 거듭했다. 반탁 진영의 지지를 얻지 못한 미군정의 소극적 자세, 미소공위와 협의할 정당과 사회단체를 어떻게 선정할 것인가를 놓고 발생한 대립으로 5월 8일 무기한 휴회에 들어간 것이다.

1946년 3월 20일부터 1947년 10월 21일까지 한반도의 임시정부 수립을 지원하기 위해 미국과 소련은 미소공동위원회를 개최한다. 미소공위는 개최 초기부터 미국과 소련의 의견차이로 갈등을 빚었으며 결국 아무런 성과 없이 종결되고 말았다. 1946년 1차 미소공위(사진) 결렬 후 이승만은 정읍 발언을 통해 남한만의 단독정부 수립을 주장한다.

이후 정국의 흐름에는 미약하나마 뚜렷한 변화의 조짐이 나타났다. 미소공위 결렬을 기정사실화한 위에 남한만의 단독정부 수립을 주장하는 목소리가 등장한 것이다. 이 목소리의 주인공은 이승만이었다. 미소공위가 결렬된 지 한 달도 되지 않은 6월 3일, "통일정부를 고대하나 여의케 되지 않으니, 남한만이라도 임시정부 혹은 위원회 같은 것을 조직하자"는 정읍 발언을 한 것이다. 이후 정세는 점점 더 이승만의 주장에 힘이 실리는 방향으로 흘러갔다. 1947년 3월 트루먼 대통령은 공산주의와 싸우는 세계 여러 나라에 군사적, 경제적 원조를 제공한다는 외교원칙을 발표했다(트루먼 독트린). 이는 좌우대립의 최일선인 한반도에도 적용될 원칙이었고, 이제 조선에서의 통일정부 수립은 부차적인 문제로 전락할 위기를 맞게 되었다.

이런 가운데 1947년 5월 21일, 2차 미소공위가 개최되었다. 그러나

1차와 마찬가지로 협의 대상의 자격 문제를 놓고 파행을 거듭하다가 최종 결렬되고 말았다. 이로부터 두 달 뒤, 좌우합작운동을 이끌던 여운형이 암살됨으로써 분단은 거스를 수 없는 대세가 되고 말았다.

1차 미소공위 결렬 뒤 미국은 중도우파인 김규식, 중도좌파인 여운형을 중심으로 좌우합작을 추진해나갔다. 그러나 미국의 한반도 정책이 변화하면서 좌우합작은 실패로 끝났다. 한때는 미군정에게 중요한 인물이었던 여운형도 암살될 무렵에는 이용가치가 떨어져버렸다.

대한민국 정부 수립과 분단1

축복이 되지 못한
대한민국 정부 수립

미소공위가 결렬된 뒤 유엔의 결의에 따라 남한만의 단독정부가 수립되었고
뒤이어 북한에서도 정부가 수립돼 분단체제가 공식적으로 형성됐다.

한반도 문제를 유엔으로

미소공위의 결렬 후 미국은 한반도 문제를 국제연합(UN)에 넘겨 해결하고자 했다. 당시 자신의 입김 아래 움직이던 유엔이라면 뜻을 쉽게 관철할 수 있을 거라 생각한 것이다. 1947년 9월 미 외무장관 조지 마셜은 한반도 문제를 유엔에 이관했고, 11월에는 인구 비례에 의한 남북한 총선거와 정부 수립 방안이 결정되었다. 또한 이를 위해 유엔 한국임시위원단을 파견하기로 했다.

물론 이 결정은 소련과 북한의 격렬한 반발을 불러일으켰다. 2대 1로 열세인 인구비례상 선거를 치른들 이길 가망이 없었기 때문이다. 게다가 북한은 이미 1946년 2월부터 임시인민위원회를 구성, 사실상의 정부 역할을 담당케 하고 있었다. 이런 상황에서 스스로 기득권을 포기할 리는 만무했다. 남한의 정치 세력들도 유엔의 결정에 다양한 반응을 보였다. 이승만과 한민당은 환호성을 질렀고, 박헌영의 남조선노동당은 미소 양군 철수를 통한 문제해결 방안을 내놓았다. 또 좌우합작을 지지하던 세력은 민족자주연맹을 결성하여 남북지도자회담을

1948년 4월, 통일정부를 위한 남북연석회의 참석
차북행길에 오른 김구 일행이 38도선에 잠시 머무
르고 있다. 오른쪽 사진은 북한주민들의 남한 단독
선거 반대시위.

개최하자고 요구했다.

문제가 되는 것은 우익의 쌍두마차였던 김구의 움직임이었다. 김구
는 1947년 12월 초 이승만의 단독정부 수립을 지지하는 듯한 모습을
보였다. 그러나 1948년 1월에는 미소 양군 철수와 남북요인회담을 통
한 통일정부 수립을 주장함으로써 좌익과 중간파들의 입장을 지지하
고 나섰다. 이승만과 우익 측이 예상하지 못한 움직임이었다.

너무 늦었던 김구의 노선 전환

김구는 왜 이처럼 갑작스레 노선을 전환한 것일까? 여기에는 1947
년 12월에 발생했던 한민당 간부 장덕수 암살사건이라는 계기가 있었
다. 장덕수는 민족진영의 미소공위 참가와 국제연합 관리하의 총선거

를 주장하다가 암살되었는데, 그 배후로 김구가 지목됐던 것이다. 이로 인해 김구는 법정에 불려다니는 등 큰 수모를 겪었다. 김구는 이것을 사주한 것이 이승만과 한민당이라고 판단하고 이들과 결멸하기도 결심했던 것이다. 물론 보다 근본적인 원인은 남한의 단독정부 수립이 불가피해진 상황을 꼽을 수 있을 것이다. 평생을 독립투쟁에 헌신한 민족주의자 김구로서는 민족 분단이란 현실을 받아들이기 어려웠을 것이다.

그러나 이처럼 극과 극을 오가는 김구의 행보는 여러모로 아쉬움을 남긴 것이 사실이었다. 정해구 성공회대 교수는 '반탁운동의 논리적 결과인 남북한 분단 정권 수립을 자초해놓고 이를 수습하려는 건 자기모순적인 움직임'이라고 평했다. 남북지도자협상은 시기적으로도 너무 늦었다. 이 협상이 위력을 발휘할 수 있었던 건 1945년 말부터 1946년 초에 이르는 시기였으며, 단독선거가 구체화되던 1948년 초의 상황에서는 큰 변수가 될 수 없었다. 그러나 1945~1946년의 김구는 임정 법통론을 밀어붙이며 좌우합작을 공격하던 극우파의 정점이었다.

1948년 4월, 김구는 분단을 막기 위한 마지막 몸부림으로 북행을 결행했다. '3천만 동포에게 울면서 고함'이란 성명을 발표하여 "38선을 베고 쓰러질망정 분단을 막겠다"는 결의를 내보인 직후였다. 뒤이어 김규식, 홍명희 등 좌우합작파 지도자들도 대거 북으로 갔다. 그러나 협상 과정은 순탄치 못했다. 이미 정권 수립의 코앞까지 다가서 있던 북한은 남북협상을 분단의 책임을 회피하는 데 이용하려 들 뿐이었다.

결국 남은 것은 실패뿐이었다. 이후 남한에서는 단독선거, 단독정부 수립이 급물살을 탔다. 2.7구국투쟁, 제주 4.3항쟁, 여·순 사건 등 좌익이 주도하는 단선·단정 반대투쟁이 벌어졌지만 미군정과 우익에 의해 잔혹하게 진압되었다. 특히 4.3항쟁을 통해서는 제주 인구의 10~30퍼센트에 이르는 3~8만 명이 학살되는 대참화가 발생하기도 했다.

이승만과 한민당은 정부 내각 구성 문제를 놓고 대립하다가 결별하게 되었다. 김성수를 국무총리에 임명해달라는 한민당의 뜻을 이승만이 무시한 것이다. 이후 한민당은 이승만 정권에 반대하는 야당 세력의 뿌리가 되었다. 또 김구는 정부 수립 1년 뒤인 1949년 6월 26일 안두희에게 암살되었다. 명확히 밝혀지지는 않았지만 이승만의 사주에 의한 암살의 가능성이 가장 높은 것으로 인정되고 있다.

이 같은 진통 속에 단독선거(5월 10일), 제헌헌법 제정(7월 17일) 등 정부 수립의 전 단계가 마감되고 1948년 8월 15일 드디어 대한민국 정부가 탄생하게 되었다. 이승만과 우익 세력의 승리였다. 그러자 9월 9일 북한도 기다렸다는 듯 김일성을 수상으로 하는 조선민주주의인민공화국을 출범시켰다. "남북한은 국토를 분열하야 동족상잔의 길로 나아갈 것이다"라는 김구, 김규식의 예언이 현실화되는 과정이었다.

대한민국 건국에 오점을 남긴 희대의 스캔들

한국에 파견된 유엔 한국임시위원단 역시 대한민국 정부 출범에 큰 역할을 담당했다. 그런데 이 과정에서 희대의 스캔들이 벌어져 축복받지 못한 정부의 출범에 더 큰 오점을 남기고 말았다.

스캔들의 당사자는 임시위원단의 대표였던 인도인 쿠마라 메논과 시인 모윤숙이었다. 처음 단독선거와 정부 구성에 반대의 뜻을 밝히던 메논은 이후 극적으로 자신의 입장을 바꿨다. 1948년 3월 12일에

1948년 8월 15일 탄생한 대한민국 정부. 남한만의 단독정부 수립이었다. 사진은 1948년 8월 15일 중앙청에서 열린 대한민국 정부 수립 선포식.
한국임시위원단 대표였던 쿠마라 메논(오른쪽)은 남한 단독선거와 정부 구성에 반대했지만 이승만이 사주한 모윤숙(왼쪽)의 미인계로 입장을 바꾸게 된다. 1948년 3월 12일 표결에서 원래대로라면 3대 3 동수로 단독선거가 부결될 상황이었지만 메논의 변심으로 4대 2 다수결로 단독선거안이 통과됐다.

벌어진 한국임시위원단 표결에서 단독선거에 찬성함으로써 대한민국 단독정부 수립에 일등공신이 된 것이다. 원래대로라면 인도의 반대에 의해 3대 3 동수로 단독선거가 부결될 상황이었다. 역사가 바뀌는 순간이었다.

메논은 왜 입장을 바꿨던 것일까? 나중에 밝혀진 바에 따르면 이것은 이승만과 모윤숙의 '미인계' 때문이었다. 메논은 자서전을 통해 "내 임무수행에 있어서 감정이 이성을 이긴 유일한 경우"로 한국에서의

대한민국 정부 수립 과정

1946년 3월 20일	3월 20일, 제1차 미소공동위원회(임시정부 조직에 대한 참여 범위 문제로 결렬)
	6월 3일, 이승만 정읍 발언(남한만이라도 단독정부를 수립해야 한다고 주장)
1947년 5월 21일	5월 21일, 제2차 미소공동위원회(소련측, 우익단체 제외 주장으로 사실상 결렬)
	9월 17일, 미국 마셜 국무장관, 유엔에 한국 문제 상정
1948년 2월 16일	2월 16일, 유엔 소총회(남한 단독선거와 단독정부 수립 인정)
	4월 3일, 제주도 4.3항쟁(남한만의 단독선거와 단독정부 수립 반대)
	4월 19일, 남북연석회의(평양) : 남한 단독정부 수립 반대, 미소 양군 철수 주장
	5월 10일, 남한 총선거 실시
	7월 17일, 제헌국회(헌법 및 정부 조직법 공포)
	7월 20일, 국회에서 대통령 이승만, 부통령 이시영 선출
	8월 15일, 대한민국 정부 수립 공포

활동을 꼽았다. 또 모윤숙도 메논을 가리켜 "고마운 사람! 나만 아는 잊을 수 없는 은인" "이 우정이 없었다면 이승만 대통령도 없었다"는 말로 자신의 활약상(?)을 실토한 바 있다. 이 때문에 재일 정치평론가 정경모는 "대한민국 건국의 아버지는 이승만이 아니라 인도인 메논"이라고 꼬집기도 했다.

한국사 최초의 민선민간정부 출범! 환호해도 좋을 이 역사적 순간은 인민들의 피와 부끄러운 섹스 스캔들로 빛이 바래고 말았다. 더욱

이 6.25전쟁과 이후 발생한 첨예한 남북 대립의 계기가 됐다는 점에서 남한의 단독 정부 수립은 그저 축복할 수만은 없는 역사적 순간으로 남았다.

2.7구국투쟁은 단선·단정에 반대하는 노동조합전국평의회 소속 30만 노동자의 총파업으로 촉발되었다. 이 투쟁은 100여 명이 사망하고 8,500여 명이 검거되거나 투옥된 가운데 마감되었다. 또 10월의 여순사건은 제주항쟁 진압에 파견되기를 거부한 군인들이 일으킨 폭동이었다

대한민국의 미래를 예고한 두 계획

남한의 농지개혁은 불철저하지만 다수 농민을 자작농으로 설 수 있게 했다.
반민특위의 실패로 친일파 청산은 역사의 과제가 되었다.

쌀을 달라!

조선인이 미군정에 반감을 느낀 건 비단 정치 문제 때문만이 아니었다. 그 못지않게 경제적인 실정도 단단히 한몫을 했다. 해방이 되었어도 국민들의 삶은 전혀 나아진 것이 없었던 것이다. 무분별한 화폐 발행과 살인적인 인플레이션, 매점매석·투기꾼들의 횡포, 귀국 동포들로 인해 더욱 부족해진 일자리 등 산적한 문제가 한둘이 아니었다. 이로 인해 "도대체 달라진 게 무어냐"는 민중들의 불만이 하늘을 찌르고 있었다.

특히 쌀 등 식량 문제가 심각했다. 미군정은 일제의 식량배급 체제를 폐지하고 자본주의 국가에 어울리는 미곡 자유판매제를 도입한다고 발표했다. 그러나 이것은 매점매석 행위를 부추겨 심각한 식량 사태를 더욱 악화시켰을 뿐이다. 결국 조선인들은 굶어 죽지 않기 위해 "쌀을 달라!"고 격렬하게 항의할 수밖에 없었다.

국민들의 생존권 위기는 전국적인 항쟁으로까지 발전했다. 먼저 철도노동자들이 일어났다. 이들은 1946년 9월 23일 월급제를 일급제로

광복 직후 한국은 식량 문제가 심각했고 한국민들은 굶어죽지 않기 위해 "쌀을 달라!"고 격렬하게 항의하게 된다. 이런 분위기에서 일어난 1946년 9월의 총파업은 철도노동조합 노동자들이 중심이 되어 일으킨 미군정기 최대의 파업이었다.

바꾸려는 미군정에 맞서 총파업으로 맞섰다. 이 투쟁은 좌익 계열의 노동조합전국평의회(전평) 산하 노조의 연대파업으로 번져 30만 명이 넘는 노동자가 참여했다. 그러나 미군정은 군대와 경찰, 서북청년단 등 우익단체들을 동원하여 피의 진압을 감행했다.

그래도 투쟁의 열기는 가시지 않았다. 그해 10월에는 대구에서도 1만 명이 참여하는 시위가 벌어졌다. 경찰은 시위 군중을 향해 무차별 발포를 감행했다. 현장을 취재한 미국 기자들은 대구시내에서 폭력진압에 희생된 사람이 300명, 부상자는 2만 6,000명에 이른다고 보도했다. 대참사였다. 경찰의 만행에 분노한 시민들은 전국으로 투쟁을 확산시켰고, 수백만 명이 참여하는 대형 항쟁이 발발했다.

아쉬움 속에 전개된 농지개혁

미군정은 다급해질 수밖에 없었다. 하루빨리 조선인들을 안정시킬 경제개혁에 나서야 했다. 미군정도 이런 혼란이 좌익 세력의 온상이 되고 있음을 잘 알고 있었던 것이다. 특히 국민의 절대 다수를 차지하는 농민을 대상으로 한 개혁이 중요했다. 미군정이 '최고 소작료 결정권'을 시행하여 소작료를 총수확량의 3분의 1로 정한 것, 동양척식 주식회사의 후신으로 설립된 신한공사 소유의 토지를 분배하려고 했던 것은 이 때문이었다. 그러나 이 계획은 친일 지주 출신이 다수를 차지한 한민당 등 우익 세력의 강력한 반대로 제대로 시행되지 못했다. 결국 토지제도 개혁이라는 막중한 과업은 이승만 정권의 과제로 넘겨지게 되었다.

이승만 정권은 1949년 6월 농지개혁법을 제정하고, 1950년 3월 법안을 최종 확정하여 시행했다. 법안의 뼈대를 보면, 3정보의 토지를 개인 소유의 상한으로 설정하고 그 이상의 토지는 국가에서 유상으로 매입, 농민에게 유상으로 재분배한다는 것이었다. 토지를 매입할 때는 토지 소출의 평년작 평균 150퍼센트를 기준으로 지주에게 보상하고, 농민에게 분배할 때는 125퍼센트를 기준으로 5년에 걸쳐 상환할 수 있게 했다.

그러나 이 개혁안은 지주, 농민 양쪽 모두의 불만을 샀다. 지주들은 사유재산을 침해당했다며 분노했고 농민들은 기대한 것만큼 개혁이 철저하지 못하다며 반발했다. 특히 북한에서는 무상몰수·무상분배의 원칙 아래 농지개혁을 실시해 이미 70퍼센트의 농민이 자영농으로 거듭난 상태였다. 남한 농민들의 상대적 박탈감이 클 수밖에 없었다. 더

정치사회적인 혼란을 돌파하기 위해 이승만 정권은 1949년 6월 농지개혁법을 제정, 1950년 3월 시행한다.

구나 이승만 정권의 농지개혁이 임시정부, 독립동맹, 건준 등의 개혁안에 비해 크게 후퇴한 게 사실이어서 불만은 더욱 커질 수밖에 없었다. 그나마 시행된 지 불과 3개월 만에 전쟁이 터짐으로써 아비규환에 시달리던 농민들은 도로 땅을 팔고 소작농이 되는 경우가 속출했다.

이처럼 아쉬움을 남긴 농지개혁이지만 긍정적인 영향도 없지는 않았다. 함규진 박사는 불철저하나마 개혁이 이뤄짐으로써 어느 정도 국민들의 불만이 누그러졌음을 지적하고 있다. 이 때문에 많은 농민들이 한국전쟁에서 북한에 동조하지 않게 되었고, 토지를 바탕으로 한 경제구조가 청산됨으로써 본격적인 자본주의 발전의 길이 열렸다는 것이다. 다른 제3세계 국가와 달리 남한이 신속한 발전의 길을 걸을 수 있었던 원동력이 바로 토지개혁의 성공에 있었다는 것이다.

미완의 과제로 남겨진 친일파 청산

이승만 정권이 당면한 또 하나의 과제는 친일파 청산이었다. 35년 간의 식민 지배를 생각하면 너무나 당연한 일이었다. 그러나 미군정과 이승만 정권 공히 친일 세력을 기반으로 삼음으로써 이 과제는 천추의 한을 남긴 채 미완으로 남고 말았다.

1948년 제헌국회 구성 후 민족반역자 처벌을 위한 움직임이 없었던 건 아니었다. 민족정기를 바로잡는다는 목적 아래 반민족행위 처벌법을 제정하고, 국회의원 10명으로 구성된 반민족행위 특별조사위원회(이하 반민특위)를 설치한 것이다. 활동 초기 반민특위의 기세는 등등했다. 반민족행위자 7,000여 명의 신상을 파악하고 1949년 1월 9일부터 검거에 나섰다. 이에 따라 친일 기업가 박흥식, 악명 높은 친일 경찰 노덕술, 친일 문인 이광수·최남선, 친일 언론인 방응모·김성수, 33인의

1948년 10월, 친일파의 반민족행위를 처벌하기 위하여 반민족행위 특별조사위원회(약칭 '반민특위')가 제헌국회에 설치된다. 그러나 반민특위의 활동은 우익의 집요한 공격으로 인해 파국을 맞게 된다. 반민특위의 실패는 곧 친일파 청산의 실패였고 이는 대한민국의 정체성을 심각하게 훼손했다. 사진은 반민특위 특경대.

남북한 토지개혁 비교

	북한	남한
실시 연도	1946년	1950년
원칙	무상몰수 무상분배	유상매입 유상분배
분배 총면적	95만 정보 (총경지 면적의 45%)	55만 정보 (전체 소작지의 38%)
분배 농가 총호수	66만 호	180만 호
토지 소유 상한선	5정보	3정보
분배 결과	평균 호당 4,500평 소유	평균 호당 1,000평 소유

민족대표자 중 하나였다 변절한 최린 등을 체포하는 성과를 올렸다.

그러나 반민특위 활동에 대한 우익의 공격은 집요하고 격렬했다. 우선 이승만부터 "지금은 친일파 처리 문제로 민심을 이반시킬 때가 아니다"라며 특위 활동을 압박했다. 대규모 규탄시위와 반민특위 위원에 대한 테러가 기획되기도 했다. 결국 반민특위 활동에 동조하는 국회의원들이 김일성의 사주를 받았다고 하는 국회 프락치사건이 조작되었다. 경찰이 특위 사무실을 습격하여 특경대 35명을 체포하고 자료를 파괴하는 일도 발생했다. 이처럼 지속적이고 무차별적인 우익의 공격 앞에서 특위 활동은 결국 파국을 맞게 되었다. 이와 더불어 적발된 친일 인사들 대부분도 무죄 방면되는 등, 반민특위 활동은 '안 하느니만 못했던 과거 청산'이 되고 말았다. 친일파 청산이 아니라 차라리 독립유공자들을 포상하는 게 훨씬 역사에 도움이 되었을 것이라는 강준만 전북대 교수의 말처럼, 반민특위의 실패는 대한민국의 정체성을 심각하게 훼손한 사건이 되고 말았다.

이들 두 개혁의 성패는 대한민국의 미래상을 예고하는 리트머스 시험지였다. 농지개혁은 그 불철저함에도 불구하고 한국 경제의 구조를 다시 짜는 데 밑거름이 되었다. 그러나 친일파 청산의 실패는 민족정기를 훼손하고 남한 정권의 정통성 시비를 불러온 장본인이라는 점에서 진정 뼈아픈 대목이었다. 이 불행은 현재진행형으로 남아 친일파 색출을 위한 목소리는 아직도 울려 퍼지고 있다. 더욱 큰 불행은 색출된 친일파의 상당수가 이 나라의 부와 지도층 자리를 독점했다는 사실이다. 대한민국이 눈부신 경제성장에도 불구하고 내부적으로 취약한 국민통합과 빈곤한 철학이라는 문제에 시달리게 된 건 그 대가였다.

미군 진주 무렵 노동자와 농민들은 자주관리운동을 활발하게 벌여나가고 있었다. 노동자들은 일본인 소유 공장 등 기업체를 접수하여 스스로 운영했고, 농민들 역시 일본인 지주의 토지를 접수하여 관리했다. 생산량이 이전보다 늘어나는 등 자주관리운동은 일정한 성과를 보였다.

말살과 유아독존을 위한
전쟁

적대적 분단국가의 수립은 한국전쟁을 유발해 남북한 공히 분단체제라는
불행하고도 기형적인 정치구조가 형성됐다.

전쟁 전야

반탁운동의 논리적 귀결이 분단이었다면 분단의 끝은 전쟁이
었다. 아니, 광복과 동시에 미소 양군의 분할 점령이 이루어지던 순간,
전쟁은 이미 예비된 결론이라고 할 수 있었다.

전쟁이 벌어지기 전까지 국내외적으로 벌어진 막전막후의 사정은
복잡했다. 전쟁을 피하기 위한 노력이 없었던 것도 아니었다. 국내의
좌우합작운동을 제외한다면, 이런 노력은 주로 미소 두 강대국에 의해
전개되었다. 자본주의와 공산주의를 대표하는 두 나라의 충돌은 자칫
제3차 세계대전으로 발전할 수 있다는 두려움 때문이었다.

문제는 남북한의 정권이었다. 북한은 1945년부터 적화통일을 꿈꾸
고 있었다. 혁명 역량을 길러 남한을 공산화한다는 민주기지론이 그
증거였다. 김일성이 1949년 신년사에서 국토완정론을 언급한 것도 마
찬가지였다. '완정完整'이란 '나라를 완전히 정리하여 통일한다'는 것으
로 이른바 통일전쟁을 의미했다. 남로당의 완전한 괴멸 이전에 돌파구
를 열어야 하는 박헌영의 절박한 처지도 이런 흐름에 일조했다.

전쟁을 꿈꾸기는 남한 정권도 마찬가지였다. 상대적으로 안정적인 발전을 꾀해 가던 북한과 달리 남한은 혼란 그 자체였다. 계속되는 좌익의 투쟁과 토벌작전, 경제위기, 1950년 실시된 국회의원 선거의 이승만 세력 참패 등 첩첩산맥이 눈앞을 가로막고 있었다. 이런 상황에서 이승만은 "점심은 평양에서, 저녁은 신의주에서"라고 외쳤다. 북진통일론이었다. 북과의 갈등을 이용하여 반대파를 탄압하고 정치적 위기를 뛰어넘고자 하는 의도였다. 문제는 날로 첨예해지는 남북 갈등이 정치선전이나 허세 정도로 마감될 성질이 아니라는 데에 있었다.

어떻게든 일어나고야 말았을 전쟁

1949년의 38선은 이미 불붙기 시작한 화약고였다. 옹진반도와 해주 등 여러 요충지에서 수천 명의 병사가 동원된 전투가 벌어지고 사상자도 수백 명이 발생했다. 1949년 한 해 동안 남과 북은 38선을 둘러싸고 거의 매일 충돌했다.

이처럼 호전적인 기운이 높아지는 가운데 전쟁은 피할 수 없는 현실로 다가왔다. 당시 주한 미 대사인 존 무쵸는 "한국군의 상당수가 진격하기를 열망하고 있다"고 말했다. 통일을 달성하는 유일한 길은 무력으로 북진하는 것이라고 생각했다는 것이다. 북도 마찬가지였다. 슈티코프 소련 대사는 모스크바에 보낸 전문에서 "김일성은 남침을 정당화해줄 공격을 남측이 하지 않아서 안달이 났다"고 말했다.

소련의 몰락 이후 발견된 극비문서에 따르면 한국전쟁은 스탈린의 승인을 얻은 김일성에 의해 저질러졌다. 그러나 해방 이후 전개된 일

미국 국무장관 애치슨이 발표한 미국의 극동방위선 애치슨 라인(왼쪽). 한반도를 제외시켜 한국전쟁의 원인이 되었다. 오른쪽 사진은 스탈린과 김일성, 마오쩌둥의 대형사진과 3국 국기가 나란히 걸린 가운데 열린 북한군 수뇌부 회의.

련의 흐름을 볼 때 한국전쟁은 언제, 어떻게 일어났어도 이상할 게 없는 전쟁이었다. 통일을 위해서는 남과 북 정권 모두가 기득권을 포기하고 민족을 위해 진정으로 마음을 열지 않으면 안 되었다. 그러나 물과 기름 같은 두 진영을 보기 좋게 화합시킬 방법은 없었다. 남은 것은 상대를 말살시켜 유아독존하겠다는 열망, 곧 전쟁뿐이었다.

여기에 국제 정세도 점점 파국을 향해 치달았다. 소련은 1949년 9월 핵무기 실험에 성공함으로써 미국과의 군비경쟁에 균형을 맞췄다. 10월에는 베이징에서 중화인민공화국이 수립되어 또 하나의 사회주의 대국이 탄생하였다. 덕분에 중국 내전에 참여했던 수만 명의 조선의용군이 귀국하여 북한 인민군의 주력을 이루었다. 1950년 1월에는 미국이 애치슨라인을 발표하여 남침에 대한 스탈린과 김일성의 오판을 부추겼다. 미 국무장관의 이름을 딴 이 극동방위선은 한국을 빼고 알류

6.25전쟁 전황

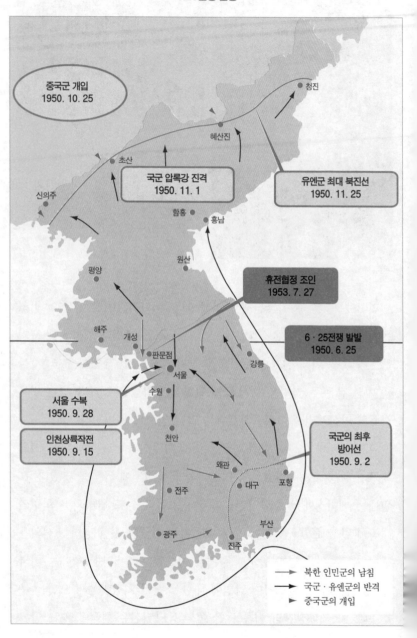

1950년 6월 25일 새벽 4시 북한군의 남침으로 시작되어 3년 1개월 동안 전개된 한국전쟁은 역사상 가장 파괴적인 단기전으로 평가되었다. 거의 500만 명에 이르는 인명 피해가 났고 1천만의 이산가족이 생겼다. 오른쪽 사진은 1950년 12월 3일 평양, 파괴된 대동강 철교에서 피란민들이 남하하고 있다.

산 열도 – 일본 – 오키나와 – 필리핀을 잇는 것이었다. 그렇다고 미국이 한국 방위를 포기한 것은 아니었다. 오히려 미국은 냉전의 개막을 상징적으로 보여줄 사건이 필요했다. 제2차 세계대전을 통해 과대 성장한 군수산업의 잉여물들을 처분할 국지전도 필요했다. 이 모든 것이 한국전을 위한 완벽한 준비였다.

인간은 인간에게 얼마나 잔인해질 수 있는가?

1950년 6월 25일 새벽 4시. 북에서 울린 포성은 전쟁의 개막을 알린 신호였다. 이후 3년 1개월 동안 전개된 전쟁은 역사상 가장 파괴적인 단기전으로 평가되었다. 그만큼 전쟁이 불러일으킨 참화는 엄청났다.

거의 500만 명에 이르는 인명 피해가 났고 1천만 명의 이산가족이 생겼다. 또 남과 북 공히 집단처형과 학살을 무차별적으로 지행함으로써 가장 추하고 더러운 전쟁이었다는 오명도 함께 뒤집어쓰게 되었다. 같은 민족의 소행이라고는 도저히 상상하기 어려운 잔혹한 인명살상 행위가 아무런 죄의식 없이 저질러졌던 것이다.

미국 특파원 케이스 비치는 이를 두고 "지금은 한국인으로 태어나서는 안 될 때"라고까지 논평했다(강준만, 『한국현대사 산책: 1950년대편』에서 재인용). 김동춘 성공회대 교수도 한국전쟁을 "인간이 인간에게 얼마나 잔인해질 수 있는지를 보여준 전쟁백화점"이자 "인간의 존엄성이 얼마나 무참하게 파괴될 수 있는지를 보여준 살아 있는 인권 박물관이자 교과서"라고 평하고 있다(김동춘, 『전쟁과 사회』).

전쟁 이후에도 비극은 계속됐다. 분단 체제의 고착화로 남북 모두 정치, 경제, 문화, 사상과 양심, 인권 등 모든 측면에서 자유로운 발전의 길이 가로막혔다. 북의 실패한 사회주의, 남의 가혹한 반공주의 체제에 갇혀 수십 년 동안 질식한 결과 근대시민국가로 거듭날 기회를 왜곡 당했던 것이다. 이 전쟁이 남긴 교훈은 바로 이 모든 이유 때문에 오직 하나였다. 분단과 전쟁은 영원히 민족 현실에서 추방돼야 한다는 교훈이었다.

한국전쟁 중 휴전협상은 1951년 6월 유엔 주재 소련대표 말리크가 38선을 기준으로 하여 상호 철수하자는 제안을 함으로써 시작되었다. 이후 1951년 7월 10일 개성에서 첫 정전회담이 열린 후 1953년 7월 27일 판문점에서 유엔군, 조선인민군, 중국인민군 사이에 정전협정이 체결되었다.

한국은 죽고
일본은 살찐다

"일본 경제를 재건시키는 첫 번째 원동력이 해방된 한국의 마을과 산업 시설을 파괴하기 위해 사용된 네이팜탄 생산에서 비롯되었다는 사실은 역설이 아닐 수 없다."

– 캘럼 맥도널드, 『코리아: 베트남전쟁 이전의 전쟁』 중에서

한국이 지옥의 절망에 빠져 신음할 때 일본은 이를 기화로 전후 복구에 성공했다. 이른바 '한국전쟁 특수'를 통해 오늘날의 경제대국으로 성장할 발판을 마련한 것이다. 한국전쟁을 통해 일본이 벌어들인 수입은 약 24억 달러에 달했고, 휴전 후인 1960년까지 매년 5~6억 달러를 벌어들인 것으로 나타난다. 이것은 전후 일본이 맞이한 경제 붐의 원천이 되었고, '경제동물economy animal'로 불리는 일본의 정체성이 형성된 계기가 되었다.

더욱이 한국전쟁은 패전국 일본을 정치적으로도 기사회생시켜주었다. 1951년 열린 샌프란시스코강화회의를 통해 일본은 패전국의 책임을 면하고 공식적인 주권국가로서 유엔에 가입할 기회를 얻었기 때문이다. 이것은 당시 한국전쟁의 후방기지 역할을 하던 일본을 친미국가화 하여 동북아시아의 동맹 파트너로 양성하려는 미국의 구상에 의한 것이었다. 한국이 전승국의 지위를 인정받지 못했음은 물론, 초대조차 받지 못한 것과는 대조적인 모습이었다. 남북 분단과 6.25전쟁에 직접적인 책임이 있는 일본의 이런 성장은 우리에겐 진정 피눈물 나는 일일 수밖에 없다.

제2의 해방,
4.19혁명을 성취하다

무능하고 부패한 이승만 정부의 폭정에 항거한 4.19혁명으로
남한 민중은 최초의 승리를 거두었다.

역사를 바꾼 2개의 최루탄

별 생각 없이 낚시꾼은 묵직하게 느껴지는 손맛에 낚싯줄을 당
겼다. 그런데 얼마 후 나타난 것은 소년의 시신이었다. 소년의 눈에는
커다란 최루탄이 박혀 있었다. 퉁퉁 부어오른 비참한 시신이었다. 소
년의 이름은 김주열. 마산상고 1학년에 재학 중 3.15부정선거를 규탄
하는 시위에 참가했다 실종됐던 어린 학생이었다. 시신을 목격한 마산
시민들은 분노에 치를 떨며 거리로 나섰다. 1960년 4월 11일이었다.
그해 3월 15일 정부통령을 뽑는 선거에서 이승만 정권은 상상을 초월
한 부정투표를 자행했다. 투표용지가 투표인보다 더 많이 나오고, 이
승만과 이기붕에 대한 지지표가 100퍼센트 가까이 나올 정도였다. 사
전투표, 무더기투표에다 선거감시단 없이 경찰과 깡패가 투표를 '감
시'하고, 야당표는 그 자리에서 제거되는 등 부정이 명백한 선거였다.
결과는 당연히 이승만과 이기붕의 압승이었다. 득표율은 조정을 거쳐
이승만 88.7퍼센트, 이기붕 79퍼센트였다. 누구도 결과를 받아들일 수
없는 선거였다.

이승만 정권은 발췌개헌, 사사오입개헌 등 불법적인 개헌을 통해 1948년부터 1960년까지 12년간 장기 집권한다. 급기야 정권 연장을 위해 1960년 3월 15일 제4대 정부통령 선거에서 부정선거를 자행한다. 독재 정권의 만행에 분노한 전국의 시민과 학생이 4월 19일 총 궐기하여 '이승만 하야와 독재정권타도'를 위한 혁명적 투쟁을 벌였다

　　마산시민들은 3.15선거 당일 거리로 쏟아져 나와 부정선거에 항의했다. 분노한 시민들은 자유당 마산시 당사에 돌을 던지고 진압에 나선 경찰과 대치했다. 그러자 경찰은 시위대에 실탄을 발포하여 사망자 8명, 중경상자 72명이 나오는 참극이 빚어졌다. 무자비한 진압에 시위는 소강상태에 접어들었지만 4월 11일 떠오른 김주열 학생의 처참한 시신을 접한 시민들은 불길처럼 일어났다. 시위는 계속되었고 저항의 불길은 전국으로 번져 진주, 부산, 전주, 인천 등에서 시위의 물결이 일었다. 4월 18에는 고대생 3,000여 명이 거리로 나서 국회의사당에서 시위를 벌였다. 자유당의 지시를 받은 정치깡패들은 몽둥이와 부삽 등 흉기를 휘두르며 학생들에게 돌진해 학생 10여 명이 부상을 입었다. 다음 날인 19일에는 서울 지역의 중고교생과 대학생 10만여 명이 시위에 나서 경찰들과 대치했다. 그런데 이날 오후 1시 계엄령이 발동되

자 경찰들은 장갑차까지 끌고 나와 시민들에게 총격을 가했다. 그 결과 115명이 숨지고 1,000여 명이 부상당하는 일이 발생했고, 분노한 시민들은 이승만 정권 타도를 목표로 더욱 거센 투쟁을 전개해나갔다. 이승만은 이기붕을 사퇴시키며 사태를 무마하고자 하였으나 25일 전국 27개 대학의 교수 300여 명이 시위에 나서며 항쟁은 새로운 전기를 맞았다. 결국 미국 대사의 압력까지 받은 이승만은 4월 26일 하야를 발표하지 않을 수 없었다. 1948년 이래 한국 정치를 파행으로 이끌며, 무능과 부패로 국민을 도탄에 빠뜨린 독재자의 말로였다.

허풍과 횡령, 비인간성. 국부國父 이승만의 제1공화국

　김당택 전남대 교수를 비롯한 다수의 연구자들은 1948년 8월 15일 남한 단독정부의 수립과 동시에 대통령으로 선출된 이승만의 정치는 오로지 그 자신의 정권 유지와 소수 측근 세력의 배를 불리기 위해 파행을 거듭했다는 것을 밝히고 있다.

　한국전쟁이 발발했을 때 이승만은 재빠르게 한강 이남으로 피신하면서 서울 사수를 호언장담했던 방송과 달리 한강철교를 폭파해 다리를 건너던 시민 400여 명이 한강에 빠져 죽었다. 이때 후퇴하지 못한 한국군 수만 명도 졸지에 희생되는 운명을 맞고 말았다. 중국군의 개입으로 서울을 다시 빼앗겼을 때는 만 17세 이상 40세 미만의 남자를 국민방위군으로 편성하여 경상도 일원의 교육대에 수용하려 했으나 이동 과정에서 수천 명이 기아와 동상으로 사망한 국민방위군 사건이 발생했다. 애초 예산이 부족한 상황에서 잘못 수립된 정책이었고, 그

4.19혁명 전개과정

2월 28일	대구 학생의거(대구 지역 고교생 1,700여 명 시위)
3월 15일	정·부통령선거(3.15 부정선거). 1차 마산 시위
4월 11일	마산상고 김주열 군 시체 발견. 2차 마산 시위 및 시위의 전국 확산
4월 18일	고려대생 3,000여 명 시위(종로4가에서 깡패 습격사건 발생)
4월 19일	서울의 각 대학생 시위(경찰 발포로 21명 사망 172명 부상). 시위의 전국 확산. 계엄령 선포
4월 21일	국무위원 총사퇴
4월 23일	이기붕 부통령 당선 사퇴 고려
4월 25일	전국 27개 대학 교수단 300여 명 시위 및 시국선언문 발표
4월 26일	이승만 대통령 하야 성명
4월 27일	이승만 대통령 사퇴서 제출
5월 29일	이승만 대통령 부부, 하와이 망명

나마 사령관을 비롯한 간부들이 보급물자를 횡령해 수천의 민간인이 비참하게 사망한 것이었다. 그런가 하면 거창을 비롯, 함양·산청 등 전국 각지에서 양민 수천 명을 빨갱이로 몰아 군경이 총살하는 사건도 있었다. 또 좌익이 아닌 인사가 다수 포함된 30만 명의 국민을 국민보도연맹으로 조직한 뒤, 북과 내통할 소지가 있다 하여 군경이 이들 다수를 학살하는 사건까지 있었다.

전쟁도 아랑곳없이 일으킨 발췌개헌

한국전쟁 중인 1952년 피난 수도 부산에서는 제2대 내통령 선거를 앞두고 정치파동이 발생했다. 자신의 대통령 당선이 현행 간선제에선 불리하다고 보고 국민직선제로 개헌하기 위해 '땃벌대' '백골단' 등의 정치깡패를 동원하여 국회의원에 대한 테러를 자행한 것이다. 계엄령을 선포한 뒤 버스에 타고 있던 국회의원 47명을 신분증을 제시하지 않았다며 헌병대로 연행하고 9명의 국회의원들을 공산당으로 몰아 구속시켰다. 그리고는 대통령 선거제만을 발췌해 개헌하는 발췌개헌안을 통과시켰다. 이른바 부산정치파동이다. 1954년에는 자신의 영구집권을 위해 초대 대통령에 한해 대통령 중임 제한을 폐지하는 것을 골자로 하는 개헌안을 통과시키기 위해 국회 표결에 부쳤으나 통과에 필요한 재적 3분의 2선인 136표에 1표 모자란 135표만 나오자, 재적 3분의 2인 135.3을 사사오입四捨五入하면 135석이 개헌통과선이 된다는 해괴한 논리로 개헌을 강행하여 야당의 거센 반발을 샀다. 1959년에는 1956년의 대통령 선거에 입후보해 부정투표에도 불구하고 216만 표를 얻어 자유당을 긴장시킨 진보당수 조봉암을 간첩으로 몰아 사형시키는 법살法殺을 저지르기도 했다.

한편 이승만은 한국전쟁을 치르면서 미군의 군사원조를 빼돌린 군인들의 상납을 통해 정치자금을 마련했다. 1950년대 중반 이후에는 미국의 원자물자 불하시 특혜를 받은 업자들로부터 상납을 받았다. 이처럼 부정한 정치자금은 정권 유지를 위한 막대한 자금원 노릇을 했다. 미국은 이 같은 이승만의 무리한 정치행태에 질려, 자신들의 미일 안보구상에 반해 배일 정책을 펴며 일본과의 국교 재개를 반대하는 이승만 정권에 대한 지지를 1959년부터 거두기 시작했다. 이와 더불어 미국은 원조물자 감축을 단행했으며, 이에 따라 당시 한국 경제는 실업률이 38퍼센트에 이를 정도로 악화되었다. 미국에 의해 권좌에 올려진 이승만은 한국 민중의 거센 반대에 직면했을 때 정작 미국으로부터 버림을 받았던 것이다. 이런 이승만이 과연 건국의 아버지로 추앙받아야 할 것인가?

김주열 군의 눈에 최루탄을 쏜 자는 박종표 당시 마산경찰서 경비주임이다. 일제 때 보조헌병 출신으로 악질분자였던 그는 시위군중을 향해 최루탄을 정면으로 발사했다. 떠오른 김주열군의 시체를 돌에 매달아 다시 마산 앞바다에 던져버린 것도 그였다. 이런 친일 경찰을 중용했던 장본인이 바로 이승만이었다

5.16군사정변

박정희식 대한민국의
출범

박정희와 소장파 군부 세력을 쿠데타를 일으켜
4.19민주혁명의 성과를 일거에 뒤엎고 군사독재 시대를 열었다.

올 것이 왔다

'최악의 무능!' 4.19혁명 이후 들어선 장면 내각에 대한 평가
는 그랬다. 장면 정부의 관계자들로서는 유구무언의 상황이었다. 부정
부패는 여전했고, 민주당 신파와 구파의 싸움은 점입가경으로 흘렀다.
민생은 도탄에 빠진 채 탈출구를 찾지 못했다. 4.19에도 불구하고 변
하지 않는 삶에 절망하던 국민들은 보다 획기적인 변화를 갈망했다.
그리고 이런 갈망에 은밀히 내응하며 등장한 세력이 있었다. 제2군 사
령부 부사령관 박정희 소장과 김종필, 김형욱 등 그 주변을 둘러싼 육
사 8기생들의 집단이었다.

1961년 5월 16일 이들은 마침내 쿠데타의 깃발을 올렸다. 제1공수
단, 해병대, 육군 30·33사단, 6군단 포병대 등이 주축이 된 3,500여 명
의 병력이었다. 이들은 한강다리를 건너 서울 시내의 주요 시설을 장
악하고 혁명공약을 선포했다. 총격전이 벌이지고 몇 명인가의 사상자
가 나왔지만 전체적으로는 너무나 싱거운 결과였다. 당시 대통령인 윤
보선이 보인 첫 반응은 "올 것이 왔구나!"였다. 모두가 예감하던 변화

4.19혁명 이후 국민들은 획기적인 변화를 갈망했다. 그리고 이런 갈망에 은밀히 내응한 군부 세력은 1961년 5월 16일, 쿠데타의 깃발을 올렸다. 그리고 군부 세력의 수장이었던 박정희는 1963년 제5대 대통령에 취임한다.

가 실제로 나타났을 때 찾아오는 체념, 혹은 열광적인 지지. 그것이야말로 70만 대군 중 한줌의 무리가 일으킨 '거사(?)'가 왜 그리도 쉽게 성공했는지를 알려주고 있었다.

이후 박정희는 2년간의 군정 끝에 정권을 민간에 이양했다. 모든 정치 활동을 금지시킨 상황에서도 스스로는 비밀리에 민주공화당을 창당했고, 그 이전엔 중앙정보부를 창설하여 민간 이양을 위한 모든 준비를 마친 뒤였다. 그럼에도 박정희는 1963년 치러진 대통령 선거에서 윤보선을 1.5퍼센트의 아슬아슬한 차이(박정희 46.6퍼센트, 윤보선 45.1

퍼센트)로 누르는 박빙의 승부를 펼쳤다. 이런 과정을 거쳐 박정희는 제5대 대통령에 취임했다. 일본인들로부터도 '최후의 사무라이'라는 평을 받은 바 있는 친일파 박정희가 어린 시절 이래의 대망大望을 성취한 순간이었다.

경제개발을 위하여

쿠데타로 집권한 군사정권에 명분이 없을 리 없었다. 박정희는 '반공'과 '조국 근대화'에서 그것을 찾았다. 이에 따라 4.19 이후 통일운동에 매진하던 학생과 혁신 세력에 대한 대대적인 탄압이 자행됐다. 이후로도 박정희는 북한과의 첨예한 대립구도, 전쟁을 거치며 내면화된 대중들의 전쟁 공포와 레드 콤플렉스를 교묘히 이용하며 권력을 유지해나갔다. 정통성 없는 권력을 반공으로 포장하며 일체의 비판을 억압하는 족쇄로 활용한 것이다.

문제는 조국 근대화, 그리고 그것을 완수할 지렛대로서의 경제개발이었다. 이것은 끊임없이 제기되는 정통성 시비를 불식시키기 위해서도 무엇보다 긴요했다. 그런데 경제개발을 추진할 자금이 부족했다. 미국의 무상원조로 간신히 연명하는 나라로서는 당연한 일이었다. 뼛속까지 친일파였던 박정희가 일본과의 국교 정상화로 이를 해결하려한 것은 오히려 자연스러웠다. 동북아시아에서 공고한 반공 블록을 구축하려 한 미국의 강력한 요구는 국교 정상화를 압박하는 또 하나의 요인이었다.

결국 1965년 6월 22일 한일협정이 체결됐고, 양국 국교는 20년 만에 정상화되었다. 정상화의 조건은 식민지배에 대한 청구 성격으로 무상 3억 달러, 정부차관 2억 달러, 상업차관 3억 달러를 제공받는다는 것이었다. 일언반구 사과도 받지 못하고 헐값에 식민지배에 대한 면죄부를 준 꼴이었다. 독도 문제 역시 미완의 과제로 남았음은 물론이었다. 국민들이 굴욕적인 국교 정상화에 목숨을 걸고 반대한 것은 당연했다. 시민학생들과 야당은 4.19 이후 최대의 투쟁을 벌이며 강력하게 저항했다(1964년 6.3투쟁). 그러나 비상계엄령과 휴교령까지 동원하여 무력 돌파하는 박 정권의 위세를 넘어서기엔 역부족이었다.

베트남 파병 역시 반공과 경제개발의 미명 아래 이뤄졌다. 미국의 환심을 사기 위해 박정희 스스로 제안했던 파병은 1965년 청룡, 맹호 등 전투부대를 보냄으로써 본격화됐다. 2만여 명에 달하는 국군 사상자와 민간인 학살로 인한 베트남인들의 막대한 피해, 강력한 국제적 비판과 남북관계 파탄…. 파병의 대가는 이처럼 쓰디썼다. 그러나 경제적 실리의 측면에서는 그렇지 않았다. 파월 기간 동안 한국은 약 10억 달러의 외화를 벌어들였다. 이것이 경제개발을 위한 요긴한 목돈으로 쓰였음은 말할 것도 없었다. 파월 장병과 베트남인들이 흘린 피가 '한강의 기적'을 위한 밑천으로 활용되었던 것이다.

대한민국 국부는 이승만이 아니라 박정희?

박 정권의 폭압정치가 기승을 부려갈수록 대한민국도 군사문화가 판을 치는 병영국가로 달려갔다. 한일회담과 베트남 파병을 통해 얻어진 자금을 동력으로 경제는 눈부신 성장세를 보이고 있었지만 민주주

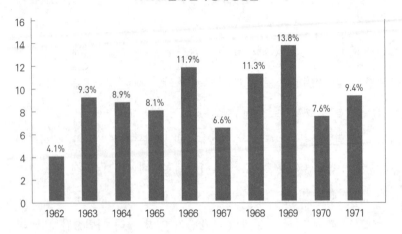

1960년대 한국 경제 성장률

의는 이미 오래 전에 질식당했다.

1960년대 후반 경제성장률은 연 11.8퍼센트라는 높은 수치였다. 1960년대 전반기 5.5퍼센트의 2배가 넘은 실적이었다. 또 1962년 5,481만 달러에 불과하던 수출은 강력한 수출지상주의 정책 덕분에 1964년 1억 달러를 돌파했다. 이런 추세는 이후로도 계속돼 1967년 3억6천만 달러, 1970년에는 10억380만 달러라는 폭발적인 신장세를 기록했다(강준만, 『현대사 산책』). 이런 발전상이야말로 극악한 파시즘 체제에도 불구하고 박 정권이 어떻게 국민의 마음을 사로잡았는지에 대한 답을 주는 것이었다.

1967년의 대통령 선거 결과에도 경제성장의 성과는 뚜렷이 반영되었다. 박정희는 윤보선을 이번에는 10.6퍼센트의 차이로 제쳤다(박정희 51.5퍼센트, 윤보선 40.9퍼센트). 그로부터 2년 뒤인 1969년에는 "개헌하면 나를 단도로 찔러라"는 자신의 호언장담을 뒤엎고 대통령 중임 제한을 철폐하며 3선개헌에 성공했다. 종신집권을 방해하는 큰 장애물 하나를 제거한 것이다.

대한민국은 점점 더 박정희식 국가로 변모해나갔다. 쏙압석인 민주주의 압살과 경제발전을 특징으로 하는 국가였다. 그 특징과 폐해, 영향력 모두가 21세기인 오늘까지 지속된다는 점에서 이승만이 아닌 박정희야말로 진정한 대한민국의 '국부國父'인지도 모른다. 만일 국부라는 이 전근대적인 표현이 합당하다면, 대한민국은 극악무도한 폭력과 경제적 유능함을 겸비한 아버지의 자식인 셈이다. 이것이 정말 행복한 상황인지에 대한 논란은 아직도 계속되고 있다.

박정희 시대의 대표적인 민주 인사이자 나중에 암살된 『사상계』의 장준하도 한때는 5.16의 지지자였다. 광복군 출신으로 일본군 장교였던 박정희를 증오한 장준하조차 쿠데타를 지지했다는 사실에서 4.19 이후의 혼란상과 충족되지 않은 민중의 기대를 짐작할 수 있다.

군사독재와 유신체제1

권력 연장을 위한 또 한 번의 쿠데타, 10월 유신

김대중과의 대통령선거에서 간신히 이긴 박정희는 영구집권을 위해 유신이란 친위쿠데타를 일으켰다.

소용돌이 속의 국제정세

박정희 정권도 출범 이후 어언 10년 세월을 맞이하고 있었다. 그가 그토록 비판하던 이승만 독재의 12년과 버금가는 세월이었다. '10년이면 강산도 변한다'는 말 그대로 이 시기 국내외적으로는 큰 변화의 물결이 일었다.

우선 국제정세가 그러했다. 1962년 쿠바에서의 핵미사일 설치를 놓고 전쟁 일보 직전까지 치달은 미국과 소련의 대립은 전 인류를 전율케 하는 것이었다. 이를 계기로 경쟁적인 군비 확장을 중지하고 양 진영이 화해, 협력해야 한다는 요구가 드높아졌다. 데탕트(프랑스어로 '화해' '휴식'을 뜻한다)의 시작이었다.

국제 질서의 다른 한편에서는 이른바 '다극화 현상'이 등장했다. 사회주의 종주권을 놓고 소련과 중국은 중소분쟁으로 각축했고, 경제부흥에 성공한 서독과 프랑스, 일본은 미국의 그늘에서 벗어나기 시작했다. 또 동서 양 진영에 속하지 않은 제3세계에서는 반제국주의·반식민주의 깃발을 내건 비동맹운동이 벌어졌다. 미소 양국을 중심으로 형성되던 국제질서의 원심력이 급격히 해체되는 상황이었다.

변화의 물결은 아시아에도 밀어닥쳤다. 1969년 7월, 미국 37대 대통령 닉슨은 괌에서 닉슨 독트린을 선언했다. 베트남에서의 고전으로 힘이 떨어진 미국의 외교적 고육책이었다. 미국의 직접적·군사적 개입을 지양하여 자국의 부담을 최소화하겠으니, '아시아의 방위는 1차적으로 아시아인 스스로 책임지라'는 것이었다.

이 발표 이후 미국의 대아시아 정책은 빠르게 변화했다. 1971년부터 외교적 접근을 가속화하던 미국과 중국은 이듬해 닉슨의 중국 방문을 계기로 국교를 정상화했다. 베트남과 남한에서의 미군 감축계획도 일정에 올랐다. 미국의 신전략은 냉전체제에 안주하던 아시아의 질서를 소용돌이 속에 밀어 넣고 있었다.

박 정권은 어떤 답을 내놓을 것인가?

박정희 정권은 위기의식을 피부로 느꼈다. 냉전의 완화는 극단적인 반공주의를 정권 유지의 명분으로 삼던 박 정권을 크게 당황시킬 수밖에 없었다. 여기에 1971년 주한 미7사단 2만 명이 철수하자 박 정권의 의기 의식은 극에 달했다.

경제 분야에서의 추락도 위기감을 더했다. 경제성장은 1969년 GNP 성장률 15.9퍼센트를 찍어 정점을 달렸다. 그러나 이후 저임금노동에 기초한 수출전략이 한계에 부딪히며 극심한 침체를 벗어나지 못했다. 더욱이 1971년에는 미국의 재정 악화를 배경으로 달러 파동까지 발생하여 한국 경제의 목을 졸랐다. 엎친 데 덮친 격으로 아랍 세계에서는

1972년 10월 17일, 박정희 대통령은 전국에 비상계엄령을 선포하고 국회 해산과 정당 정치활동 중지를 발표하는 10월유신을 단행한다.

유신체제

배경
- 대외적 요인 : 닉슨 독트린 · 주한 미군의 감축 결정.
- 대내적 요인 : 국가안보와 사회질서 강조 · 지속적 경제성장 추구.

내용
- 대통령 직선제의 폐지 및 통일주체국민회의에서 대통령을 간접 선거.
- 국회의원의 3분의 1을 대통령 추천으로 통일주체국민회의에서 선출.
- 대통령에게 헌법 효력까지도 일시 정지시킬 수 있는 긴급조치권 부여.
- 국회 해산권 및 법관 임면권을 대통령이 갖도록 하여 대통령이 3권 위에 군림할 수 있도록 보장.
- 대통령의 임기를 6년으로 연장하고 연임 제한을 철폐하여 종신 집권 가능.
  ➜ 장기 집권의 길 마련

성격
- 자유 민주주의 헌정 체제에서 이탈한 권위주의적 독재통치 체제

결과
- 민주 헌정의 회복과 개헌을 요구하는 시위 빈발, 인권 탄압에 대한 국제여론의 악화

붕괴
- 10.26사태로 박정희 대통령이 피살되면서 유신체제 붕괴(1979)

1970년 "근로기준법을 준수하라!"는 구호를 외치며 분신한 청년 노동자 전태일이 1969년 12월 19일 서울시 근로감독관에게 보낸편지.

석유를 무기로 한 자원민족주의가 등장하여 국제 유가를 춤추게 할 태세였다.

이런 상황에서 치러진 1971년의 제7대 대통령 선거는 박 정권의 간담을 서늘케 하기에 충분했다. '공화당 박정희 VS 신민당 김대중'의 구도로 치러진 선거는 박정희가 불과 94만여 표 차이로 간신히 승리했다. 온갖 부정선거를 뚫고 선전을 펼친 김대중에게는 "전쟁에서 지고 전투에선 이겼다"는 평가가 돌아갔다. 그해 치러진 총선은 공화당 113석, 신민낭 89식으로 실질적인 야당의 승리로 돌아갔다. 박정희의 폭압 체제에 대한 국민의 염증과 반발이 만만치 않음이 드러난 것이

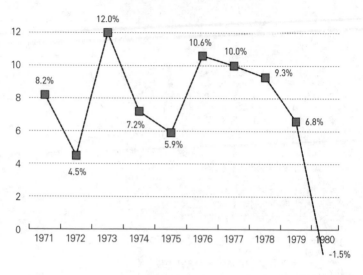

1970년대 경제성장률(실질GDP 성장률)

자료: 한국은행

다.

정권의 파탄을 알리는 맹렬한 파열음이 들려오는 상황이었다. 박정희 정권은 이에 대해 어떤 식으로든 답을 내놔야할 처지였다.

해결책은 또 한 번의 쿠데타였다

박정희는 7대 대통령에 취임한 지 불과 1년여 만에 또 한 번의 승부수를 던졌다. "목숨을 건다"라는 말을 즐겼다는 그의 성정 그대로 모두를 경악시킬 해결책이었다.

1972년 10월 17일 광화문 앞에는 난데없는 탱크가 등장했다. 오후 7시 전국에 비상계엄령이 내려진 가운데 박정희는 대통령 특별선언을 발표했다. 유신 선언이었다. 날치기로 밀어붙인 3선개헌으로도 모자라 종신집권을 위한 유신체제를 수립하겠다는 선언. 그것이 박정희의 대답이었다. '낡은 제도를 고쳐 새롭게 한다'는 뜻을 가진 '유신維新'은 박정희에게는 그 뜻과 달리 자신의 권력 유지에 방해되는 모든 것을 일소하라는 특명에 불과했다.

유신체제의 특징은 결국 모든 권력이 1인에게 집중된다는 데 있었다. 새로 제정된 유신헌법을 통해 대통령 연임 규정은 철폐되어 종신집권을 위한 걸림돌은 제거됐다. '체육관 선거'라는 희화화된 별칭 그대로 대통령은 통일주체국민회의라는 정체불명의 기관에서 간접선거로 선출하게 되었다. 또 국회해산권과 재적의원의 3분의 1을 대통령이 직접 지명할 수 있는 권한도 주어졌다. 여기에 법관 또한 대통령이 임명할 수 있게 됨으로써 사법권마저 장악했다. 그것으로 끝난 게 아니었다. 초법적인 긴급조치권마저 갖게 됨으로써 대통령은 자신에 도전하는 일체의 저항을 뿌리 뽑을 권리를 손에 쥔 것이다. 박정희는 더 이상 대통령이 아니라 태통령, 혹은 총통으로서 무소불위의 권력을 휘두를 수 있게 되었다.

유신체제의 대가는 컸다. 이것은 유신과 함께 밀어붙인 중화학공업화와 경제도약이라는 긍정적인 측면마저 일거에 상쇄시키는 것이었다. 그만큼 유신체제 아래서 진행된 착취와 인권유린, 민주주의 압살은 전례 없이 가혹한 것이었다. 박 정권은 국민들이 반발할 때마다 경제 발전과 한국적 민주주의의 정당성을 부르짖으며 탄압을 가속화했다. 그러나 한국적 배고픔과 미국적 배고픔에 차이가 없듯이, 천부적 권리라 할 인권과 민주주의에도 '한국적'과 '미국적' 혹은 '프랑스적'

을 나눌 이유가 없었다. 그 본질은 오직 권력 유지와 정권 안보를 위해 형식적인 민주주의 절차조차 벗어던지겠다는 것에 불과했다. 유신은 격동하는 내외의 정세 속에서 오직 박정희의 권력만을 유지, 강화하겠다는 또 한 번의 쿠데타였던 것이다.

유신헌법 초안은 신직수 당시 법무부 장관과 김기춘 과장이 작성했다. 김기춘은 긴급조치권, 국회해산권 등 유신헌법 핵심 조항이 담긴 초안을 작성했다. 김기춘은 92년 대통령 선거를 앞두고 지역감정을 조장하는 '초원복집 발언'으로 물의를 빚었고, 노무현 정부 탄핵소추위원을 지내며 탄핵검사 역할을 맡기도 했다. 박근혜 정부 시기에는 청와대 비서실장을 맡았다.

무리한 경제개발이 낳은 그림자,
광주대단지 사건

　박정희 정권의 공업화정책은 농촌사회를 붕괴시켜 급격한 이농현상을 부추겼다. 제대로 교육받지 못하고 가진 것도 없었던 이농민들은 도시로 들어와 빈민이 되는 수밖에 없었다. 이런 상황에서 1968년 서울시는 도시 미화와 주택개발을 명목으로 한강변과 청계천변 일대에 난립하고 있던 무허가 판자촌을 철거하기 시작했다. 하루아침에 집을 잃게 된 빈민들에게는 경기도 광주군 중부면(지금의 성남시)에 대단위 신도시를 조성하여 보금자리를 마련해주겠다는 약속을 하고서였다.

　그러나 이 약속은 기만이었다. 자급자족을 위한 어떤 조치도 없고, 생존을 위한 기반 시설 역시 전무한 곳에 10만이 넘는 빈민들을 짐짝처럼 버렸던 것이다. 이 때문에 광주대단지 주민들은 극심한 고통에 시달렸다. 배고파 실성한 엄마가 아이를 잡아먹었다는 소문이 돌 정도로 광주대단지의 상황은 악화일로를 걸었다. 이런 상황을 견디다 못한 주민들은 1971년 8월 10일 5만여 명이 참여하는 폭동을 일으켰다. 이 폭동은 서울 시장이 주민들의 요구조건을 수락하면서 하루 만에 무마됐지만, 박정희 정권의 무리한 경제개발이 사회적 약자들의 삶에 얼마나 큰 그늘을 드리우고 있는가를 상징적으로 드러내는 사건으로 남았다. 70년대의 대표적인 작가 중 하나인 윤흥길은 『아홉 켤레의 구두로 남은 사내』속에서 이 사건을 조명한 바 있다.

유신과 유일체제 구축에 이용된 통일 논의

7.4남북공동성명으로 통일의 물꼬가 열릴 듯했으나 이는 유신쿠데타와
김일성 유일 체제를 위한 남북의 위장된 통일선언이었다.

7.4남북공동성명

한국군의 베트남 파병 이후 남북관계는 최악의 상황을 향해 달려갔다. 1968년 북의 무장게릴라에 의한 청와대 습격(1.21사태), 동해상에서 일어난 미 정보함 푸에블로호 나포, 울진·삼척에서의 무장공비 침투 등은 남북관계의 파탄을 알리는 증거였다.

이처럼 악화된 남북관계가 서서히 변화의 조짐을 보인 것은 1970년대에 들어서면서였다. 이 무렵 본격화된 동서양 진영 간의 데탕트에 영향 받아 남북대화가 시작된 것이다. 1970년이 되자 박정희는 남북 간의 평화 정착과 선의의 체제 경쟁을 제안하는 8.15선언을 발표했다. 또 1971년에는 이산가족 찾기를 제안함으로써 대화의 물꼬를 텄다. 이에 북한이 호응함으로써 1971년 9월 20일부터 남북적십자회담이 시작되었다.

그리고 한 해를 넘긴 1972년 7월 4일, 중앙정보부장 이후락의 충격적인 발언이 터져 나왔다. 내외신 기자를 모아놓은 자리에서 "실은 평양에 다녀왔습니다"라며 비밀리에 진행되던 남북 접촉의 전말을 밝

힌 것이다. 그는 그해 5월부터 자신과 북의 김영주(김일성의 동생이자 노동 당 조직부장)가 남북을 교차 방문한 사실과 자신이 김일성을 면담했음을 털어놓았다. 김영주 역시 남쪽을 방문하여 박정희와 회담했다. 그 결과물로 남북은 7.4남북공동성명으로 알려진 합의문에 도장을 찍게 됐다는 것이었다. 세계를 깜짝 놀라게 할 뉴스였다.

적과의 동침

자주·평화·민족대단결을 원칙으로 한 7.4공동성명은 분명 역사적 합의였다. 하지만 여기에는 큰 문제가 있었다. 남북 정권의 악수와 미소 속에 등장한 합의 이면에 어떤 속셈이 감춰져 있느냐 하는 문제였다.

남북 정권 모두 데탕트 이후 흔들리던 권력의 안정과 강화라는 뚜렷한 목표를 가지고 있었다. 사실상 남북대화는 그것을 위한 '시간 벌기'와 '명분 축적'의 혐의가 짙었다. 이것은 이후 벌어진 남북의 정치적 변화로 충분히 설명되었다. 박정희는 불과 3개월 뒤 유신을 선포함으로써 절대권력의 구축에 성공했다. '이북과 통일을 하려면 강력한 권력이 필요하다'는 유신의 명분은 박 정권이 추진한 남북대화의 목적이 어디에 있었는지를 말해주는 것이었다. 북도 다르지 않았다. 이미 박정권의 음모를 간파하고 있던 북은 유신이 선포되자마자 재빨리 헌법을 개정했다. 1948년 이래의 헌법을 폐기하고 '수령의 유일적 영도 체제의 강화'를 핵심으로 한 조선민주주의인민공화국 사회주의헌법을 탄생시킨 것이다. 이미 1960년대부터 불기 시작한 김일성 우상화 바

1972년 7월 4일 남북한 당국은 분단 이후 최초로 통일과 관련하여 공동성명을 발표한다. '자주, 평화, 민족대단결'등 통일을 위한 기본원칙이 천명된 7.4남북공동성명이다. 사진은 7.4남북공동성명을 발표하는 이후락 중앙정보부장.

람을 제도적으로 안착시켜 이른바 유일체제를 완성하려는 의도였다.

이로써 남에서는 '유신', 북에서는 '유일'이라는 절대권력이 탄생했다. 이에 대해『알몸 박정희』의 저자 최상천은 이렇게 말한다.

> "박정희는 권력의 위기를 '적과의 동침'으로 풀었다. 이 얼마나 기발한 위장전술인가? 박정희와 김일성이 30년 만에 이룬 '적과의 동침'은 '하룻밤 풋사랑'이 아니었다. 이 역사적 동침으로 둘은 쌍둥이를 낳았다. 그 이름은 유신과 유일이다. 박정희는 남에서 유신체제를 선언하고, 김일성은 북에서 유일체제를 선포했다."
>
> -최상천,『알몸 박정희』

목적이 성취되자 남북 정권은 약속이나 한 듯 손을 씻은 뒤 종래의

남북한 통일정책 변화

	남한		북한
이승만 정부	• 반공정책, 북진 통일		• 무력 통일
장면 내각	• 유엔 감시 하에 남북한 총선거를 통한 평화통일		• 연방제 통일
박정희 정부 (1960년대)	• 선건설 후통일		• 남조선 혁명론
박정희 정부 (1972~73)	• 7.4남북공동성명 • 6.23평화통일선언	김일성	• 7.4남북공동성명 • 고려연방제 통일 방안
전두환 정부	• 민족화합 민주통일 방안		• 고려민주연방공화국 통일 방안
노태우 정부	• 7.7특별선언 • 한민족공동체 통일 방안 • 남북 기본합의서		• 남북 기본합의서
김영삼 정부	• 민족공동체 통일 방안(3단계 통일 방안)		
김대중 정부	• 대북 화해 및 협력정책 • 6.15남북공동선언	김정일	• 6.15남북공동선언
노무현 정부	• 포괄적 협력과 실용주의 외교 • 10.4남북공동선언		• 10.4남북공동선언
이명박 정부	• 비핵과 개방으로 평화통일의 실질적 토대 확충		

대결적 자세로 돌아갔다. 남북 사이에 훈풍이 불어오기까지는 그 후로 도 오랜 세월이 필요했다.

7.4남북공동성명으로 한껏 부풀어 올랐던 남북 민중의 기대도 한순

간에 배반당하고 말았다. 그러나 이 성명이 낳은 통일의 전제와 남북 대중의 합의는 이후로도 유효했다. 남북 모두 시간이 흐름에 따라 통일 방안이 변화했지만, 상호 간 중대한 차이에도 불구하고 평화통일의 당위성에 대해서는 누구도 토를 달 수 없는 상황이 된 것이다. 7.4공동 선언이 낳은 역사적 유산이자, 남북 정권 담당자들이 의도하지 않았던 결과였다.

1968년 1월 21일, 북한은 민족보위성 정찰국 소속의 무장게릴라 31명을 보내 청와대를 습격했다. 게릴라들은 세검정고개까지 진출했지만 경찰의 불심검문으로 제지당한 뒤 총격전을 벌이며 도주했다. 토벌작전으로 28명의 게릴라가 사살되고 1명(김신조)이 생포되었으며 나머지는 월북했다. 우리 측은 23명의 전사자가 발생하고 7명의 민간인이 목숨을 잃었다.

남북의 통일논의,
어떻게 변천되었나?

유신과 유일체제 성립 이후 남북관계는 여전히 대결적 상황을 벗어나지 못했다. 그러나 80년대 말 냉전의 붕괴가 시작된 이후 조금씩 변화의 조짐을 보이다가, 90년대 이후에는 보다 큰 위기와 기회의 동시성 위에 놓이게 되었다.

위기는 1990년대 초반부터 가속화된 북한의 핵개발과 국제 사회의 제재 움직임으로 촉발되었다. 이후 94년 11월의 제네바 기본 합의서를 통해 정리되는가 싶었던 갈등은 북의 핵실험 강행과 한반도 핵문제 해결을 위한 6자회담의 지지부진한 전개로 더욱 복잡다단해진 상황이 됐다. 이것이 남북관계의 진전에 커다란 암초로 작용하고 있음은 분명한 사실이다.

하지만 위기와 함께 기회의 장도 그만큼 활짝 열렸다. 특히 '햇볕정책'을 들고 나온 김대중 정부의 등장은 남북관계를 획기적으로 전환시킨 계기였다. 2000년 6월 김대중 대통령과 김정일 국방위원장은 분단 이후 처음으로 남북정상회담을 개최했다. 그 결실로 이뤄진 6.15남북공동선언은 금강산 관광, 개성공단 설치 등 남북 사이의 일상적 교류마저 가능케 했다. 7.4성명의 대원칙이 각론의 수준으로까지 구체화된 것이다. 김대중 정부를 이은 노무현 정부 역시 햇볕정책을 계승함으로써, 2006년 10월 2차 남북정상회담과 함께 10.4남북공동선언을 채택하는 성과를 거두기도 했다.

이 같은 과정들이 남북의 적대의식 해소와 통일의 필요성에 대한 더욱 깊은 공감을 불러일으킨 건 당연했다. 남북 사이의 훈풍이 드디어 실체를 드러내며 체감되기 시작한 순간이었다. 그러나 안타깝게도 이명박 정부의 등장과 함께 남북관계는 다시 경색국면으로 접어들고 말았다. '핵을 포기하고 북한이 개방형 경제 체제로 전환한다면 10년 후 1인당 국민소득이 3,000달러에 이를 수 있도록 돕겠다'는 비핵개방3000 정책은 북의 격렬한 반발을 불러일으켰다. 이

정책이 북한의 붕괴와 흡수통일을 노리고 있다고 본 것이다. 이런 반발은 2010년 11월 23일 북한의 연평도에 대한 포격사건 등 대규모 물리적 충돌로까지 발전했다. 남북관계가 명백히 냉전 당시의 상황으로 돌아간 것이다.

이처럼 남북관계는 여전히 대결과 화해라는 극점을 시계추처럼 오가고 있다. 그러나 화해와 협력을 통한 통일의 흐름을 향해 점차 단계를 높여가며 전진해온 것 역시 부정할 수 없는 사실이다. 21세기 격변하는 세계정세 속에서 민족 전체가 통일을 위한 지혜를 짜내야 할 필요성은 더욱 커지고 있다.

암살로 막을 내린 유신체제

부마항쟁과 YH사건 등 유신체제에 대한 민중의 거센 투쟁이 일어나는
가운데 박정희가 최측근인 김재규에게 저격당하며 유신체제는 종말을 고했다.

긴급조치 아닌 만성조치

박정희와 유신 세력에게 비극이 있다면, 그건 바로 대한민국 국민이 4.19혁명의 경험을 가지고 있다는 사실이었다. 서슬 퍼런 유신 체제 아래서도 저항이 계속된 건 당연했다.

1973년 고려대의 '민우지' 사건, 전남대의 '함성지' 사건 등에서 보이듯 학생운동은 서서히 전열을 정비해나갔다. 그해 8월 박정희 정권에 의한 김대중 납치사건이 발생하자, 2학기부터는 학생, 재야, 종교, 언론 등을 가리지 않고 격렬한 유신 반대의 목소리가 터져 나왔다. 이런 목소리는 개헌청원 백만인 서명운동으로 모아졌다. 이 운동은 온갖 방해에도 불구하고 보름 만에 40만 명을 돌파함으로써 박 정권을 충격에 빠뜨렸다.

저항은 계속됐다. 학생운동은 비밀리에 전국민주청년학생총연맹(민청학련)을 결성하여 투쟁했고, 언론인들은 1974년 10월 『동아일보』 기자들의 '자유언론 실천선언'을 필두로 언론자유운동을 전개해나갔다. 재야인사들은 1974년 민주회복국민회의를 발족하여 국민선언을

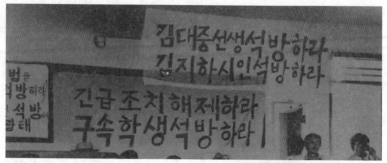

박정희 정권은 유신 7년 내내 긴급조치를 발동하여 전국을 공포로 물들였다. 긴급조치 1, 2호 때는 100여 명의 민주인사가 구속됐고, 긴급조치 4호 때는 4,000여 명이 연행되었으며 긴급조치 9호 때는 1,000여 명이 투옥되었다.

발표하고, 1976년에는 3.1절을 맞아 민주구국선언 사건을 일으키는 등 헌신적이고 자기희생적인 투쟁을 멈추지 않았다.

이에 대한 박 정권의 대응은 긴급조치권의 발동이었다. 박정희는 개헌 서명운동을 계기로 긴급조치 1, 2호를 발동하여 100여 명의 민주인사들을 구속했다. 민청학련을 탄압하기 위해 발동한 긴급조치 4호에 의해서는 4,000여 명이 연행되고 169명이 재판을 받았다. 또 베트남 패망을 계기로 발동된 긴급조치 9호는 4년 6개월여를 지속하며 1,000여 명을 투옥시켰다.

가히 긴급조치의 전성시대였다. 말 그대로 긴급 상황에서나 통용돼야 할 긴급조치는 유신 7년 내내 전국을 공포로 물들였다. 긴급조치 아닌 '만성조치' 혹은 '일상조치'였던 것이다. 이것은 역으로 박 정권이 초법적이고 폭압적인 수단 외에는 더 이상 정권을 유지해나갈 수 없음을 실토하는 것과 다름없었다. 유신체제에 대한 국민들의 분노와 염증은 날로 심화됐고, 저항의 정신도 격렬하게 피어오르고 있었다.

꿈틀거리는 제2의 4.19

유신체제의 폭압에 대해 국제적 비난이 없을 수 없었다. 특히 민청학련의 배후로 조작된 인민혁명당(인혁당) 재건위 사건 관계자 8명에 대해 판결 20시간이 지나기도 전에 전격적으로 사형이 집행되자, 국제법학자회의는 '사법사상 암흑의 날'을 선포했다. '재야의 대통령'으로 불리던 민주인사 장준하, 서울대 교수 최종길이 비밀리에 암살되거나 의문사하자 비난은 더욱 빗발쳤다. 미 의회에서는 대한 원조를 중단하라는 요구가 터져 나왔고, 한국 인권 상황에 관한 청문회도 지속적으로 열렸다. 1976년 인권 외교를 주창하며 카터 행정부가 등장하자 한미 간 갈등도 절정을 향해 치달았다. 카터가 주한미군 철수를 공언하자 박정희는 미사일과 핵개발로 맞섰다. 전통적인 우방 관계에 균열이 생기고, 미국은 박정희 정권에 대한 지지 여부를 심각하게 고민하는 상황이 벌어졌다.

유신의 명분 중 하나이던 경제발전도 엉망이 되어가고 있었다. 중화학공업 분야에 대한 무리한 과잉 중복투자와 1978년 이란의 석유수출 중지로 빚어진 제2차 오일쇼크가 한국 경제에 결정

> 김재규는 "야수의 심정으로 유신의 심장을 쏘았다"는 말로 자신의 행동이 민주주의를 위한 거사임을 밝혔다. 하지만 '준비된 거사로 보기엔 너무 엉성하고, 우발적 사건으로 보기엔 너무 치밀하다'는 세간의 평가대로 10.26의 진실은 아직도 해명돼야 할 부분이 많다. 이 때문에 미국 배후설 등 온갖 음모론의 진원지가 된 것도 사실이었다.

타를 먹인 것이다. 이 무렵 박정희의 "이제 경제에 대해서는 자신이 없다"는 고백은 당시의 암울한 상황을 상징적으로 보여주고 있다. 극심한 불황은 안 그래도 궁지에 몰린 박정희 정권의 지지기반을 더욱 잠식했다. 생존의 벼랑 끝에 몰린 노동자들의 투쟁은 더욱 치열해졌다. 그런 가운데 유신 종인의 서곡이 된 YH사건이 벌어졌다. 가발과 봉제업을 하는 YH무역이 위장폐업을 하자 여성노동자가 중심이 된 노동

1979년 8월 YH무역 여성노동자들이 회사 운영 정상화와 근로자 생존권 보장을 요구하며 신민당사에서 농성을 벌였다. 박 정권의 잔인한 진압작전으로 노동자 1명이 추락사했으며 이로 인해 당시 신민당 총재 김영삼이 의원직에서 제명된다. 그러자 부산과 마산의 민심이 격발되어 부마항쟁으로 이어졌다. YH사건은 유신 종언의 서곡이었다.

조합이 이에 항의하며 투쟁에 돌입했다. 박 정권은 이미 동일방직 노조 탄압을 통해 가녀린 여성노동자들의 입에 인분을 처넣는 등 야수적인 폭력을 선보인 바 있었다. 보다 안전한 농성장소를 찾던 YH 노동자들이 신민당사 안으로 들어가자 이번에도 박 정권은 잔인한 진압작전을 폈다. 이 과정에서 21세의 노동자 김경숙이 건물에서 추락사했다. 이런 불상사에도 불구하고 박 정권은 1979년 10월 4일, YH사건의 책임을 물어 신민당 총재 김영삼을 의원직에서 제명 처리해버렸다.

이 사건은 김영삼의 정치적 기반이던 부산과 마산의 민심을 격발시켰다. 10월 15일 부산대 학생들의 시위를 기점으로 수만 명의 부산 시민들은 17일까지 격렬하게 투쟁했다. 18일 부산 지역에 계엄령이 선포되고 공수부대가 진압에 나서자, 시위는 오히려 마산 지역으로까지 확산됐다. 18~20일까지 계속되던 시위는 마산 지역에 위수령이 선포되고 나서야 간신히 수습됐다. 역사에 부마항쟁으로 기록된 민중 항쟁이 발발한 것이다.

브루투스, 네가!

부마항쟁은 박정희 정권에게 엄청난 공포를 안겨주었다. 반유신투쟁이 소수의 재야인사나 노동계의 차원을 넘어 4.19와 같은 국민항쟁으로 발전할 가능성을 보여줬던 것이다. 정권 내부에서는 이에 대한 대처를 놓고 이견이 발생했다. 대통령 경호실장 차지철의 강경론과 중앙정보부장 김재규의 온건론이 맞부딪쳤다. 그리고 이런 갈등은 한국 현대사의 물줄기를 바꾼 사건으로 발전했다. 1979년 10월 26일 궁정동 안가에서 열린 술자리에서 김재규가 박정희와 차지철을 사살한 것이다(10.26사태).

그렇게 박정희는 죽었다. 로마의 독재자 카이사르가 "너마저!"라는 탄식을 내뱉은 뒤 브루투스에게 죽임을 당했듯, 한국의 독재자 박정희도 심복 김재규에게 살해당하고 만 것이다. 이로써 18년간 계속돼온 박정희 1인 체제는 막을 내렸다. 더불어 유신의 시대도 저물어 버렸다. 경제기적의 신화, 그러나 가장 악랄한 독재정치의 표본이라는 오명과 함께 박정희도 역사의 한 페이지 속으로 성큼 걸음을 옮긴 것이다.

박정희의 정치적 라이벌인 장준하는 1975년 8월 17일 경기도 포천 이동면의 약사봉에서 시신으로 발견됐다. 박정희 정권은 실족사라 주장했지만 여러 정황상 암살된 것이 분명하나. 서울대학교 법과 교수였던 최종길 역시 유럽 거점 간첩단사건의 참고인으로 중앙정보부에 들어갔다가 1973년 10월 25일 의문의 시체로 발견되었다.

민주화운동과 민주주의의 발전1

'겨울'의 역습과 패배한 민주주의

12.12쿠데타로 실권을 장악한 전두환 일당은 광주의 민중항쟁을
총칼로 제압하고 군사독재를 재개했다.

이중권력과 경계 실패

유신은 종말을 고했지만, 민주주의의 새날이 바로 열린 것은
아니었다. 박정희를 대신하여 전두환, 노태우 등 신군부 세력에 의한
권력 장악 음모가 구체화되고 있었던 것이다. 박정희 사후 공식적인
권력은 국무총리였던 최규하에게 넘어가 있었다. 그러나 이들은 휘하
의 병력을 동원한 쿠데타를 일으켜(12.12쿠데타), 계엄사령관이자 육군
참모총장인 정승화를 체포하고 군권을 장악했다. 주한 미국 대사 글
라이스틴의 말대로 이로써 대한민국은 '이중권력'의 상황에 들어가게
됐다. 공식적인 권력은 최규하에게 주어져 있었지만, 실질적인 권력은
군부 무력을 기반으로 한 신군부 세력에게 넘어가 있던 상황이었다.

이 무렵 재야와 야당을 비롯한 민주화 세력은 무엇을 하고 있었을
까? 이들 역시 전두환 세력의 등장을 큰 위협으로 평가하고 있었다. 그
러나 이들의 1차적인 관심은 새로운 정부의 구성에 집중되어 있었다.
우선 '양김'으로 통칭되는 김영삼, 김대중의 분열상이 드러나기 시작했
다. 분열의 씨앗은 물론 '누가 차기 대통령 선거의 후보가 될 것인가?'

라는 문제였다. 김영삼은 자신과 신민당 주도로 정국이 개편되고 후보 조정이 이뤄지길 바랐다. 반면 김대중은 자신과 가까운 재야의 힘을 업고 신민당까지 아우르며 후보로 나서길 원했다. 재야 역시 이들의 분열을 통합, 조정해내지 못한 채 양 갈래로 나뉘어 갈팡질팡했다.

신군부 세력이 번연히 눈초리를 빛내고 있는 상황에서 이것은 '김칫국'에 가까운 희망이었다. 당시의 모든 정황을 고려해볼 때 아직 민주화의 길은 요원했다. 분열이 아니라 다시 한 번 힘을 모아 군부독재 세력의 준동을 막아내야 할 때였던 것이다. 이후 역사의 흐름은 신군부에 대한 경계에 소홀했던 민주화 세력의 오류를 더욱 도드라지게 했다.

서울의 봄?

민주화 세력이 분열하고 있는 사이, 전두환의 집권 야욕은 더욱 구체화됐다. 10.26사태를 조사하는 합동수사본부장이던 전두환은 1980년 4월 14일 중앙정보부장에 취임했다. 더욱 막강해진 권력을 이용하여 '안개 정국'을 자신의 집권에 유리하도록 재편하기 위한 의도였다. 그러자 학원민주화운동에 치중하며 정국 추이를 살피던 학생운동 세력도 마침내 본격적인 정치투쟁에 나섰다. '계엄령 해제, 전두환 퇴진' 등을 외치며 신군부와의 정면대결로 돌입한 것이다. 이들의 투쟁은 5월 15일, 서울역에서 10만 인파가 참여한 대규모 시위로까지 발전했다. 그러나 "여기서 투쟁을 멈춰서는 안 된다"는 강경파의 요구를 물리치고 서울내 총학생회장이던 심재철 등 온건파는 시위대 해산을 결정했다. 서울역 회군이라는, 현대사의 물줄기를 바꾼 또 한 번의 전술적 오류가 발생한 것이다.

이 잘못된 결정으로 뜨겁게 타오르던 투쟁의 열기는 급격히 식고 말았다. 이 틈을 노려 전두환 세력은 또 한 번의 쿠데타를 시도했다. 5월 17일 24시를 기해 비상계엄령을 확대하여 정치, 재야, 학생운동권의 지도자들을 검거하며 민주화 세력을 일망타진하고자 했던 것이다. 12.12에 이은 2단계 쿠데타이자, 세상에서 가장 긴 시간 동안 이어진 쿠데타가 발발한 순간이었다.

외신들은 박정희가 죽은 뒤 민주주의가 부활하던 한국의 상황을 가리켜 '서울의 봄'이라 일컬었다. 그러나 아직은 아니었다. 물러가려던 겨울의 북풍은 다시 휘몰아치고, 막 싹트려던 민주의 새싹들은 동토의 땅에서 다시금 얼어붙고 있었기 때문이다.

사랑도 명예도 이름도 남김없이

신군부 세력의 기습공격으로 민주화운동이 된서리를 맞은 가운데, 광주·전남 지역의 민주화 열기만은 가라앉지 않고 있었다. 그리고 이제는 널리 알려진 그날의 전말 그대로 5월 18일 아침 전남대 교문 앞에서는 공수부대원들에 의한 참혹한 살상이 발생했다. 이후 투쟁은 전 시민이 하나가 된 자발적인 항쟁으로 변했다. 또 20일 계엄군의 발포 이후 시민들이 무장함으로써 항쟁은 급격히 무장봉기의 수준으로까지 발전했다. 이른바 5.18 광주민주화운동이다. 그것은 근본적으로 어른과 코흘리개의 싸움이었다.

군사독재에 대한 국민 저항이 전국적으로 확산되자 신군부는 1980년 5월 17일 비상계엄령을 전국으로 확대한다. 전라남도 광주시에서도 비상계엄군이 각 대학을 장악하고 학생들의 등교를 저지했다. 학생과 비상계엄군 간에 충돌이 일어났고 5월 18일 전남대 교문 앞에서는 공수부대원들에 의한 참혹한 살상이 일어났다.

산속에는 군인들이 많이 있었어요. 잠시 후 높은 사람이 와서는 "귀찮게 왜 데려왔느냐? 사살하라"고 했습니다. 살려달라고 애원하는 두 남자는 손수레에 실려 어디론가 끌려가고, 나는 군인 한 명의 감시를 받았습니다. 나를 감시하던 군인이 "앞으로 누가 무슨 질문을 해도 모른다고 대답해라. 나도 너 같은 동생이 있어서 해주는 말이다. 오늘 오전에도 11명이나 죽었다"고 말해주었습니다.

-홍금숙의 증언, 『20세기 한국의 야만』에서 재인용

인용에서와 같이 광주민주화운동은 항거가 불가능한, 혹은 겨우 초보적인 자위능력만을 갖춘 시민들에 대한 압도적인 무력의 학살극이라는 특징을 갖고 있었다. 바로 그 때문에 광주시민들의 영웅적인 면모는 더욱 돋보일 수밖에 없었는지도 모른다.

5월 18일 시작된 항쟁은 열흘 뒤인 27일 새벽, 도청에서의 진압작전을 끝으로 막을 내렸다. 확인된 공식사망자는 163명, 행빙불명 47명, 부상 3,139명 부상 뒤 사망 101명, 기타 피해자 1,589명 등 5,000명 이상이라는 엄청난 인명 피해를 남긴 채였다(그러나 정확한 인명 피해 상황은 아직도 오리무중이다).

비록 패배로 끝났지만, 광주민주화운동이 남긴 유산은 막대했다. 한국의 민주주의는 광주의 피를 먹고 자랐다고 해도 과언이 아닐 정도였다. 무엇보다 대한민국의 전통이 불의와 독재에 항거하는 민주주의 정신에 굳게 뿌리박고 있음이 항쟁을 통해 다시 한 번 입증됐다. 또한 광주에서의 패배를 반성하는 가운데 민주화운동 세력은 이후 더욱 조직적이고 치열한 투쟁을 전개해나갈 수 있게 되었다. 1980년대 전 기간을 통해 민주화운동 세력은 '사랑도, 명예도, 이름도 남김없이' 자신을 불살랐고, 그것은 광주의 영혼이 빙의된 결과였다. 1987년 6월항쟁의 승리는 그 연장선상에서 이뤄진 결실이었다.

1979년 12월 12일, 보안사령관 전두환 소장을 중심으로 한 군내 정치 사조직 하나회 멤버들에 의해 군사쿠데타가 일어났다. 박정희 암살사건의 합동수사본부장이기도 했던 전두환은 계엄사령관 정승화가 김재규와 모의한 정황을 캐겠다며 불법적으로 연행했다. 이로써 최규하, 정승화는 사실상 실각하고 전두환, 노태우, 김복동, 허화평, 허삼수 등 육사 11, 17기가 주축이 된 하나회 일파가 권력을 장악하게 되었다.

민주화운동과 민주주의의 발전2

군부독재의 패퇴를 강제한 6월민주내항쟁

민중들은 전두환의 폭압적인 독재체제를 6월항쟁으로 무너뜨리고
민주주의의 제도적 성취를 이뤄냈다.

대통령에 두 번 취임한 전두환

광주민주화운동을 무력 진압한 전두환의 앞길에는 거칠 것이
없었다. 그는 국가보위비상대책위원회를 설치하고 상임위원장에 취임
함으로써 실질적인 통치권을 장악했다. 연이어 최규하 대통령을 하야
시키고, 1980년 8월 통일주체국민회의 선거를 통해 11대 대통령에 취
임했다.

이후 전두환은 유신헌법을 대체하는 새 헌법 제정을 추진해 대통령
간선제, 대통령 7년 단임제를 골자로 하는 5공화국 헌법을 만들었다.
이에 따라 1981년 2월 25일 또 한 번의 체육관 선거를 통해 제12대 대
통령에 취임했다. '가장 긴 쿠데타'의 주역으로, 5개월 만에 두 번이나
대통령에 임명되는 흔치 않은 기록의 주인공이 된 것이다.

5공화국의 출범은 희극과 비극의 교묘한 교차 속에서 이루어졌다.
가장 반민주적이고 정의롭지 못한 정권이 '민주주의의 토착화' '정의
사회의 구현'을 국정지표로 내세운 건 한 편의 코미디였다. 비극은 유
신보다 더한 폭압이었다. 조작된 여러 사건을 통한 민주 인사 박멸작

광주민주화운동을 무력으로 진압한 전두환은 1980년 8월 11대 대통령에 이어 5공화국 헌법을 통해 1981년 12대 대통령에도 취임한다. 5공화국의 출범은 유신보다 더한 폭압정치이자 군사독재체제였다. 아래 사진은 제12대 대통령 취임기념 우표.

전, 언론인·교수 등에 대한 강제해직도 그랬지만, 무엇보다 잔인한 건 삼청교육대의 운영이었다. '사회악 일소'라는 미명 아래 멀쩡한 시민과 노조활동가 등을 군부대에 감금하여 상상을 초월하는 인권유린을 자행한 것이다. 군내 사망 54명, 후유증 사망 397명, 부상 및 상해 2,786명 등 삼청교육대의 만행은 천인공노할 만한 것이었다. 이것은 공포정치를 통해 정통성 없는 자파의 집권을 밀어붙이는 가운데 터져나온 부작용이었다. 5공은 그 본질상 유신과 다를 바 없는 극악한 군사독재체제에 불과했다.

노태우는 체육관으로, 국민들은 거리로 달려 나간 6월 10일

전두환 정권의 폭압정치 아래서 민주화운동 세력은 잠시 숨을 죽였다. 그러나 광주에서의 '피의 학살'을 경험한 이들은 더욱 전투적이고, 더욱 헌신적인 투사들로 변해 있었다.

민주화 세력의 투쟁은 전두환 정권의 유화정책이 실시된 1983년 말부터 불붙기 시작했다. 노동운동은 서울노동운동연합(서노련) 등 조직을 결성하여 구로동맹파업에 나서고, 학생들은 전국학생총연합, 민족·민주·민중 이념을 내세운 삼민투를 결성하여 선도적인 투쟁을 계속해나갔다. 재야에서는 25개 단체가 연합하여 민주통일민중운동연합(민통련)을 결성했고, 정치 쪽에선 민한당, 국민당 등 관제 야당을 대신하여 김대중, 김영삼 계열의 신한민주당이 모습을 드러냈다. 이들이 1985년 2.12총선에서 승리한 것은 국민들 역시 독재정권에 깊은 반감을 갖고 있음을 상징적으로 드러낸 사건이었다. '3저(저금리, 저환율, 저유가) 호황' 등 경제 실적에도 불구하고, 국민들은 더 이상 독재체제를 원하지 않았던 것이다.

이후 모든 정치 세력은 5공헌법 개정에 대한 입장을 정리하며 치열한 공방전을 벌이게 되었다. 전두환 정권의 호헌, 민주화 세력 온건파의 직선제 개헌, 강경파의 새로운 헌법 제정 요구가 격렬하게 맞부딪친 것이다.

이런 가운데 정권의 몰락을 재촉하는 두 사건이 발생했다. 1986년 6월 대학생 출신의 위장취업 노동자 권인숙 씨에 대한 성고문사건과 1987년 1월에 발생한 서울대생 박종철 고문치사사건이 그것이었다. 특히 박종철 고문치사사건은 폭압적인 정권이 꽃다운 대학생의 목숨을 앗아갔다는 사실에서 전 국민적인 공분을 일으키기에 충분했다. 이 사건 이후 민주화운동 세력의 투쟁과 이에 대한 국민들의 지지는 더욱 거세게 타올랐다.

당황한 전두환 정권은 4.13호헌조치를 발표하여 헌법에 대한 모든 논의를 중지시켰다. 강공책이었다. 하지만 5월 18일 천주교정의구현 전국사제단이 박종철 사건의 조작, 은폐 음모를 폭로하자 상황은 반전 됐다. 군부독재 세력에 대한 분노가 끓어오르며 국민 다수가 정권과 대결할 태세를 갖추게 된 계기였다.

1987년 6월 10일 민정당의 대통령 후보인 노태우는 전당대회가 열 리는 잠실체육관을 찾았다. 전두환의 공식적인 후계자로 등극하기 위 해서였다. 그러나 국민들의 관심은 체육관이 아니라 거리로 쏠려 있었 다. 그날 "호헌 철폐, 독재 타도!"를 외치는 거리의 현장에 모인 국민은 20여만 명을 헤아렸다.

군부 개입이냐, 부분적 양보냐

6월항쟁은 거대한 쓰나미처럼 전국을 휩쓸었다. 전국 22개 도시에 서 열린 '6.10 박종철 고문살인 은폐조작 규탄 및 민주헌법 쟁취 범국 민 대회'를 출발로 명동성당 농성투쟁, 100만 명 이상이 참여한 6월 18일의 최루탄 추방대회, 6월항쟁 최대의 투쟁인 6.26국민평화대행진 등 항쟁의 수위는 점점 높아만 갔다. 특히 이들 항쟁에는 '넥타이 부 대'라 일컬어지는 화이트칼라 노동자들이 대거 참여함으로써 군부독 재 세력은 더 이상 기댈 곳이 없어졌다. 이런 가운데 연세대생 이한열

전두환 정권의 장기집권을 저지하기 위해 일어난 6월항쟁으로 인해 군부독재 세력은 대통령 직선제 수용, 시국사범 사면 및 복권 등을 골자로 한 6.29선언을 발표한다.

군이 최루탄에 맞아 사경을 헤매다 숨짐으로써 투쟁의 열기는 더욱 거세질 수밖에 없었다.

　정권 내부에서는 시위에 대한 대처를 놓고 강온 의견이 나뉘어 대립하고 있었다. 강경론자들은 비상계엄 발동과 군부대 개입을 주장했다. 그러나 군부의 개입은 자칫 4.19처럼 정권 전체의 몰락을 초래할 악수가 될 수도 있었다. 그만큼 항쟁의 열기는 뜨겁고 광범위했다. 결국 군부독재 세력은 대통령 직선제 수용, 시국사범 사면·복권 등을 골자로 한 6.29선언을 발표할 수밖에 없었다. 부분적 양보였지만, 사실상 국민에 대한 항복 선언이기도 했다. 이로써 유신 이후 7년간 계속된 군부독재 역시 종식될 운명을 맞게 되었다.

6월항쟁을 통해 한국 민중은 4.19 이후 다시 한 번 승리의 경험을 만끽하게 되었다. 또한 이것은 이후 한국 사회에 되돌릴 수 없는 민주화의 흐름을 만들어내는 결정적 계기가 되었다. 그러나 그 한계도 뚜렷했다. 무엇보다 투쟁의 목표가 헌법 개정과 같은 제도적 측면에 집중된 것은 크나큰 오류였다. 6.29선언으로 이 요구가 수용되자 군부 세력의 완전한 퇴진을 이루지도 못한 채 투쟁은 급격히 쇠퇴할 수밖에 없었다. 타격을 입은 군부독재 세력이 전열을 정비하여 반격에 나설 여지를 남긴 것이다. 이에 따라 한국 사회의 민주화도 보다 지리하고 고통스런 길을 걸을 수밖에 없었다.

한국 현대사의 물줄기를 바꾼 박종철 고문치사사건은 희대의 망언으로도 유명하다. 고문 경관들이 책상을 '탁'하고 치니 박군이 '억'하며 쓰러져 죽었다는 것이다. 고문치사를 은폐하기 위한 변명이었다. 이 사건의 실체가 밝혀지는 데는 구속된 고문경관들의 면회에 입회하여 진상을 파악했던 '민주교도관' 안유, 한재동씨의 활약이 결정적이었다. 이들이 관련 정보를 재야에 알린 것이다.

6공 수립, 민주주의 퇴행에서 촛불항쟁까지

김영삼과 김대중의 문민정부와 국민의정부는 민주주의의 제도화에 성공하고
노무현의 참여정부는 민주주의의 폭과 깊이를 넓혔다.
이명박의 뒤를 이은 박근혜 정부는 촛불혁명과 탄핵심판으로 끝을 맺었고,
문재인 정부가 새로이 등장했다.

군부독재 세력, 정권 연장에 성공하다

6월 항쟁 이후 한국 사회를 뒤흔든 가장 큰 이슈는 그해 12월
에 열린 대통령 선거였다. 이 선거는 대통령 5년 단임제에 입각한 새
헌법에 의해 치러진 것이었다.

불과 몇 개월 전의 민주항쟁에도 불구하고 선거에서는 누구도 예상
못한 결과가 나타났다. 민정당 노태우 36.6퍼센트, 통일민주당 김영삼
28.1퍼센트, 평화민주당 김대중 28.0퍼센트, 공화당 김종필 8.1퍼센트
의 득표율로 군부독재 세력이 승리한 것이다. 김대중·김영삼의 분열,
양김씨 중 누구도 사퇴하지 못하도록 교묘하게 세력 조정을 꾀한 집권
여당의 노련한 술수, 노골화된 지역주의와 금권·관권 선거가 어우러
진 결과였다. 이로써 군부독재 세력은 정권 연장에 성공했고, 노태우
는 6공화국의 대통령으로 등극했다. 그러나 이듬해 벌어진 4.26총선
에서 국민들은 '여소야대'의 상황을 만듦으로써 견제와 균형의 원리가
작동할 수 있도록 했다.

여소야대 정국 상황 아래서 노태우 정권은 큰 어려움을 겪었다. 이

여소야대 정국 상황 아래서 노태우 정권은 1990년 김영삼의 통일민주당, 김종필의 공화당과 합당하여 민주자유당을 탄생시킨다. 3당합당을 통해 노태우 정권은 정국 반전의 계기를 만들었다.

런 상황을 돌파하기 위해 노 정권은 1990년 김영삼의 통일민주당, 김종필의 공화당과 합당하여 민주자유당을 탄생시켰다. 여소야대를 만든 민의를 배신하는 행위였지만, 3당합당이 노 정권의 숨통을 열어주는 정국 반전의 계기가 된 것만은 분명했다.

유신체제 이후 16년 만의 민선 대통령으로서 형식적 민주주의를 흉내 내기는 했으나, 노태우 정부는 근본적으로 군부 정권의 색깔을 지우지 못한 정권이었다. 정치적 반대자들에 대한 억압과 노동자·농민·교사·학생 등 민중운동에 대한 폭력적 탄압은 여전했다. 측근 비리를 비롯한 부정부패 역시 마찬가지였다. 그러나 1988년 서울올림픽을 성공적으로 치러내고 1991년에는 남북 유엔 공동가입, 남북 기본합의서 체결에 성공하는 등 내치와 대북관계에서 일정한 성과를 거두기도 했다. 또 동유럽 사회주의가 붕괴되는 상황을 이용하여 북방정책을 가속화하고 소련·중국 등의 나라와 수교한 것은 외교상의 치적으로 평가할 만하다.

김영삼 정부

노태우 정권을 이어 6공화국 2기 정부의 수장이 된 것은 김영삼이었다. "호랑이굴로 들어간다"며 3당합당에 참여한 김영삼은 이우 여당 대통령 후보로 변신하여 1992년의 대선에서 승리하였다. 41.4퍼센트의 득표율로 33.4퍼센트의 김대중을 누른 것이다.

비록 군부 세력과의 야합을 통해 획득한 정권이지만 그 의의는 적지 않았다. 먼저 장면 정부 이래 진정한 민선·민간 대통령이 탄생한 건 무엇보다 큰 의의였다. 이는 김영삼 정부 스스로 자랑스럽게 '문민정부'라는 타이틀을 내걸 수 있는 이유가 되었다.

절차적인 민주주의가 어느 정도 완성된 모습을 보이게 된 것도 김영삼 정부 아래에서였다. 금융실명제 전격 실시, 공직자 재산등록, 지방

2000년 6월 15일, 김대중 대통령과 김정일 국방위원장이 평양에서 만났다. 1948년 분단 이후 역사적인 첫 남북정상회담이었다. 이날 김대중 대통령과 김정일 국방위원장은 6.15남북공동선언을 발표했고 이후 이산가족방문단 교환, 남북 장관급 회담, 남북 경제협력추진위원회의 구성 등이 이루어졌다.

자치제도의 전면적 실시, 전두환·노태우 두 전직대통령의 처벌, 군부 내 정치군인의 집합소인 하나회를 척결한 일 등은 민주주의의 진전에 큰 영향을 미친 조치들이었다.

그러나 김영삼 정부는 지나치게 외양을 중시하는 통치방식으로 논란을 자초했다. '역사 바로 세우기'라는 캐치프레이즈 아래 조선 총독부 건물을 폭파한 것은 전시성 행정의 표본이라는 비판을 받았다. 이런 모습은 경제 분야에서도 드러났다. 특히 선진국 클럽이라는 OECD(경제개발협력기구) 가입에 총력을 기울이던 모습은 '내실보다 허세에 치중한다'는 국내외의 광범위한 비판을 불러일으켰다. 결국 정권 말기 세계를 강타한 외환위기를 극복하지 못함으로써 김영삼 정부는 '6.25 이후 최대 국난'이라는 IMF(국제통화기금)사태를 불러들이고 말았다. 또 측근비리와 둘째 아들의 국정농단을 제어하지 못함으로써 '가장 무능했던 정권'이라는 오명을 쓴 채 역사 속으로 퇴장하게 되었다.

국민의 정부에서 참여정부까지

1997년 김대중 대통령의 등장은 전임 김영삼 정부의 실정에 힘입은 바가 컸다. 김대중 정부는 정식으로 정권을 인수하기도 전에 경제위기 극복을 위해 발 벗고 나서야 했다. 이런 노력은 실제적인 성과를 거둬 대한민국이 IMF 관리체제를 신속히 졸업하는 계기를 만들었다. 또 김영삼 정부 이래의 민주주의 정치 체제를 완성단계로 이끈 것은 김대중 정부의 주요 업적으로 꼽을 만했다. '국민의 정부'라는 수식에 값하는 치적이었다.

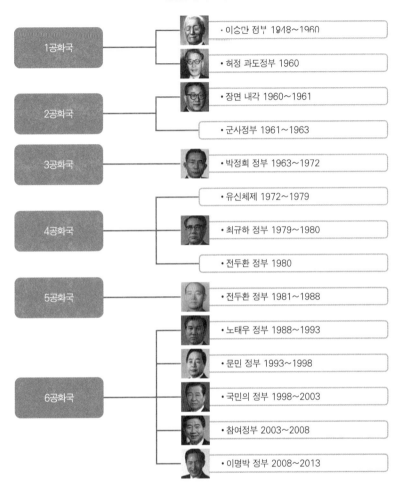

대한민국 역대 정부

1공화국
- 이승만 정부 1948~1960
- 허정 과도정부 1960

2공화국
- 장면 내각 1960~1961
- 군사정부 1961~1963

3공화국
- 박정희 정부 1963~1972

4공화국
- 유신체제 1972~1979
- 최규하 정부 1979~1980
- 전두환 정부 1980

5공화국
- 전두환 정부 1981~1988

6공화국
- 노태우 정부 1988~1993
- 문민 정부 1993~1998
- 국민의 정부 1998~2003
- 참여정부 2003~2008
- 이명박 정부 2008~2013

그러나 뭐니뭐니해도 김대중 정부가 거둔 가장 큰 성과는 햇볕정책을 통한 남북관계의 진전이었다. 2000년 6월 열린 남북 첫 정상회담과 6.15선언은 분단 반세기 동안 대결과 반목으로 점철돼온 남북관계에 새 이정표를 제시한 쾌거였다. 다만 김대중 역시 임기 말 아들들과 측근 비리의 벽을 넘지 못함으로써 전임 대통령들의 비극을 되풀이하는 한계를 보이고 말았다.

김대중 정부를 계승한 노무현 정부(참여정부)는 집권여당의 분열과 보수 세력의 공격으로 임기 내내 가시밭길이었다. 특히 헌정 사상 초유의 대통령 탄핵사태는 소수파 정권의 비애와 한계를 동시에 보여줬다. 그러나 노무현 정부는 권위주의를 탈피한 새로운 권력의 상을 제시함으로써 민주주의의 내실화에 한층 기여했다. 또 지역주의 극복을 위한 노력을 일관되게 전개하고 햇볕정책을 견지하며 남북 화해를 이끈 점도 중요한 업적으로 평가돼야 할 것이다. 그러나 경제실적의 부진과 '2대 8의 사회'로 대변되는 양극화를 제어하지 못해 국민적 삶의 질이 악화된 점은 참여정부 최대의 실책이었다. 이전 대통령들의 멍에이자 굴레였던 측근비리 문제가 되풀이된 점도 마찬가지였다. 이를 빌미로 한 후임 정부의 의도적이고도 집요한 공세 속에서 노무현 전 대통령이 스스로 생을 마감한 것은 현대사의 비극 중 하나라 할 것이다.

우리 속의 '이명박'이 낳은 괴물 정부

노무현 정부 이후 국민들의 관심이 '누가 경제를 살려줄 것이냐'로 모아진 것은 어느 정도 당연했다. 그만큼 국민이 경제로부터 받는 압박은 대단했다. 그러나 '나만 잘 살게 해준다면 누구라도 괜찮다'는 의식, 경제 문제에 다른 모든 문제를 종속시키려는 경향은 다분히 위험한 요소였다. 이것은 이후 도덕적으로나 민주주의 철학에 있어서나 심각한 결함을 가진 권력의 탄생에 주요인으로 작용했다.

"빚지고 산 아파트값이 오를 것을 기대해 이명박을 찍었다."

평소에 민주당을 지지하던 어느 시민은 그렇게 말했다. 이처럼 참여정부의 부동산정책 실패와 경제운용의 미숙함에 반발한 많은 유권자들이 이명박 후보를 찍었다. 'CEO대통령'이라는 캐치프레이즈를 내건 이명박이 대통령이 되면 경제가 나아지지 않겠냐는 막연한 믿음 속에 국민의 약 33퍼센트가 그를 선택했다. 그러나 그런 판단은 오류임이 입증되었고, 시민들은 그를 찍은 손가락을 원망했고 절망했다.

국가 권력은 사유화되어 권력자와 그 측근 인사들이 국정을 농단했다. 단군 이래 최대 국책사업이라는 4대강사업으로 전 국토가 황폐화되는가 하면 국영기업의 사영화, 예산 불법전용 의혹이 하루를 멀다하고 언론매체를 장식했다. 측근들은 집권 첫해부터 수뢰죄로 체포됐고 매년 감옥으로 가야 했다. 1987년 이후 정착된 절차적 민주주의와 시민권은 후퇴해 시민들의 집회·결사·표현의 자유 같은 기본권은 유린되었고 일상생활이 감시받는 지경에 이르러 공포감 속에 자신을 검열하며 살아가게 되었다. 자국의 이익보다 미국의 이익을 우선시하는 쇠고기수입 협상 등 각종 '외교 정책'이 남발됐다. 남북관계는 악화되어 평화는 물론 경제적 교류까지 침해받는 일이 벌어졌다.

이명박·박근혜 정부에서 촛불항쟁까지

2012년 18대 대통령 선거에서 한나라당 박근혜 후보가 민주당 문재인 후보를 꺾고 당선됐다. 4대강 사업 의혹, 자원외교 낭비, 민간인

사찰 의혹, BBK 주가 조작 논란과 다스 소유주 논란 등 이명박 정권은 각종 의혹에 휘말리며 국민 절대 다수의 신뢰가 떨어졌다. 하지만 박근혜 측은 이명박과의 차별성 부각 전략을 펴는 동시에 경제민주화 등 야권의 전략적 의제를 선점하며 선거에서 승리했다. 물론 국정원과 군 정보사령부 등의 댓글 조작 논란도 있었지만 당선에 결정적 흠을 잡는 사람은 많지 않았다. 하지만 2016년 『한겨레』, 〈JTBC〉, 〈TV 조선〉 등에서 박근혜 정권의 비선 실세인 최순실의 비리와 국정농단 사태가 보도되면서 국민의 정권퇴진운동이 거대하게 일어났다. 초중등 학생에서 50대 시민까지, 서울은 물론이고 부산, 경남, 대구경북 지역까지 전국에 걸쳐 시민 항쟁인 촛불혁명이 일어났고, 박근혜는 탄핵심판이라는 결과를 맞아야 했다. 그 뒤 2017년, 민주당의 문재인 후보가 대통령에 당선됐다. 그러나 이명박 정권이 국내 정치를 위해 독도를 전격 방문하며 악화된 한일관계와, 박근혜 정권이 갑작스럽게 사드 배치를 결정해 얼어붙은 한중관계의 후과를 고스란히 떠안아야만 했다. 독도 방문 이후 일제강점기 위안부 문제와 강제징용 문제의 졸속처리의 결과 생긴 국민의 대대적 반발 역시 문재인 정부가 떠맡게 된 숙제였다. 2019년 현재 한국은 남북분단의 문제만이 아니라 극우 기득권 세력과 민족주의적인 중도세력과의 진영 분단의 현실에 직면해 있다.

2004년 총선을 앞두고 노무현 대통령은 당시 여당이던 열린우리당을 자신이 할 수 있는 범위 내에서 돕고 싶다고 발언했다. 야당이던 한나라당과 여당에서 분리된 민주당은 이 발언이 공무원의 중립의무를 위반했다며 탄핵소추안을 가결했다. 그러나 헌법재판소는 이 안을 기각했고, 여론의 역풍 속에 총선거도 열린우리당의 압승으로 끝났다.

33세의 김일성, 북한의 최고권력자가 되다

소련은 자국의 이익을 실현시킬 것이란 기대로 김일성을
북한의 정권담당자로 내정했다.

너무도 너무도 젊은

1945년 10월 14일 평양공설운동장에서 소련군 환영대회가 열
렸다. 훗날 김일성 장군 환영대회라고도 불린 대중집회였다. 혹자는 7
만 명이, 혹자는 30만이 운집했다고도 하는 이 자리에서 '김일성 장군'
이 북한 대중 앞에 첫선을 보였다. "힘 있는 자는 힘으로, 지식 있는 사
람은 지식으로, 돈 있는 사람은 돈으로" 새 민주 조선을 건설하자는 김
일성의 유명한 연설이 이 자리에서 나왔다. 그런데 연설 내용보다 대
중을 더 놀라게 했던 것은 김일성 장군의 너무도 젊은 모습이었다.

백발이 성성한 노장군의 풍모를 예상했던 것과는 달리 30대의 '중
국요리점 웨이터처럼 머리를 바짝 치켜 깎은' 젊은이였기에 대회장에
는 작은 소란이 일기도 했다. 이것이 가짜 김일성론을 유포시키는 한
요인이 되기도 했다. 그 당시 김일성은 이를 잠재우기 위해 기자들을
데리고 만경대 그의 생가를 방문, 조부모 등 친인척을 소개하는 해프
닝도 있었다. 물론 '김일성 가짜론'은 국내외 학계의 대다수 전문가들
에 의해 근거 없는 일방적 주장으로 치부되고 있다. 반공반북 인사들

1945년 10월 14일 김일성 장군 환영대회에서 대중 앞에 첫 모습을 드러낸 김일성(왼쪽에서 두 번째). 33세의 김일성은 북한에 도착한 지 1년 만에 소련의 전폭적인 지원 아래 북한의 1인자로 부각된다.

에 의한 의도적 왜곡이라는 것이다. 북한연구가 서대숙 교수는 "김일성의 이름과 정체에 대해서는 심각한 논쟁이 있었으나 여기서는 같은 이름을 가진 다른 사람들이 있었음을 지적하는 것으로 충분하다. 북한 주석 김일성은 만주에서 중국 공산당 항일유격대 세력에 가담했던 바로 그 김일성이다. … 심지어 빨치산들 스스로 찍었다가 일제에 노획된 사진 가운데에는 그의 유격대원들을 보여주고 특히 그를 확인할 수 있는 것도 있다"(서대숙, 『북한의 지도자 김일성』)며 다양한 증거를 통해 '가짜 김일성론'의 근거 없음을 밝힌 바 있다. 이정식 교수 역시 "김일성을 조작해내기 위해서는 그 당시 이래 김일성과 관계를 맺고 있던 다른 사람들을 모두 조작해 내야만 하기 때문에 이는 불가능한 일이다"라며 같은 견해를 표명했다.(이종석, 『현대 북한의 이해』에서 재인용)

그러나 객관적인 독립운동 사실을 넘어서 극단적으로 독립운동사에서의 역할을 과장하며 김일성의 행적을 신화화하는 북측의 편향은 또 다른 문제임이 자명하다.

그렇다면 30대 초반의 젊은 김일성이 북한에 도착한 지 1년이 채 못 되어 북한의 1인자로 부각된 이유는 무엇이었을까? 우선은 소련 군정

북한은 북조선 인민위원회대
표를 뽑기 위한 선거를 1946
년 11월 3일 실시했다.

이 북한에 진주하기 전에 이미 그를 자신들의 점령 정책을 뒷받침해
줄 정치적 대리인으로 선택했다는 점이 가장 큰 요인일 것이다(서대숙,
앞의 책 57쪽). 동북항일연군 교도려(극동군 제88특별여단)의 지휘관으로서
소련군 소령 계급장을 달고 항일유격대 활동을 수행한 경력이 있는 김
일성을 자신의 대리인으로 삼아도 그들의 점령 정책을 수행하기에는
별다른 부족함을 느끼지 않았던 것이 당시의 북한 상황이었다. 이것은
이승만에 대한 별다른 지식 없이 그를 정치적으로 후원했던 미군정의
방침과 다를 바 없었다. 남의 힘에 의해 독립이 주어진, '도둑처럼' 해
방을 맞은 남북한 양쪽의 비극적 처지였다.

두 번째로는 '보천보전투'로 상징되는 김일성의 1930년대 만주 항
일무장투쟁 경력이었다. 일제의 혹독한 탄압으로 무장독립운동 세력
이 명맥을 유지하기 힘든 상황에서 함남 지방의 국경지대에 구축해놓
은 조국광복회 조직을 기반으로 국내 진공작전을 성공시켜 일제의 간
담을 서늘하게 한 것이 보천보전투였다. 비록 수백 명의 사상자를 낸
것에 불과한 소규모 선두였지만 절망적 상황에 놓인 조선인에게 한줄
기 희망을 주는 사건이었다. 『동아일보』 등의 보도를 통해 보천보전투

1947년 2월 열린 북조선인민회의에서는 북조선인민위원회 규정을 채택하고 김일성을 위원장으로 선출했다. 2월 22일 북조선인민위원회가 출범했다.

는 전국에 알려지게 되었고, 김일성은 전국적인 스타로 떠오를 수 있었다. 당시 만주에서 항일투쟁을 같이 했던 최용건, 김책 등의 유격대 세력은 이후 북한에서 핵심적인 정치 세력으로 성장할 수 있었다.

세 번째로 김일성 자신의 마키아벨리적인 정치권력 획득 기술을 꼽을 수 있다. 1945년 11월 23일 신의주에서 공산당의 횡포에 항의하는 학생들의 대규모 시위가 일어나자 학생들에게 총격을 가해 사망자 23명, 부상자 700명이 발생한 신의주학생사건이 있었다. 이에 김일성은 현장에 내려가 신의주 지역의 공산당 간부들을 비판하고 학생들을 관대하게 처분하겠다는 조치를 취하며 전민족 총단결로 민주국가를 건설하고자 주장했다. 이를 계기로 김일성에 대한 대중적 지지가 확산되었다. 또한 조만식 중심의 조선민주당, 김두봉·무정 중심의 연안파, 허가이 중심의 소련파, 그리고 국내파 공산주의 세력 등 다양한 북한의 정치 세력과 제휴하면서도 자신의 측근인 최용건을 정점으로 하는 보위부와 군사 부문을 장악해 권력의 정점에 올라설 수 있었다.

북한에서는 김일성 주도로 인민위원회를 구성하여 무상몰수·무상분배의 토지개혁을 단행했고, 일인과 친일파 소유의 산업시설을 국유

북한의 정부 수립 과정

1945년 10월 10일	조선노동당 북조선분국 조직
1946년 2월 8일	북조선임시인민위원회 설립
3월	토지개혁(무상몰수 무상분배)
8월 29일	북조선노동당 창당
11월 3일	총선거(도·시·군 인민위원회 선거)
1947년 2월 20일	북조선인민위원회 설립
1948년 4월 19일	남북협상(남북연석회의)
9월 9일	조선민주주의인민공화국 수립

화하면서 대중적 지지기반과 국가 운영의 물적 기반을 장악했다. 이후 1948년 9월 최고인민대의원선거를 실시하여 김일성을 수상으로 하는 조선인민공화국이 수립되었다. 남한에서 대한민국 정부가 수립되자 바로 한 달 뒤 북한에도 독자적인 정권이 들어섰던 것이다. 해방 이후 3년에 걸친 통일 노력은 좌절되었고, 한국전쟁이라는 민족적 비극을 잉태하고 지금까지 남북한 양측에 파행과 질곡의 역사를 노정하게 했던 분단체제는 이렇게 형성되었다.

1936년 일본이 김일성에 내건 현상금은 2만 엔이었다. 당시 동북항일연군 최고지도자 중의 한 사람이었던 동북항일연군 1로군장 양징위(楊靖宇)는 20만엔이었다. 그러다 1939년에는 김일성의 현상금 역시 20만 엔이 되었다. 그만큼 일제에 위협적이었다.

북한의 체제와 변화2

김일성 유일체제가
고착화되다

한국전쟁을 일으킨 김일성은 전쟁 실패 뒤 그 책임을 박헌영과 허가이 등에게
물고 전후복구에 성공함으로써 김일성 유일체제를 공고히 했다.

정권 2인자가 간첩?

1955년 12월 북한 정권의 부수상이었던 박헌영이 재판에 넘겨져 사형선고를 받고 이듬해 여름 처형되었다. 죄목은 놀랍게도 반국가·반혁명 미제 간첩죄였다. 1920년대 이래 한국 공산주의운동의 지도자이자 북한 정권 수립을 주도했던 인물이 적국의 간첩이라니? 박헌영뿐만 아니라 이승엽 등 남로당계의 핵심인물 10명이 처형되었고, 그 외 인물들 역시 10년이 넘는 징역형에 처해져 남로당계는 괴멸되다시피 했다. 모두 간첩죄였다. 그들 역시 일제 치하부터 항일사회주의 운동에 헌신했던 인물들이었다. 이들의 간첩 혐의가 얼마나 타당한지는 역사의 수수께끼로 남아 있지만 대다수의 연구자들은 권력투쟁에 패배한 남로당계가 전쟁 실패의 책임을 뒤집어쓰고 희생된 것으로 판단하고 있다.

전쟁 중에도 연안파의 유력한 지도자였던 무정 장군을 평양 함락의 책임을 씌워 숙청했다. 소련계의 지도자였던 허가이 역시 당 조직 운영의 실패와 저수지 복구사업의 책임을 물어 자살로 몰아갔다. 전쟁의

책임을 물어 남로당계를 붕괴시키고 연안파와 소련파의 핵심 지도자를 몰락시켰던 것이다. 전쟁 개시를 결정했으며 전쟁의 총책임자였던 김일성은 숙청을 통해 오히려 자신의 권력을 강화했다.

너무도 어설펐던 '8월 종파투쟁'

그런 김일성에게도 위기는 있었다. 1956년 소련에서 스탈린 비판운동이 고조되자 북한에서도 김일성 개인숭배에 대한 비판 분위기가 형성됐다. 이바노프는 연안파 최고실력자 최창익에게 당 중앙위원들의 결의로 김일성을 당위원장 자리에서 끌어내릴 것을 권유했다. 이에 연안파는 물론 박창옥 등의 소련파는 김일성을 합법적으로 최고권력자 자리에서 끌어내리기로 했고, 김일성과 같은 항일 빨치산 그룹의 최용건에게 알려 동참을 권유했다. 그러나 최용건은 이를 김일성에게 알려 같은 해 8월 2일에 열릴 예정인 조선노동당 전원회의를 8월 30일로 연기함으로써 이에 대비했다. 결국 8월 30일의 전원회의에서 연안파인 상업상 윤공흠이 김일성의 당내 독재를 비판하는 발언을 하자 이미 대비하고 있던 김일성파는 윤공흠을 곧바로 출당시켰다. 또한 김일성 비판 세력인 연안파의 최창익과 소련파 부수상 박창옥은 당직을 박탈당했다. 이들은 중국의 국방장관 펑더화이와 소련 부수상 미코얀의 지원을 받아 원직에 회복되긴 했다. 그러나 그뿐이었다. 중소 양측의 실력자가 사라지자 그들은 본격적으로 숙청당했다.

같은 해 10월 헝가리 민주화운동에 놀란 소련은 더 이상 북한 내정에 신경 쓸 여유가 없었다. 1957년부터 시작된 중소분쟁 이후 양국은

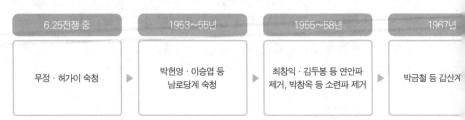

북한의 권력투쟁

6.25전쟁 중	1953~55년	1955~58년	1967년
무정·허가이 숙청	박헌영·이승엽 등 남로당계 숙청	최창익·김두봉 등 연안파 제거, 박창옥 등 소련파 제거	박금철 등 갑산계

북한을 자국 편에 끌어들이기 위해 김일성 정권을 옹호할 수밖에 없었다. 이제 연안파와 소련파, 그리고 남로당계로 대표되는 국내파 공산주의운동 세력 다수가 숙청되어 김일성 단일지도체제가 완성되었다. 실질적으로 그에게 도전할 수 있는 의미 있는 정치 세력이 사라진 것이다.

김일성 가계의 역사가 조선 역사?

김일성 유일체제가 수립됐음에도 북한노동당에서는 1967년 또다시 대규모 숙청이 단행됐다. 당의 조직·사상·문화 분야를 책임졌던 박금철과 대남총책 리효순을 필두로 갑산파 출신 대다수가 숙청됐다. 갑산파란 보천보전투 당시 김일성의 국내 진공작전을 국경지대에서 지원하던 지하조직인 조국광복회 출신을 이른다. 이들 역시 정통 공산주의 세력으로서 김일성 중심의 유일체제보다 민주집중제를 중시한 것, 김일성이 주도한 항일혁명 전통 대신 우수한 민족적 전통과 사회주의적 애국주의를 강조한 것이 죄목이었다. 한마디로 정점에 이른 김일성 개인숭배에 소극적이었다는 이유였다.

북한은 이념적으로 주체사상을 통해 김일성 유일체제를, 경제적으로는 천리마운동 등을 통해 사회주의경제 체제를 구축해나갔다. 사진은 북한의 주체사상탑과 천리마 동상.

주체사상과 김일성 개인숭배의 극단화는 김일성과 그의 조부, 부모의 항일혁명투쟁을 절대화하여 역사를 재구성하는 데까지 나아갔고, 심지어 정약용의 『목민심서』조차 봉건서적으로 낙인찍었다.

전후 경제복구 과정에서 '천리마운동' '청산리방법'등 대중동원 방식으로 공장 국유화와 협동 농장화를 완성해 북한에서는 사회주의 경제체제를 구축하게 되었다. 그리고 1960년대까지는 당과 국가 주도하에 소련과 중국의 지원을 얻어 남한보다 우위의 경제력을 보유하게도 되었다. 그러나 국가 운영의 역동성과 다양성을 상실한 극단적인 김일성 유일체제는 이후 중국과 소련의 경제지원 급감과 군사비 증강이란 조건 변화 속에서 체제 경쟁력을 심각하게 상실하게 되었다. 뒤이은 세습체제로의 전환은 그러한 비극적 조건을 더욱 구조화하는 방향으로 흐르게 만들었다.

김일성은 중소분쟁으로 독자노선이 가능해지자 "밥을 먹는데 바른손으로 먹든, 왼손으로 먹든 또는 숟가락으로 먹든 상관할 바 아닙니다. 어떻게 먹든지간에 입에 들어가기는 마찬가지가 아니겠습니까"라며 소련식, 중국식 상관없이 주체적으로 일을 할 것을 촉구했다.

3대 세습체제는
어떻게 완성되었나?

유일체제는 김일성 이외의 정치세력을 용인하지 않는 체제로 결국
부자 간 정권 세습을 낳았고, 사회주의권에서도 초유인 손자 세습이 이뤄졌다.

남한엔 유신헌법, 북한엔 사회주의헌법

1972년 7.4남북공동성명 발표로 촉발된 남북 화해와 통일에 대한 기대의 환호성이 채 가시기 전에 박정희 정권은 그해 10월 종신 집권을 목표로 한 유신헌법을 선포하면서 합법적 쿠데타를 단행했다. 이에 뒤질세라 북한에서는 김일성 유일체제를 법적으로 구조화한 사회주의헌법을 제정했다. 이전 조선민주주의인민공화국헌법이 내각과 최고인민회의(남한의 국회에 해당) 상임위원회가 권력을 균분하는 방식 이었다면 사회주의헌법은 수령의 유일적 지도가 가능하게끔 국가주석제를 신설했다. 이에 따라 김일성은 조선노동당 총비서로서 당을 장악한 데 이어 국가주석으로서 국가주권을 대표하는 자리에 오르게 되었다. 주체사상에 의해 '당과 노동 계급을 통일적으로 영도하는' 수령이 국가를 전일적으로 지배하는 절대권력을 체현하게 된 것이다. 한국 전쟁 이후 절대화한 김일성 유일체제의 헌법적 완성이었다. 이에 따라 수령을 이어갈 후계체제 역시 마련되지 않으면 안 되었다. 그 후계자로 준비된 이가 김일성의 장남인 김정일이었다.

1942년생인 김정일은 김일성종합대학을 졸업한 1964년, 조선노동당에 입당한 뒤 당의 사상문화 방면에서 실무를 총괄하며 당의 중심부에 나가갔다. 물론 아버지의 후광을 등에 업은 것이었다. 1967년 조선노동당 제4기 15차 전원회의에서 박금철 등 갑산파를 중심으로 한 노동당의 지도급 간부들이 유일사상체제에 반하는 사상운동을 했다고 비판받으며 숙청당할 때 이를 실무적으로 뒷받침한 것이 김정일이었다. 그는 1970년 노동당 문학예술부 부부장으로서 문학·예술 매체를 통해 김일성 개인숭배를 주도했다. 1973년 당 중앙위원으로서 3대혁명소조운동을 발기했다. 3대혁명소조운동이란 당과 기관의 젊은 엘리트 수만 명이 사상·기술·문화 3대 부문을 개조해 사회적 성장과 경제성장을 가속화하자는 사상운동이었다. 이어 1974년에는 노동당 최고권력기관인 당중앙위원회의 중앙위원이 되면서 후계자로 공인되었다.

발목 잡는 경제 저성장, 더 발목 잡는 정치체제

북한 내에서 김일성 유일체제가 공고화하고, 후계체제가 안착되었지만 북한의 대외환경과 경제는 1960년대 후반 이후 지속적으로 위기에 빠져들었다. 1960년대에 추진된 7개년 경제계획은 부진을 면치 못해 조선노동당 제5차대회는 9년 만에 열려야 했다. 이종석 박사에 의하면 북한은 1970년대 사상·기술·문화의 3대 혁명을 펼쳐나가며 전 사회의 주체사상화운동 등 사상운동을 벌이는 가운데서도 경제 성장의 동력을 얻기 위해 서방 사회에서 대규모 차관을 끌어들이기도 했다. 하지만 수입 원자재 가격의 급등과 수출 원자재 가격의 급락, 그리

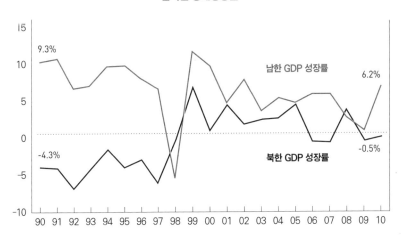

남북한 경제성장률

남한 GDP 성장률

9.3%

6.2%

-4.3%

북한 GDP 성장률

-0.5%

90 91 92 93 94 95 96 97 98 99 00 01 02 03 04 05 06 07 08 09 10

고 산업시설 가동에 필수불가결한 도로, 항만 등 사회간접시설의 미비, 수요 예측의 실패와 시설 가동기술의 미비 등 총체적 어려움을 겪었다. 결과는 부채 미상환으로 인한 신용불량국가로의 전락과 성장 동력의 상실이었다. 1980년대 역시 두 차례의 7개년 경제계획 실패로 경제 빈국으로 추락할 수밖에 없었다. 1990년대 들어와서 상황은 치명적으로 악화되었다. 소련을 비롯한 사회주의권의 붕괴에 따른 교역국의 상실과 경제적 지원의 폐색으로 더 큰 어려움을 겪을 수밖에 없었다. 특히 미국이 북한의 핵개발을 봉쇄하면서 경제 제재를 내세운 데 이어 1990년대 중반의 대홍수는 북한 경제를 파탄으로 몰고 가 수만 명 이상의 아사자가 발생하는 등 정상국가로서의 기능은 거의 마비되었다. 경제성장의 동력과 사회적 역동성의 상실로 인해 체제는 위협받고 있지만 북한은 특유의 유일체제 구축과 병영국가화를 통해 예상보다는 무난하게 정치체제의 안정성은 확보했다.

야만적 공포 공포권력자가 정상국가의 수반으로?

2011년 장남 김정남을 제치고 김정일의 3남인 김정은이 28세의 나이로 3대째 최고권력자가 되었다. 국제사회에서는 김정은 체제가 붕괴할 것이란 전망이 우세했다. 특히 일본 극우파는 1980년대 후반부터 김정일 정권의 붕괴, 중국 각 성의 독립과 분열을 예측했다. 예측과 달리 2011년 김정일 사망 때까지 북한은 붕괴하지 않았고, 중국은 G2 국가로 급부상했다. 권력을 승계한 김정은은 고모부인 장성택에 대한 고문과 처형, 이복형 김정남 암살 지령 의혹 등 야만적인 이미지를 확대했다. 김정일 시대의 고위 당간부와 관료 등도 처형되고 숙청됐다. 연평도 폭습과 잦은 핵실험 역시 미국 측의 대북봉쇄 구실이 되었다.

그러나 2018 남북정상회담, 미대통령 트럼프와의 북미정상회담으로 김정은에 대한 평가는 스위스 유학을 한 정상국가의 개방적 지도자로 이미지 전환됐다. 그럼에도 2019년 10월 현재 남북관계는 냉각했고, 북미관계는 예측할 수 없는 북미 양국 최고권력자의 행태로 인해 한치 앞을 내다보기 힘들게 됐다. 한반도의 평화와 번영의 길은 험난한 길에 놓여 있다.

1942년생인 김정일의 출생지는 러시아 연해주에 있는 하바로프스 근교라는 설과 항일유격대의 본거지인 백두산 밀영이라는 설이 있다. 1942년이면 김일성이 소련으로 건너와 일명 88부대에 배속된 때라 김정일의 백두산 밀영 출생설은 혁명전통을 강조하기 위한 역사조작이라는 주장이 있다. 한편으론 정찰활동을 위해 김일성이 이 시기에도 여러 차례 만주로 나와 정찰활동을 하며 밀영을 운영했기에 김정일 밀영출생설도 근거가 없는 것은 아니라는 주장도 있다.

F.A 매켄지, 신복룡 옮김, 『대한제국의 비극』, 집문당, 1999

H.B 헐버트, 신복룡 역주, 『대한제국멸망사: 한말 외국인 기록 1』, 집문당, 1999 강만길

외, 『우리민족 해방운동사』, 역사비평사, 2000

강만길 외, 『한국사 11~22』, 한길사, 1995

강만길, 『고쳐쓴 한국근대사』, 창작과비평사, 1994

강준만, 『한국 근대사 산책 1~10』, 인물과 사상사, 2007

강준만, 『한국 현대사 산책 1940년대 편 1~2』, 인물과 사상사, 2006

강준만, 『한국 현대사 산책 1950년대 편 1~3』, 인물과 사상사, 2004

강준만, 『한국 현대사 산책 1960년대 편 1~3』, 인물과 사상사, 2004

강준만, 『한국 현대사 산책 1970년대 편 1~2』, 인물과 사상사, 2002

강준만, 『한국 현대사 산책 1980년대 편 1~4』, 인물과 사상사, 2003

고석규 고영진, 『역사 속의 역사 읽기 3』, 풀빛, 1996

구로역사연구소, 『바로 보는 우리 역사 2』, 거름, 1990

구로역사연구소, 『 바로 보는 우리 역사 1 』, 거름, 1991

권대웅, 『1910년대 국내독립운동』, 한국독립운동사편찬위원회, 2008

김기협, 『밖에서 본 한국사』, 돌베개, 2008

김기협, 『해방일기 1』, 너머북스, 2001

김당택, 『우리 한국사』, 푸른역사, 2002

김동춘, 『전쟁과 사회: 우리에게 한국전쟁은 무엇이었나?』, 돌베개, 2006

김삼웅, 『약산 김원봉 평전』, 시대의 창, 2008

김삼웅, 『한국현대사 뒷얘기』, 가람기획, 1995

김삼웅, 『해방후 정치사 100장면』, 가람기획, 1994

김성보 외, 『사진과 그림으로 보는 북한현대사』, 웅진지식하우스, 2004

김성보, 『북한의 역사 1』, 역사비평사, 2011

김한종 외, 『고등학교 한국근 현대사』, 금성출판사, 2003

나카무라 기루오, 강창일 옮김, 『이등박문』, 중심, 2000

대한매일특별취재반, 『저기에 용감한 조선군인들이 있었소!』, 동방미디어, 2001

류연산, 『일송정 푸른 솔에 선구자는 없었다』, 아이필드, 2004

박경식, 『조선인 강제연행의 기록』, 고즈윈, 2008

박광용 외, 『역사의 길목에 선 31인의 선택』, 푸른역사, 1999

박노자, 『나를 배반한 역사』, 인물과사상사, 2003

박노자 허동현, 『우리 역사의 최전선』, 푸른역사, 2003

박세길, 『다시 쓰는 한국현대사 1』, 돌베개, 1988

박영수, 『다큐멘터리 한국근현대사 : 운명의 순간들』, 바다출판사, 1998

박영수, 『운명의 순간들』, 바다출판사, 1998

박찬승, 『한국근대 정치사상사 연구』, 역사비평사, 1997

박태균, 『현대사를 베고 쓰러진 거인들』, 지성사, 1994

박현채 외, 『청년을 위한 한국현대사』, 소나무, 1992

박현채 외, 『해방 40년의 재인식 1, 2』, 돌베개, 1986

방기준, 『일제 파시즘 지배정책과 민중생활』, 혜안, 2004

방정환, 『슬프거나 우습거나(소파 방정환의 어른을 위한 동화)』, 인디북, 2003

브루스 커밍스, 김동노 외 옮김, 『브루스 커밍스의 한국 현대사』, 창작과비평사, 2001

서대숙, 서주석 옮김, 『북한의 지도자 김일성』, 청계연구소, 1989

서울대 정치학과 독립신문강독회, 『독립신문 다시 읽기』, 푸른역사, 2004

서중석, 『6월항쟁』, 돌베개, 2011

서중석, 『이승만과 제1공화국』, 역사비평사, 2007

성대경 외, 『한국사 46~50』, 국사편찬위원회, 2000~2003

송건호,『송건호 전집3, 한국 현대사 1』, 한길사, 2002

송건호,『송건호 전집4, 한국현대사 2』, 한길사, 2002

송건호 외,『해방전우사의 인식』, 한길사, 1979

신용하,『3.1운동과 독립운동의 사회사』, 서울대학교 출판부, 2001

신용하,『신간회의 민족운동』, 한국독립운동사편찬위원회, 2007

신용하,『일제강점기 한국민족사(중)』, 서울대학교 출판부, 2002

신용하 윤병석 외,『일제 강점기하의 사회와 사상』, 신원문화사, 1991

쓰노다 후사코, 김은숙 옮김『명성황후 - 최후의 새벽』, 조선일보사 1999

역사문제연구소,『우리 역사의 7가지 풍경』, 역사비평사, 1999

역사문제연구소,『한국현대사의 라이벌』, 역사비평사, 1991

역사학연구소,『강좌 한국근현대사』, 풀빛, 1995

역사학연구소,『교실밖 국사여행』, 사계절, 1993

와다 하루키, 서동만 외 옮김,『북조선 - 유격대국가에서 정규군국가로』, 돌베개, 2002

우윤,『우리 역사를 읽는 33가지 테마』, 푸른숲, 1997

윤덕한,『이완용 평전』, 중심출판사, 1999

윤병석,『간도역사의 연구』, 국학자료원, 2006

이기형,『몽양 여운형』, 실천문학사, 1984

이덕일 이희근,『우리 역사의 수수께끼 1, 2』, 김영사, 1999

이동현,『이슈로 본 한국현대사』, 민연, 2002

이배용 외,『우리나라 여성들은 어떻게 살았을까 1 2』, 청년사, 1999

이병천 이광일 편,『20세기 한국의 야만 2』, 일빛, 2001

이사벨라 버드 비숍, 이인화 옮김,『한국과 그 이웃 나라들』, 살림, 1994

이성환 이토 유키오 편저,『한국과 이토 히로부미』, 선인, 2009

이승렬,『제국과 상인』, 역사비평사, 2007

이이화,『이이화의 못다한 한국사이야기』, 푸른역사, 2000

이이화,『한국사 이야기 20, 21, 22』, 한길사, 2004

이이화,『한국사 이야기 17, 18, 19』, 한길사, 1998-2003

이종석,『북한의 역사 2』, 역사비평사, 2011

이종석,『새로 쓴 현대 북한의 이해』, 역사비평사, 2000

이한우,『우남 이승만, 대한민국을 세우나』, 해냄, 2008

이희진 외,『한국전쟁의 수수께끼』, 가람기획, 2000

임경석,『이정 박헌영 일대기』, 역사비평사, 2004

임영태,『북한 50년사 1』, 1999

임종국, 반민족연구소 엮음,『실록 친일파』, 돌베개, 1996

임종국,『한국인의 생활과 풍속 3』, 아세아문화사, 1995

젊은역사연구모임,『영화처럼 읽는 한국사』, 명진출판, 1999

정경모,『찢겨진 산하』, 한겨레신문사, 2002

정운현,『친일파는 살아 있다』, 책보세, 2011

정인,『들어라 역사의 외침을』, 거름, 1990

조동걸,『한국독립운동의 이념과 방략』, 한국독립운동사편찬위원회, 2007

조선일보사 출판국,『격동의 구한말 역사의 현장』, 조선일보사, 1986

조성오,『우리 역사 이야기 2, 3』, 돌베개, 1993

조성운,『일제하 농촌사회와 농민운동』, 혜안, 2002

존 오버도퍼, 이종길 옮김,『두개의 한국』, 길산, 2002

주진오 외,『고등학교 한국사』, 천재교육, 2012

진순신, 조양욱 옮김,『청일전쟁 상 중 하』, 우석, 1995

채영국,『1920년대 만주 지역 항일무장투쟁』, 한국독립운동사편찬위원회, 2007

최용범,『역사인물인터뷰』, 페이퍼로드, 2011

최용범,『하룻밤에 읽는 한국사』, 페이퍼로드, 2007

하선용 외,『누드교과서 SE 한국근현대사』, 이투스교육, 2007

한국민족운동사학회,『장면과 제2공화국』, 국학자료원, 2003

한국민중사연구회,『한국민중사 2』, 풀빛, 1986

한국역사연구회 현대사증언반, 끝나지 않은 여정』, 대동, 1996

한국역사연구회,『우리는 지난 100년 동안 어떻게 살았을까 1, 2, 3』, 역사비평사, 1998

한국역사연구회, 『한국사 강의』, 한울아카데미, 1989

한국역사연구회, 『한국역사』, 역사비평사, 1992

한국정치연구회 정치사분과, 『한국 현대사 이야기 주머니 1, 2, 3』, 녹두, 1993

한국조사기자포럼 편, 『한국현대사건사 : 1945~1999』, 한국조사기자포럼, 2000

한명근, 『한말 한일합방론 연구』, 국학자료원, 2002

함규진, 『108가지 결정 : 한국인의 운명을 바꾼 역사적 선택』, 페이퍼로드, 2008

황민호 홍선표, 『3.1운동 직후 무장투쟁과 외교활동』, 한국독립운동사편찬위원회,
2008

하룻밤에 읽는
한국 근현대사

초판 1쇄 발행 2012년 6월 23일
초판 9쇄 발행 2016년 1월 4일
개정판 1쇄 발행 2019년 10월 4일
개정판 7쇄 발행 2023년 6월 20일

지은이   최용범, 이우형
펴낸이   최용범

편집   박호진, 김소망
디자인   김규림
관리   강은선

펴낸곳   페이퍼로드
출판등록   제10-2427호(2002년 8월 7일)
주소   서울시 동작구 보라매로5가길 7 1322호
이메일   book@paperroad.net
블로그   https://blog.naver.com/paperoad
포스트   https://post.naver.com/paperoad
페이스북   www.facebook.com/paperroadbook
전화   (02)326-0328
팩스   (02)335-0334

ISBN   979-11-967935-2-4 (03910)